수학·사회·과학 교과서가 **검정 교과서**로 바뀌었어요.
열공 전과목 단원평가로 대비하세요.

✓ 다양한 검정 교과서 자료와 문제

Chunjae
Makes
Chunjae

▼

열공 전과목 단원평가 6-2

편집개발	임주희, 김현주, 박진영, 김성원
디자인총괄	김희정
표지디자인	윤순미, 장미
내지디자인	박희춘
제작	황성진, 조규영

발행일	2024년 8월 1일 2판 2024년 8월 1일 1쇄
발행인	(주)천재교육
주소	서울시 금천구 가산로9길 54
신고번호	제2001-000018호
고객센터	1577-0902

전과목

단원평가

6·2

구성과 특징

" 전과목 단원학습을

국어
- 용어 중심 개념 정리
- 시험에 자주 나오는 제재·지문 선정

수학
- 출제율 높은 대표 유형 문제
- 풀이 과정 중심의 서술형·논술형 문제 수록
- 10종 검정 교과서 주요 개념과 문제

사회
- 풍부한 시각 자료로 이해를 돕는 개념 학습
- 사진, 지도 자료를 활용한 다양한 유형의 문제
- 11종 검정 교과서 주요 개념과 문제

과학
- 꼭 알아야 할 핵심 개념 정리
- 탐구 활동 중심의 서술형·논술형 문제 수록
- 9종 검정 교과서 주요 개념과 문제

가장 *효과적*으로! ”

1 STEP 핵심개념 정리
각 단원의 핵심만 뽑아 쏙쏙!

2 STEP 쪽지시험
핵심 내용을 쪽지시험으로
바로바로 확인!

단원평가
휘어잡기!

3 STEP 단원평가
단원평가를 반복하여 풀면
어떤 유형의 문제라도 척척!

4 STEP 서술형·논술형 문제
서술형·논술형 문제까지 풀면
어려운 문제도 술술!

검정 교과서
완벽 반영했어요!

검정 교과서를
아우르는
다양한 평가 문제

공통 개념과
다양한 검정
교과서 자료

차례

6·2

국어

6·2

단원별 중요 내용을 알아볼까?

단원명	중요 내용	단원명	중요 내용
1. 작품 속 인물과 나 6쪽	작품을 읽고 인물이 추구하는 삶 파악하기 피아노 연습을 성실하게 해요. 인물이 처한 상황에서 한 말이나 행동 살펴보기	**5. 글에 담긴 생각과 비교해요** 26쪽	글에 담긴 글쓴이의 생각을 자신의 생각과 비교하기 신분 제도나 사물의 가치에 대해 다른 관점으로도 생각할 수 있게 하려고 이 글을 썼을 것입니다. 글의 제목이나 내용을 통해 글쓴이의 생각 찾기
2. 관용 표현을 활용해요 11쪽	관용 표현의 뜻을 알고 활용하여 말하기 "발 없는 말이 천 리 간다."라는 말이 있듯이 다른 사람의 이야기를 함부로 하지 않으면 좋겠습니다. 말하려는 내용에 알맞은 관용 표현 활용하기	**6. 정보와 표현 판단하기** 31쪽	뉴스와 광고에서 정보의 타당성과 표현의 적절성을 판단하기 스마트 기부가 우리 사회에서 가치 있고 중요하기 때문에 보도 내용으로 다루었어. 가치 있고 중요한 뉴스인지 판단하기
3. 타당한 근거로 글을 써요 16쪽	타당한 근거와 알맞은 자료를 활용해 논설문 쓰기 일반 무역 유통 단계와 공정 무역 유통 단계 일반 무역 유통 단계: 생산자, 수출업자, 중간 상인, 수입업자, 소비자 공정 무역 유통 단계: 생산자, 생산자 조합, 공정 무역 회사, 소비자 ■ 출처: 전국사회교사모임(2017), 『사회 선생님이 들려주는 공정 무역 이야기』 근거를 뒷받침하는 자료 활용하기	**7. 글 고쳐 쓰기** 36쪽	쓴 글을 다시 읽고 고쳐 쓰기 고쳐쓰기를 하면 하고 싶은 말이 글에 더 잘 드러나게 돼. 글, 문단, 문장과 낱말 수준에서 글을 고쳐 쓰기
4. 효과적으로 발표해요 21쪽	다양한 매체 자료를 활용해 내용을 효과적으로 전하기 〈휴대 전화 관련 교통사고 발생〉 (단위: 건) 2011년 624, 2012년 848, 2013년 1058, 2014년 1111, 2015년 1360 ■ 출처: 국민안전처, 2016. 주제를 효과적으로 전하기 위한 매체 자료 찾기	**8. 작품으로 경험하기** 41쪽	영화나 이야기를 감상하고 다양하게 표현하기 이야기를 읽고 독서 감상문 쓰기

1. 작품 속 인물과 나

🔵 인물의 삶과 관련 있는 가치 찾기

① 인물의 말과 행동에서 시대적 배경을 파악합니다.

② 인물이 살아가면서 겪는 문제와 그것을 해결하는 태도를 알아봅니다.

③ 인물의 삶과 관련 있는 가치를 찾습니다.

㉖ 글 「의병장 윤희순」에서 윤희순의 삶과 관련 있는 가치 알아보기

시대적 배경	윤희순이 겪는 문제	윤희순이 문제를 대하는 태도
• 을사늑약 (1905년)이 강제로 체결된 뒤임. ↳ 일본이 우리나라의 외교권을 빼앗기 위해 강제로 맺음.	• 의병 운동에 많은 사람을 참여시키고 싶지만 반대하는 사람들이 있음.	• 의병 운동을 두려워하는 사람들을 설득하려고 노래로 힘을 모음.
• 남녀 차별이 있던 시대임.	• 여자는 의병 운동을 하기 어려움.	• 직접 싸우지는 못하여도 의병 운동 자금을 지원함.

➡ 윤희순이 삶에서 추구한 가치와 관련 있는 낱말: 도전, 정의, 열정, 용기, 봉사

🔵 인물이 추구하는 삶을 파악하는 방법

① 인물이 처한 상황을 떠올려 봅니다.

② 인물이 처한 상황에서 한 말이나 행동을 알아봅니다.

③ 인물이 그렇게 말하고 행동한 까닭을 생각해 봅니다.

④ 인물의 말이나 행동에서 관련 있는 가치를 찾아봅니다.

⑤ 인물이 추구하는 가치로 추구하는 삶을 파악할 수 있습니다.

㉖ 글 「구멍 난 벼루」에서 인물이 추구하는 삶

🔵 인물이 추구하는 삶과 자신의 삶을 관련짓기

① 인물이 추구하는 삶과 관련 있는 자신의 경험을 생각해 봅니다.

② 인물이 중요하게 여기는 가치를 찾아 내가 중요하게 여기는 가치와 비교합니다.

③ 인물이 덜 중요하게 여기는 가치에 대해 내 생각과 비교해 봅니다.

🔵 인물의 삶과 자신의 삶을 비교하기

① 인물이 처한 상황에서 한 말이나 행동에서 추구하는 삶이 무엇인지 생각합니다.

② 만약 인물과 같은 상황이라면 자신은 어떻게 할지 떠올립니다.

③ 자신의 삶과 비슷한 점이나 다른 점은 무엇인지 생각해 보며 인물의 삶과 자신의 삶을 비교해 봅니다.

㉖ 글 「이모의 꿈꾸는 집」에서 인물의 삶과 자신의 삶을 비교하기

인물이 추구하는 삶			
상수리	어기	퐁	이모
성실하게 노력하는 삶	지금 당장 이루지 못하더라도 희망을 가지고 즐겁게 도전하는 삶	자신이 하고 싶은 일을 행복하게 열정적으로 하는 삶	자신이 좋아하고 가치 있다고 생각하는 것을 꾸준히 하는 즐거움이 있는 삶

상수리가 비록 꿈을 꾸는 즐거움을 잠시 잊기는 했지만, 꿈을 이루려고 계속 노력한 것은 배울 점이라고 생각해.

나도 퐁처럼 내가 좋아하고 신나는 일을 하고 싶어.

쪽지시험

❶ 인물의 삶과 관련 있는 가치를 찾으려면 인물의 말과 행동에서 시대적 ☐☐ 을 파악합니다.

❷ 인물이 추구하는 삶을 살펴보려면 인물이 처한 (상황 / 까닭)을 떠올려 봅니다.

❸ 인물이 추구하는 삶을 파악하려면 인물이 처한 상황에서 한 말이나 ☐☐ 을 알아봅니다.

❹ 인물이 중요하게 여기는 가치와 내가 중요하게 여기는 ☐☐ 를 비교합니다.

❺ 끊임없이 의병 운동을 위해 노력한 윤희순이 삶에서 추구한 가치와 관련 있는 낱말은 (열정 / 정직)입니다.

* 배점이 표시되어 있지 않은 문제는 문제당 **4점**입니다.

[01~03] 다음 글을 읽고 물음에 답하시오.

> 마을 아낙네들의 눈길이 모두 윤희순에게 쏠렸다.
> "왜놈들이 이 나라를 집어삼키려는 마당에 우리가 가만히 집 안에만 틀어박혀 있을 순 없는 노릇입니다. 그러니 우리도 사내들처럼 다 함께 의병 운동에 나서야 할 것입니다."
> 그때 누군가가 말꼬리를 걸고 나섰다.
> "㉠ 아니, 조정 대신이란 놈들이 나라를 팔아먹으려 드는데 우리 같은 여자들이 나선다고 뭐가 달라지겠소? 자칫 괜한 목숨만 버릴 뿐이오."

01 ㉠에서 알 수 있는 시대적 배경 두 가지의 번호를 쓰시오.

> ① 남녀 차별이 있던 시대이다.
> ② 을사늑약이 강제로 체결된 뒤이다.
> ③ 우리나라의 경제 상황이 좋았던 때이다.

(,   )

02 윤희순이 살아가며 겪는 문제를 쓰시오. [6점]

• 나라가 (   )의 침략을 받았다.

03 윤희순이 삶에서 추구한 가치와 관련 있는 낱말로 알맞지 않은 것은 무엇입니까? (   )

① 도전   ② 정의   ③ 용기
④ 봉사   ⑤ 겸손

[04~07] 다음 글을 읽고 물음에 답하시오.

> ㈎ 한양의 월성위궁(추사 선생의 집)에서 만난 추사 선생은 허련의 그림을 보고 견문이 부족하다고 혹평한다.
> └→ 추사 김정희
> ㈏ '꼭 어르신의 제자가 될 것입니다.'
> 　허련은 월성위궁을 떠날 생각은 완전히 접고 아예 추사 선생의 자잘한 시중을 맡아 했다.
> ㈐ 허련은 화첩에서 배운 필법을 바탕으로 연구와 실험을 해 가며 나름의 붓질법을 만들어 나갔다. 수십 개의 붓이 뭉뚝해졌다.

04 어디에서 있었던 일인지 쓰시오.

• 추사 김정희의 집인 (   )

05 허련이 처한 상황을 쓰시오.

• 추사 김정희가 (   )로 받아 주지 않았다.

06 문제 **05**번의 답과 같은 상황에서 허련이 한 행동을 쓰시오.

• 추사 김정희의 (   )을 들었다.

서술형·논술형 문제 ✏

07 허련이 추구하는 삶을 쓰시오. [10점]

_____

_____

[08~14] 다음 글을 읽고 물음에 답하시오.

(가) ㉠'무엇보다 먼저 사람의 목숨을 구한다!'

　소방관들은 눈길이 마주칠 때마다 말 없는 약속을 확인하고 힘을 내곤 한다지. 그래서 한순간에 온몸을 집어삼킬 듯한 불길을 이리저리 피해 가며 연기에 질식한 사람을 업고 나올 때는 죽음조차 두렵지 않을 만큼 다급하단다.

　어제도 네 아버지는 건물에 갇혀 울부짖는 두 사람을 업어 내왔단다.

(나) 네 아버지가 빠져나오고 뒤를 돌아보았을 때, 불길에 무너지는 커다란 기둥이 그 구조 대원의 몸을 휩싸 안고 바닥으로 꺼져 버렸단다.

　자기 목숨보다 남의 목숨을 먼저 생각한 용감한 소방관 아저씨의 최후……

　그 이야기를 하시면서 아버지는 정말 뜨거운 눈물을 쏟으셨단다.

　"만약에 빠져나오는 차례가 나와 바뀌었더라면 그가 살고 나는 지금 이 자리에 없는 거야……"

(다) 아버지는 경민이에게 자기가 처음으로 소방관이 되고자 결심한 어린 시절의 사건 하나를 들려주었다.

(라) 동생은 위험하게도 촛불을 들고 안방 옷장 안으로 숨었던 거야. 씩씩한 사람으로 자라서 어려운 사람을 다 구하겠다던 녀석이 그렇게 어리석은 짓을 할 줄이야!
　↳ 경민이 아버지의 동생

　그렇게 동생이 하늘나라로 간 뒤부터 내 가슴속에는 확실한 꿈 하나가 자리 잡았단다.

　반드시 내 동생 경수를 삼켜 버린 불길과 싸워 이기겠다는 결심이었지. 나중에서야 불길은 싸울 대상이 아니라 잘 다스려야 이긴다는 걸 알게 되었지만 말이다.

　불이라는 말만 들어도 가슴이 미어진다는 부모님의 반대를 무릅쓰고 나는 기어이 소방관의 꿈을 이루어 냈단다. 그리고 늘 기도하는 마음으로 맡은 일을 하지.

08 글 (가)에서 아버지가 처한 상황에 ○표 하시오.

　(1) 화재 현장에 출동하였다.　　　　　(　　　)

　(2) 화재 현장에서 어깨를 다쳤다.　　　(　　　)

09 08번에서 답한 상황에서 아버지의 행동을 쓰시오. [6점]

　• 불이 난 건물에 갇힌 사람들을

　(　　　　　　　　　　　　　　)

서술형·논술형 **문제** ✎

10 ㉠과 같은 말을 읽고 어떤 생각이나 느낌이 드는지 쓰시오. [10점]

_____

_____

11 글 (나)에서 눈앞에서 동료를 잃은 일을 이야기하는 상황에서 아버지의 말이나 행동을 쓰시오. [6점]

　(1) 뜨거운 (　　　　　　　　　)을 쏟았다.

　(2) "만약에 빠져나오는 차례가 나와 바뀌었더라면

　(　　　　　　　　　　　　　　　　)"

12 글 (라)에서 아버지가 처한 상황의 번호를 쓰시오.

> ① 화재로 동생을 잃었다.
> ② 동생이 불장난을 하다가 산에 불이 났다.

　　　　　　(　　　　　　　　)

13 문제 12번의 답과 같은 상황에서 아버지가 한 말이나 행동으로 알맞은 것에 ○표 하시오.

　(1) 화재 현장에 나갈 때마다 두려움을 이겨 냈다.
　　　　　　　　　　　　　　　(　　　)

　(2) 동생을 삼켜 버린 불길과 싸워 이기겠다는 결심을 했다.　　　　　　　　　(　　　)

14 이 글에서 아버지가 추구하는 삶으로 알맞지 <u>않은</u> 것은 무엇입니까? (　　　)
중요!

　① 생명을 존중한다.

　② 안전한 삶을 추구한다.

　③ 동료에 대한 사랑을 추구한다.

　④ 자신을 희생하고 봉사하는 삶을 추구한다.

　⑤ 끈기 있게 노력하고 도전하는 삶을 추구한다.

[15~20] 다음 글을 읽고 물음에 답하시오.

(가) 피아니스트가 되는 게 꿈이며 어렸을 때부터 피아노를 쳐 온 상수리는 갑자기 피아노 소리가 나지 않아 고민하고, 이모와 진진은 상수리의 고민을 듣게 된다.

(나) 진진이 어기의 하얀 깃을 어루만지며 물었다.

→ 날마다 달려고 노력하는 거위

"어기, 힘들지? 그래도 기운 내."

어기는 고개를 가로저으며 씩씩하게 되물었다.

"하나도 안 힘들어. 꿈꾸는 게 왜 힘드니?"

"그래도 날마다 그렇게 열심히 연습했는데, 못 날면 속상하잖아."

"아니, 속상하지 않아. 난 늘 즐거워. 만약 꿈꾸는 동안 즐겁지 않다면 그게 무슨 꿈이니?"

어기는 물을 다 마시고 날개를 푸드덕푸드덕 힘차게 털어 냈다.

"자, 쉬었으니 또 신나게 날아오르러 가 볼까?"

(다) 상수리는 피아노 건반을 살포시 어루만졌다.

"피아노야, 넌 내가 훌륭한 피아니스트가 되길 바란 게 아니었지? 넌 아마 내가 행복한 피아니스트가 되길 꿈꾸었을 거야. 근데 나는 그것도 모르고 너와 함께하는 시간이 지긋지긋해지도록 연습만 하는 게 최선인 줄 알았으니……. 그동안 네가 얼마나 힘들었을까? 미안해. 정말 미안해."

(라) "퐁, 넌 나중에 뭐가 되고 싶니?"

"되고 싶은 거 없는데."

"되고 싶은 게 없어? 그럼 꿈이 없단 말이야?"

"꿈이야 있지. 근데 꿈이란 게 꼭 뭐가 되어야 하는 거야? 뭐가 안 되면 어때? 그냥 하면 되지. 내 꿈은 춤추는 거지. 신나게 춤추는 것. 그게 내 꿈이야."

(마) "꿈꾸는 집, 이 집이 바로 내 꿈이야."

"이 집이 이모의 꿈이라고요?"

"그럼, 내 꿈은 이 세상 재미있는 책들을 모두 불러 모아서 함께 노는 거야. 낄낄대며 웃는 재미, 콩닥콩닥 가슴 뛰는 재미, 두근두근 설레는 재미, 눈물 나게 가슴 아린 재미, 궁금한 것들을 알게 되는 재미, 생각하지도 못했던 것을 상상하는 재미…… 재미있는 책들만 올 수 있는 집, 꿈꾸는 아이들만 올 수 있는 집, 이 집이 내 꿈이야."

15 글 (가)에서 상수리가 처한 상황은 어떠합니까? (　　　)

① 피아노 연습이 늘 즐겁다.

② 선생님께 늘 꾸지람을 듣는다.

③ 피아노에서 소리가 나지 않는다.

④ 부모님께서 좋은 대학에 가라고 강요하신다.

⑤ 피아니스트라는 꿈에서 다른 꿈으로 바뀌었다.

16 어기가 추구하는 삶은 무엇입니까? (　　　)

① 가족에 대한 사랑

② 제자에게서도 배우는 겸손함

③ 생명 존중과 동료에 대한 사랑

④ 희망을 가지고 즐겁게 도전하는 삶

⑤ 성실하고 정직한 이에게 도움을 주는 삶

17 글 (다)에서 알 수 있는, 상수리가 추구하는 삶과 관련 있는 낱말을 두 가지 고르시오. (　　,　　)

① 성실　　　② 노력　　　③ 애국

④ 봉사　　　⑤ 자연 보호

18 글 (라)에서 퐁의 꿈은 무엇인지 쓰시오. [6점]

(　　　　　　　　　　　　　　)

19 글 (마)에서 알 수 있는, 이모가 추구하는 삶으로 알맞은 것에 ○표 하시오.

(1) 올바른 사람이 되려고 노력하는 삶 (　　　)

(2) 자신이 좋아하고 가치 있다고 생각하는 것을 꾸준히 하는 즐거움이 있는 삶 (　　　)

20 이 글에 나오는 인물의 삶과 관련하여 알맞지 않게 말한 사람의 이름을 쓰시오.
중요!

주원: 어기처럼 희망을 가지고 꿈을 이루려고 계속 노력한 점을 본받고 싶어.

세영: 퐁처럼 내가 싫어하는 것은 싫다고 정확하게 이야기하고 싶어.

서우: 상수리가 비록 꿈을 꾸는 즐거움을 잠시 잊기는 했지만, 꿈을 이루려고 계속 노력한 것은 배울 점이라고 생각해.

(　　　　　　　　　　　　　　)

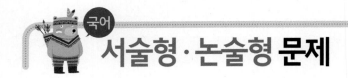

[1~2] 다음 글을 읽고 물음에 답하시오.

㈎ 여러 날 공들여 바위틈에 자란 나무를 그렸는데 꽤 마음에 들었다. 마당에서 종이를 들고 그림을 말리고 있는데 뒤에서 추사 선생의 목소리가 들렸다.
"그 나무는 자네의 나무인가?" / "예?"
"자네의 정신이 거기 있는가?" / "……."
"나무와 바위 말고 뭐가 있는가?"
'뭐가 있나'라니? 허련이 미처 질문의 뜻을 생각하기도 전에 추사 선생은 돌아서 가 버렸다.
허련은 하릴없이 그림을 내려다보았다. 공들인 붓질이었다. 그러나 기법만 있고 이야기가 없었다.
㈏ 허련은 그림보다 책을 더 많이 읽었다. 그리는 시간보다 생각하는 시간이 더 많아졌다.
㈐ "붓을 천 개쯤은 뭉뚝하게 만들어 봐야 그림이 뭔가를 알게 될 걸세."
추사 선생이 흘리듯 말하고는 돌아서 갔다. 허련은 몽당붓을 들고 물끄러미 보았다. 이제 겨우 한 걸음을 더 뗀 것 같았다.
'천 개 넘어 붓이 닳으면…….'
허련은 쓰고 또 썼다. 그리고 또 그렸다.

[3~4] 다음 시를 읽고 물음에 답하시오.

떨어져도 튀는 공처럼

그래 살아 봐야지
너도 나도 공이 되어
떨어져도 튀는 공이 되어

살아 봐야지
쓰러지는 법이 없는 둥근
공처럼, 탄력의 나라의
왕자처럼

가볍게 떠올라야지
곧 움직일 준비 되어 있는 꼴
둥근 공이 되어

옳지 최선의 꼴
지금의 네 모습처럼
떨어져도 튀어 오르는 공
쓰러지는 법이 없는 공이 되어.

1 허련이 처한 상황과 그 상황에서 허련이 한 말이나 행동을 쓰시오. [10점]

허련이 처한 상황	허련이 한 말이나 행동
자신의 그림에 ((1))이 들어 있지 않다는 말을 들은 상황	그림보다 책을 더 많이 읽고 그리는 시간보다 (2) _____ _____

2 허련이 한 다음 말이 어떤 뜻인지 쓰시오. [10점]

"내 그림에는 기법만 있고 정신이 없구나."

_____

_____

3 시에서 말하는 이는 어떤 삶의 모습을 추구하는지 쓰시오. [10점]

_____

_____

4 다음의 정우처럼 자신이 꿈꾸는 삶의 모습을 다른 대상에 빗대어 쓰시오. [10점]

정우

나는 새처럼 자유로운 삶을 살고 싶어. 하고 싶은 일을 하면서 마음껏 꿈을 펼치고 싶어.

_____

_____

2. 관용 표현을 활용해요

관용 표현

① 둘 이상의 낱말이 합쳐져 그 낱말의 원래 뜻과는 다른 새로운 뜻으로 굳어져 쓰이는 표현입니다.

② 관용어와 속담 따위가 있습니다.

관용어	둘 이상의 낱말로 이루어져 있으면서 특수한 뜻을 나타내는 표현 예) 손이 크다.
속담	예로부터 전해 오는 쉬운 격언이나 잠언으로, 우리 민족의 지혜와 해학, 생활 방식과 교훈이 담겨 있는 표현 예) 세 살 적 버릇이 여든까지 간다.

예) 관용어와 속담

◎ 손이 크다.: 씀씀이가 후하고 크다.

◎ 세 살 적 버릇이 여든까지 간다.: 어릴 때부터 나쁜 버릇이 들지 않도록 잘 가르쳐야 한다.

관용 표현을 활용하면 좋은 점

① 전하고 싶은 말을 쉽게 표현할 수 있습니다.

② 재미있는 표현이어서 듣는 사람의 관심을 불러일으킬 수 있습니다.

③ 하려는 말을 상대가 쉽게 알아들을 수 있습니다.

④ 하고 싶은 말을 더 효과적으로 표현할 수 있습니다.

예) 관용 표현을 사용하여 말하기

이야기를 듣고 말하는 사람의 의도 파악하기

① 말하는 사람은 듣는 사람이 자신의 이야기를 귀 기울여 듣고, 이야기에 흥미를 느끼게 하려는 의도로 관용 표현을 활용할 수 있습니다.

② 표현의 뜻을 추론하여 의도를 파악하는 과정

❶ 글 앞뒤에 있는 내용을 살펴봅니다.

↓

❷ 표현에 쓰인 낱말이 평소에 어떤 뜻으로 쓰이는지 생각해 봅니다.

↓

❸ 그러한 표현을 쓴 의도를 생각해 봅니다.

예) 「도산 안창호 선생의 연설」에서 표현의 뜻을 추론하기

독립운동가가 될 만한 여러분, 독립운동 단체를 조직할 준비를 할 날이 오늘이외다. 그런즉 나와 여러분은 독립운동 단체가 실현되도록 각각의 의견을 버리고 모두의 한 목표를 이루려고 민족적 정신으로 어금니를 악물고 나갑시다. 그래서 독립운동의 깃발 아래 우리의 뜻을 모아야 하겠습니다.

'깃발'은 주로 여러 사람의 맨 앞에서 드는 물건이므로 '아래'라고 하니 그 깃발 아래에 있자는 뜻임.

'깃발'을 목표라고 생각하면 '깃발 아래'는 하나의 목표를 품자는 뜻임.

생각이 효과적으로 드러나는 표현을 활용해 말하기

① 말하는 상황과 말할 내용을 확인합니다.

② 관용 표현이 말할 상황과 어울리는지, 말할 내용을 적절하게 표현하는지 생각합니다.

③ 관용 표현을 먼저 말한 뒤에 그와 관련한 생각을 말하기도 하고, 생각을 먼저 말한 뒤에 그와 어울리는 관용 표현을 말하기도 합니다.

쪽지시험

❶ ☐☐ 표현은 둘 이상의 낱말이 합쳐져 새로운 뜻으로 굳어져 쓰이는 표현입니다.

❷ "☐이 크다."는 '씀씀이가 후하고 크다.'라는 뜻의 관용어입니다.

❸ "하루에도 열두 번"이라는 관용 표현은 '매우 (자주 / 가끔)'(이)라는 뜻입니다.

❹ 관용 표현을 활용하면 전하고 싶은 말을 ☐☐ 표현할 수 있습니다.

❺ 표현의 뜻을 추론할 때에는 글 앞뒤의 ☐☐ 을 살펴봅니다.

* 배점이 표시되어 있지 않은 문제는 문제당 **4점**입니다.

[01~03] 다음 대화를 읽고 물음에 답하시오.

> ㈎ 남자아이: 정민아, 내일이 벌써 개학이야.
> 정민: 내일이 개학이라고? ㉠눈이 번쩍 뜨인다!
> ㈏ 남자아이: 소진아, 제주도에 다녀왔다며?
> 소진: 제주도에 다녀온 것 말이야? 아까 민진이에게만 말했는데 넌 어떻게 알았어? 정말 ㉡발 없는 말이 천 리 가는구나.

01 ㉠의 뜻으로 알맞은 것의 번호를 쓰시오.

> ① 관심을 돌리다.
> ② 정신이 갑자기 든다.
> ③ 두드러지게 드러나다.

( )

02 ㉡의 뜻으로 알맞은 것에 ○표 하시오.

(1) 말이 순식간에 퍼진다. ( )

(2) 크게 과장하여 말한다. ( )

03 ㉡과 바꾸어 쓸 수 있는 관용 표현으로 알맞은 것은 무엇입니까? ( )
중요!

> ① 말 속에 말 들었다.
> ② 말로는 못할 말이 없다.
> ③ 말한 입에 침도 마르기 전.
> ④ 낮말은 새가 듣고 밤말은 쥐가 듣는다.
> ⑤ 말이 고마우면 비지 사러 갔다가 두부 사온다.

[04~07] 다음 대화를 읽고 물음에 답하시오.

> ㈎ 은수: 네 명이 함께 그리는데도 문제가 전혀 없네.
> 영철: 역시 손발이 잘 맞아.
> ㈏ 동생: ㉠쇠뿔도 단김에 빼라고 당장 휴대 전화를 구경해 보자.
> 오빠: 부모님과 의논도 안 했잖아. 다음에 보자.
> 동생: 오빠 때문에 ㉡김이 식어 버렸잖아.

04 ㈎에서 더 간단한 표현은 누구의 말인지 쓰시오.

( )(이)의 말

서술형·논술형 문제 ✏️

05 ㈎에서 듣는 사람의 관심을 끌 수 있는 표현은 누구의 말인지와 그렇게 생각한 까닭을 쓰시오. [12점]

_____

_____

06 ㈏에서 ㉠의 뜻으로 알맞은 것의 번호를 쓰시오.

> ① 잘못된 것을 고치려다가 오히려 망친다.
> ② 망설이지 말고 곧 행동으로 옮겨야 한다.

( )

07 ㈏에서 ㉡의 뜻을 알맞게 말한 사람에 ○표 하시오.

> 소민: 재미나 의욕이 없어진다는 뜻이야. ( )
> 정우: 생각을 다시 하게 되었다는 뜻이야. ( )

[08~10] 다음 대화를 읽고 물음에 답하시오.

> 지현: 안나야!
>
> 안나: 아이고, 깜짝이야! ⊙ 간 떨어질 뻔했잖니.
>
> 지현: 미안해. 문구점에 같이 가자! 〈문구점에 도착한 뒤〉 내일 미술 시간에 필요한 준비물을 사야 하지? 일단 어떤 준비물이 있는지 확인해 보자. 난 색 도화지 두 장, 색종이 한 묶음, 딱풀을 사야겠다.
>
> 안나: 난 좀 넉넉하게 사야겠어. 색 도화지 열 장, 색종이 여덟 묶음, 딱풀이랑 물 풀이랑…….
>
> 지현: 너 정말 ⓒ .

08 어떤 상황을 보여 주는 대화인지 쓰시오.

- 지현이와 안나가 ( )에서 준비물을 사는 상황

09 ⊙의 뜻으로 알맞은 것은 무엇입니까? ( )

① 매우 놀라다.　　② 매우 걱정된다.
③ 정말 재미있다.　　④ 몹시 겁이 많다.
⑤ 초조하고 안타깝다.

10 지현이가 안나에게 '양을 많이 준비한다'는 뜻으로 활용할 수 있는, ⓒ 에 알맞은 관용 표현은 무엇입니까? ( )
중요!

① 손에 익구나　　② 손이 맵구나
③ 손이 크구나　　④ 손을 떼는구나
⑤ 손을 내미는구나

11 관용 표현을 활용해 말한 것으로 알맞은 것의 번호를 쓰시오.

	관용 표현	말할 문장
①	간이 크다	나는 어릴 적부터 겁이 많고 새로운 활동은 좋아하지 않아서 간이 크다는 말을 많이 들었다.
②	눈에 띄다	선생님께서 나에게 눈에 띄게 노래를 잘한다고 칭찬해 주셨다.

( )

[12~14] 다음 글을 읽고 물음에 답하시오.

> 저는 얼마 전부터 오늘을 ⊙ . 아마 여러분은 학교를 졸업하면 ⓒ 천하를 얻은 듯 신나서 바로 멋진 어른이 될 수 있으리라 생각할 것입니다. 하지만 자신의 꿈을 향해 달려가는 일은 결코 쉬운 일도, 마음대로 되는 일도 아니었습니다. 저는 여러분께 꿈을 펼치는 세 가지 방법을 말씀드리려고 합니다.
>
> 첫째, 자신의 진짜 꿈을 찾으려고 노력합시다. 저는 초등학생 때 꿈이 계속 바뀌었는데, 6학년 때 안전 교육을 해 주신 경찰을 직접 만나 여러 가지 이야기를 들으면서 경찰이 되고 싶다는 꿈을 키우기 시작했습니다. 경찰이라는 직업을 자세히 알아보고 제 능력과 흥미를 살펴보면서 제 진짜 꿈이 경찰이라는 확신이 들었습니다. 쉽게 미래를 결정하는 것보다 자신의 진짜 꿈을 찾는 노력을 꾸준히 하는 것이 중요합니다.

12 ⊙ 에 알맞은 관용 표현은 무엇입니까? ( )

① 눈이 높았습니다
② 손발을 맞추었습니다
③ 손꼽아 기다렸습니다
④ 입맛대로 하였습니다
⑤ 미역국을 먹었습니다

13 ⓒ의 뜻으로 알맞은 것에 ○표 하시오.

(1) 우쭐거리며 잘난 체함.　　( )
(2) 매우 기쁘고 만족스러움.　　( )

14 말하는 사람은 어떻게 경찰이 되려는 꿈을 꾸게 되었는지 쓰시오. [6점]

- 6학년 때 ( ) 여러 가지 이야기를 들으면서이다.

[15~18] 다음 도산 안창호 선생의 연설을 읽고 물음에 답하시오.

> 오늘날 우리가 임시 정부를 위한 독립운동 단체를 조직하려면 준비할 것이 셀 수 없이 많습니다. 특히 사람이 많이 모이도록 힘써야 할 것이외다. 그러나 어려운 점이 있습니다. 누구나 자기가 한 가지 생각을 하면 다른 이의 생각을 무엇이든지 반대한다는 것입니다. 예를 들어 말하면 전쟁을 원하는 자가 대화를 원하는 자를 반대해 말하기를 "대화가 무엇이냐, 지금이 어느 때라고! 우리는 폭탄을 들고 나가야 한다."라고 떠듭니다. 또 대화를 원하는 자는 말하기를 "공연히 젊은 놈들이 <u>⊙애간장이 타서</u> 당장 폭탄을 들고 나가면 우리 독립이 되는가?"라고 합니다. 우리가 서로 자기 생각만 옳은 줄 알고 그것만 해야 한다고 하는 것은 <u>㉮한 가지만 알고 두 가지는 모르는</u> 까닭이외다.

15 안창호 선생을 비롯한 사람들이 조직하려는 것은 무엇인지 쓰시오. [6점]

• 임시 정부를 위한 (   )

16 안창호 선생의 연설을 들으러 모인 사람들 사이에는 어떤 문제가 있습니까? (   )

① 서로 의견이 다르다.
② 독립운동을 할 사람이 없다.
③ 독립운동에 필요한 돈이 부족하다.
④ 독립운동 단체의 지도자가 될 만한 사람이 없다.
⑤ 일본 경찰에게 독립운동을 하는 사람들을 일러바치는 사람들이 있다.

17 ⊙의 뜻으로 알맞은 것은 무엇입니까? (   )

중요!

① 깜짝 놀라다.   ② 몹시 서두르다.
③ 항상 조심한다.   ④ 초조하고 안타깝다.
⑤ 남들이 모르게 조용하게 움직인다.

18 ㉮의 뜻을 추론하는 과정을 보고 뜻을 파악하여 쓰시오. [12점]

> **〈㉮의 앞의 내용〉**
> • "누구나 자기가 한 가지 생각을 하면 다른 이의 생각을 무엇이든지 반대한다"라는 내용이 있음.
> • "서로 자기 생각만 옳은 줄 알고"라는 내용이 있음.

> **〈표현의 의미〉**
> • '한 가지만 알고'는 자기 생각만 고집한다는 뜻임.

> **〈㉮의 뜻을 추론한 내용〉**
>
>

[19~20] 다음 대화를 읽고 물음에 답하시오.

> 규영: 우리 반 친구들이 고운 말을 사용하면 좋겠습니다.
> 고운: "가는 말이 고와야 오는 말이 곱다."라는 말이 있습니다. 내가 남에게 말이나 행동을 좋게 해야 남도 나에게 좋게 한다는 뜻입니다. 우리 반 친구들도 고운 말을 사용하면 좋겠습니다.
> 혜선: 우리 반 친구들이 고운 말을 사용하면 좋겠습니다. 친구에게 나쁜 말을 했다가 자신도 나쁜 말을 들은 경험, 반대로 친구를 칭찬하고 자신도 칭찬을 들은 경험이 있을 것입니다. 가는 말이 고와야 오는 말이 곱습니다.

19 대화에 대한 내용으로 알맞지 <u>않은</u> 것의 번호를 쓰시오.

> ① 규영이는 관용 표현을 활용하지 않았다.
> ② 혜선이처럼 말을 끝낼 때 관용 표현을 활용하면 말을 짧게 할 수 있다.
> ③ 고운이처럼 말을 시작할 때 관용 표현을 활용하면 듣는 사람의 관심을 끌 수 있다.

(   )

20 친구들은 무엇을 말하는지 쓰시오.

• (   )을 사용하자는 것이다.

국어

[1~3] 다음 광고를 보고 물음에 답하시오.

1

물을

2

물 쓰듯 쓰다

3

"물 쓰듯 쓰다"라는 말,
이제는 바뀌어야 합니다.

1 광고에 사용한 관용 표현을 찾아 쓰시오. [6점]

(   )

2 문제 1번에서 답한 관용 표현의 뜻을 쓰시오. [10점]

_____

_____

3 이 광고에서 하고 싶은 말은 무엇인지 쓰시오. [10점]

_____

_____

[4~5] 다음 안창호 선생의 연설을 읽고 물음에 답하시오.

오늘 이 자리에 모인 여러분, 우리는 이제부터 누구의 장단점을 말하지 말고 단결해 나갑시다. 모두 함께 독립운동을 할 배포를 기릅시다. 독립을 달성하려고 ㉠ 하루에도 열두 번 노력합시다. 독립운동가가 될 만한 여러분, 독립운동 단체를 조직할 준비를 할 날이 오늘이외다. 그런즉 나와 여러분은 독립운동 단체가 실현되도록 각각의 의견을 버리고 모두의 한 목표를 이루려고 민족적 정신으로 ㉡ 어금니를 악물고 나갑시다. 그래서 독립운동의 ㉮ 깃발 아래 우리의 뜻을 모아야 하겠습니다.

4 연설에 활용된 관용 표현 ㉠과 ㉡의 뜻을 쓰시오.

[각 3점]

관용 표현	관용 표현의 뜻
㉠ 하루에도 열두 번	매우 ((1))
㉡ 어금니를 악물고	고통이나 분노 따위를 참으려고 이를 악물어 굳은 ((2))를 나타내다.

5 ㉮의 뜻을 추론하는 과정을 보고 뜻을 파악하여 쓰시오.

[10점]

① '깃발 아래' 앞부분을 보면 '단결하자', '하루에도 열두 번 노력하자'는 글쓴이의 주장이 있다.

↓

② 깃발에는 그 사람들이 속해 있는 단체 이름이나 자신들이 하고 싶은 주장을 적기도 한다. '깃발 아래'는 어떤 이름이나 주장, 의견 아래에 모이자는 뜻이다.

↓

③ 주장이나 의견은 이들의 목표이니까 '깃발 아래'는 (   )는 뜻이다.

3. 타당한 근거로 글을 써요

◉ 글을 읽고 주장하는 내용 찾기
① 제목과 그림을 보고 내용을 짐작해 봅니다.
② 중심 내용을 간추리며 글을 읽어 봅니다.
③ 글에서 활용한 자료를 살펴봅니다.
④ 글쓴이의 주장을 생각해 봅니다.

㉐ 「'그냥'이 아니라 '왜'」에서 주장하는 내용 찾기

➡ 긴 수염 할아버지 이야기를 자료로 활용하여 '습관적으로 살지 말고 자기 안에 물음표를 가지고 살자.'라는 주장을 내세웠습니다.

◉ 주장에 대한 근거가 적절한지 판단하며 글 읽기
① 근거가 주장과 관련 있는지 판단해 봅니다.
② 근거가 주장을 뒷받침하는지 판단해 봅니다.
③ 근거를 뒷받침하는 자료가 적절한지 판단해 봅니다.

㉐ 「공정 무역 제품을 사용합시다」에서 근거의 타당성을 판단하기

주장	공정 무역 제품을 사용하자.
근거 1	아이들을 위험에서 보호할 수 있다.
근거 2	공정 무역 인증 표시는 국제기구가 생산지에서 공정 무역의 주요 원칙이 잘 지켜졌는지를 점검한 물건들에 붙일 수 있다.

↓

근거	주장과 관련 있는가?	주장을 뒷받침하는가?
1	○	○
2	○	×

➡ 근거 2는 주장을 직접적으로 뒷받침하지 못하기 때문에 타당하지 않습니다.

◉ 자료의 적절성을 판단하는 방법
① 어떤 자료가 활용되었는지 찾아봅니다.
② 자료가 근거의 내용과 관련 있는지 살펴봅니다.
③ 출처를 보고 믿을 수 있는 자료인지 살펴봅니다.
④ 수를 제시할 때에는 정확한 숫자를 사용했는지 살펴봅니다.
⑤ 최신 자료를 사용했는지 살펴봅니다.
⑥ 자료의 출처가 분명한지 확인합니다.

㉐ 자료의 적절성 판단하기

내용	
	이산화 탄소 먹는 하마는 상수리나무 개인이 배출한 이산화 탄소를 흡수하려면 평생 나무를 심어야 할지도 모른다. 이산화 탄소를 특히 잘 흡수하는 것은 상수리나무이다. 많은 양의 이산화 탄소를 흡수하고 지구 온난화 예방에도 큰 역할을 하는 나무 심기에 관심을 가지자.(◇◇◇ 기자)
종류	기사문
출처	『○○ 신문』 20○○. ○○. ○○.
알려 주는 것	나무를 심으면 나무가 이산화 탄소를 흡수해 지구 온난화 예방에 도움이 된다.

➡ '숲은 지구 온난화를 막아 준다.'라는 근거를 뒷받침하는 자료로 적절합니다.

◉ 상황에 알맞은 자료를 활용해 논설문 쓰기
① 문제 상황을 파악합니다.
② 자신의 주장과 주장을 뒷받침할 근거를 정합니다.
③ 근거를 뒷받침할 자료를 수집합니다.
④ 논설문의 짜임에 맞게 씁니다.
└➡ 서론 – 본론 – 결론
⑤ 내용의 타당성과 표현의 적절성을 점검해 보고, 부족한 부분을 고쳐 씁니다.

쪽지시험

❶ 주장에 대한 근거가 적절한지 판단할 때에는 근거가 ☐☐ 과 관련 있는지 판단합니다.

❷ 자료의 적절성을 판단할 때에는 (출처 / 글의 길이)를 보고 믿을 수 있는 자료인지 살펴봅니다.

❸ 자료의 적절성을 판단할 때에는 (최신 / 오래된) 자료를 사용했는지 살펴봅니다.

❹ 논설문을 쓸 때에는 짜임인 서론, ☐☐ , 결론에 맞게 씁니다.

❺ 논설문을 쓸 때에는 '(아마 / 결코)'와 같은 단정적인 표현은 조심해서 써야 합니다.

* 배점이 표시되어 있지 않은 문제는 문제당 **4점**입니다.

[01~03] 다음 글을 읽고 물음에 답하시오.

㉮ "할아버지! 할아버지는 주무실 때 그 수염을 이불 안에 넣나요, 아니면 꺼내 놓나요?"
할아버지는 "예끼! 이 버릇없는 놈." 하고 소리치려다가 문득 자기도 궁금해졌단다. 왜냐하면 수염을 기른 채 몇십 년 동안이나 살아왔지만, 그때까지 한 번도 그런 궁금증을 지녀 본 적이 없었거든.

㉯ 가만히 생각해 보렴, 혹시 너에게도 그런 수염이 있는지 말이야. 아이들한테 무슨 수염이 있냐고? 아니야, 그렇지 않아. 너도 누가 질문을 할 때 가끔 '그냥'이라고 대답한 적이 있을 거야. 바로 그 '그냥'이라는 말이 너의 수염이란다.

㉰ '그냥 수염'을 달고 있는 사람은 어느 날 누가 "왜?" 또는 "어떻게?" 하고 물으면 아무 대답도 하지 못해.

01 글 ㉮에서 아이가 한 질문에 할아버지는 왜 바로 대답하지 못했는지 쓰시오.

• 그때까지 한 번도 그런 ( ) 을 지녀 본 적이 없었기 때문이다.

02 우리에게 있는 '수염'은 무엇인지 ○표 하시오.

(1) 자기 안에 물음표가 많은 것. ( )

(2) 질문을 할 때 '그냥'이라고 대답하는 것. ( )

03 글쓴이의 주장은 무엇인지 쓰시오. [6점]

중요!

• '그냥'이라고 생각하지 말고 '왜' 또는 '( )' 를 생각하자.

[04~06] 다음 글을 읽고 물음에 답하시오.

공정 무역 제품을 사용해야 하는 까닭은 다음과 같습니다. 첫째, 생산자에게 돌아갈 정당한 이익을 지켜 줍니다. 공정 무역에서는 생산자 조합과 공정 무역 회사를 만들어 중간 유통 단계를 줄이고 실제로 바나나를 재배하는 생산자의 이익을 보장해 주었습니다.

04 공정 무역에서 중간 유통 단계를 줄이려는 까닭은 무엇입니까? ( )

① 수출하는 시간을 줄이려고
② 생산품의 신선도를 유지하려고
③ 선박이나 항공기의 사용을 줄이려고
④ 실제 생산자의 이익을 보장해 주려고
⑤ 수입하는 회사의 이익을 최대한 높이려고

서술형·논술형 문제 ✎

05 글을 읽고 알 수 있는, 주장과 근거를 쓰시오. [10점]

(1) 주장: _____

(2) 근거: _____

06 알맞게 판단한 사람의 이름을 쓰시오.

유리: 주장과 근거가 관련 있어서 근거가 타당해.
준우: 근거가 주장을 뒷받침하지 못하니까 근거가 타당하지 않아.

( )

07 자료가 근거를 잘 뒷받침하는지 판단하는 방법으로 알맞지 <u>않은</u> 것은 무엇입니까? (   )

① 최신 자료를 사용해야 한다.
② 자료의 출처가 분명한지 확인한다.
③ 믿을 수 있는 자료를 활용해야 한다.
④ 자료가 근거의 내용과 관련 있어야 한다.
⑤ 수를 제시할 때에는 대략적인 숫자를 사용해야 한다.

[08~10] 다음을 보고 물음에 답하시오.

〈주장과 근거〉

주장	㉠
근거	① 숲은 홍수와 산사태를 막아 준다.
	② ㉡

〈주장과 근거를 뒷받침할 수 있는 자료〉

근거	수집할 자료 내용
①	㉢
②	숲이 제공해 주는 자원

08 ㉠에 알맞은 주장을 두 가지 고르시오. (,   )

① 숲을 살리자.
② 숲을 보호하자.
③ 숲에서 휴식을 하자.
④ 숲의 좋은 점을 외국 사람들에게 알리자.
⑤ 개인이 배출하는 이산화 탄소의 양을 줄이자.

09 표에 나타난 주장과 근거를 뒷받침할 수 있는 자료를 바탕으로, ㉡에 알맞은 근거에 ○표 하시오.

(1) 숲은 소중한 자원을 제공해 준다. (   )
(2) 숲은 많은 양의 이산화 탄소를 흡수한다.
(   )

10 ㉢에 들어갈 자료의 내용을 알맞게 말한 사람을 쓰시오.

> 서연: 목재 생산 과정을 보여 주는 그림이 알맞아.
> 우진: 숲이 홍수와 산사태를 막아 주는 사진이나 그림이 알맞아.

(   )

[11~13] 다음을 보고 물음에 답하시오.

11 대화 내용을 읽고 알 수 있는 것이 <u>아닌</u> 것은 무엇입니까? (   )

① 저녁을 먹을 장소를 정하고 있다.
② 소희는 오빠의 말을 믿기로 하였다.
③ 소희네 엄마와 오빠의 생각이 다르다.
④ 누리 소통망의 장점과 단점을 알 수 있다.
⑤ 소희네 가족 단체 대화방의 대화 내용이다.

12 소희네 가족이 단체 대화방에서 저녁 먹을 곳을 정하는 까닭에서 알 수 있는, 누리 소통망의 장점은 무엇입니까? (   )

① 대화 내용을 저장할 수 있다.
② 글로 읽을 수 있어서 이해가 더 쉽다.
③ 사진이나 동영상을 쉽게 전달할 수 있다.
④ 내 의견에 반대하는 사람을 설득할 수 있다.
⑤ 한곳에 모이지 않고도 이야기를 나눌 수 있다.

13 소희 오빠는 식당 정보를 어떻게 알았는지 쓰시오. [6점]

• (   )에 손님이 쓴 글을 읽고 알았다.

[14~16] 다음 성민이가 누리 소통망에 쓴 글을 읽고 물음에 답하시오.

제발 저희 가게를 도와주세요

㉮ 얼마 전, 누리 소통망에 퍼진 「△△식당 불매 운동」이라는 글을 보신 적이 있나요? 그 가게는 바로 저희 어머니께서 운영하시는 식당입니다. 하지만 누리 소통망에 실린 이야기는 사실과 다릅니다.

㉯ 사람들은 댓글에 모두 저희 가게를 욕하며 불매 운동을 벌이고 있었습니다. 게다가 저를 아는 누군가가 제 이름과 다니는 학교까지 인터넷에 올리는 바람에 학교에도 소문이 났습니다. 그리고 그 사건 뒤 저희 가게에는 정말 손님이 뚝 끊겨 저희 가족은 힘든 나날을 보내고 있습니다.

인터넷에 떠도는 소문이 아닌 제 말을 믿어 주시고, 이 글을 널리 퍼뜨려 주세요.

14 성민이가 누리 소통망에 글을 쓴 까닭의 번호를 쓰시오.

① 많은 사람이 보게 하려고
② 동영상을 증거 자료로 제시하려고
③ 자기의 이름을 밝히지 않고 댓글을 쓰려고

(   )

15 성민이네 가게는 손님이 쓴 글 때문에 어떤 피해를 입었는지 두 가지 고르시오. (,   )

① 음식 맛이 나빠졌다.
② 가게에 손님이 끊겼다.
③ 가게 문을 닫게 되었다.
④ 성민이의 개인 정보가 유출되었다.
⑤ 가게에서 일하는 사람들이 모두 그만두게 되었다.

서술형·논술형 문제✐

16 이 글에서 알 수 있는 누리 소통망의 단점을 한 가지 쓰시오. [10점]

_____

_____

[17~19] 다음 우리 동네의 문제점을 나타낸 그림을 보고 물음에 답하시오.

17 그림을 보고 알 수 있는 우리 동네의 문제점을 두 가지 고르시오. (,   )

① 쓰레기를 아무 곳에나 버린다.
② 길에서 담배를 피우는 사람이 있다.
③ 비속어를 쓰며 다니는 청소년들이 많다.
④ 이웃을 생각하지 않고 소음을 일으킨다.
⑤ 밤늦게 아파트 공원에서 시끄럽게 떠든다.

18 문제 17번에서 답한 문제점을 생각하며 논설문을 쓰기에 알맞은 주장을 한 가지 쓰시오. [8점]
중요!

(   )

19 더 좋은 동네를 만들기 위한 논설문을 쓸 때 생각할 점으로 알맞지 <u>않은</u> 것은 무엇입니까? (   )

① 실천할 수 있는 주장인가?
② 근거가 주장을 뒷받침하는가?
③ 자료가 내용을 뒷받침하는가?
④ 믿을 만한 자료를 활용했는가?
⑤ 단정적인 표현이 반드시 들어가 있는가?

20 논설문을 쓰는 차례에 맞게 기호를 쓰시오.

㉠ 고쳐쓰기
㉡ 논설문 쓰기
㉢ 근거 생각하기
㉣ 계획을 세워 자료 수집하기
㉤ 문제 상황을 생각하며 주장 정하기

(   ) → (㉢) → (   ) → (   ) → (㉠)

[1~3] 다음 글을 읽고 물음에 답하시오.

(개) 자연을 보호하고 생산자의 건강을 지키는 방법이 됩니다. 공정 무역에서는 지구 환경을 보호하는 친환경 농사법을 권장합니다. 일반적으로 카카오나 바나나, 목화 같은 것은 재배할 때 많은 양을 싸고 빠르게 수확하려고 농약과 화학 비료를 사용합니다. 공정 무역은 농민들이 농약과 화학 비료를 적게 쓰고 유기농으로 농사를 짓게 하여 이러한 문제를 해결하려고 노력하고 있습니다.

(나) 공정 무역 인증 표시는 국제기구가 생산지에서 공정 무역의 주요 원칙이 잘 지켜졌는지를 점검한 물건들에 붙일 수 있습니다. 국제공정무역기구의 조사원들은 농장과 관련 기관들을 찾아가

공정 무역 인증 표시
■ 출처: 국제공정무역기구, 2018.

서, 그들이 공정 무역의 규칙에 맞게 생산 활동을 하는지 평가합니다. 소비자들은 이 인증 표시를 보고 윤리적인 소비를 할 수 있습니다. 하지만 요즘은 공정 무역의 조건을 지키지 않고 공정 무역을 흉내 낸 인증 표시를 만들어 소비자들에게 혼란을 주는 기업들도 있습니다.

1 글 (개)에서 알 수 있는, 다음 주장에 대한 근거를 쓰시오. [10점]

> 주장: 공정 무역 제품을 사용하자.

_____

_____

2 글 (나)에서 근거를 뒷받침하려고 어떤 자료를 활용했는지 쓰시오. [6점]

(   )

3 공정 무역 제품을 사용하자는 주장에 대해 글 (나)에 제시된 근거가 타당한지 판단한 것입니다. 밑줄 그은 부분에 알맞은 내용을 쓰시오. [6점]

> _____ 이/가 아니라 공정 무역 인증 표시에 대한 설명만 하고 있다. 그러므로 주장을 직접적으로 뒷받침하지 못하기 때문에 타당하지 않다.

4 다음 주장과 근거를 뒷받침하기 위해 수집한 자료입니다. 자료에서 알려 주는 것을 빈칸에 쓰시오. [10점]

> • 주장: 숲을 보호하자.
> • 근거: 숲은 지구 온난화를 막아 준다.

내용
개인이 배출한 이산화 탄소를 흡수하려면 평생 나무를 심어야 할지도 모른다. 이산화 탄소를 특히 잘 흡수하는 것은 상수리나무이다. 많은 양의 이산화 탄소를 흡수하고 지구 온난화 예방에도 큰 역할을 하는 나무 심기에 관심을 가지자. (◇◇◇ 기자)

알려 주는 것	

5 다음 주장과 근거를 보고 수집할 자료의 내용을 한 가지 쓰시오. [10점]

주장	누리 소통망을 올바르게 사용하자.
근거	• 잘못된 정보가 쉽게 퍼질 수 있다. • 개인 정보가 유출되기 쉽다. • 중독되어 시간을 낭비할 수 있다.
수집할 자료 내용	

4. 효과적으로 발표해요

◉ 매체 자료 활용의 효과

① 매체 자료를 활용하면 발표 내용을 이해하기 쉽게 전달할 수 있습니다.

② 발표 내용과 발표를 듣는 대상의 특성, 발표 상황에 맞는 매체 자료를 알맞게 활용하면 발표 효과를 높일 수 있습니다.

매체 자료의 종류	매체 자료를 활용해 얻을 수 있는 효과
영상	움직임을 생생하게 전달할 수 있고 음악이나 자막을 넣어 분위기를 잘 전달할 수 있습니다.
사진	대상의 정확한 모습을 알 수 있고 대상을 한눈에 보여 줄 수 있습니다.
표	자료의 수를 정확히 나타낼 수 있고 많은 양의 자료를 간단히 나타낼 수 있습니다.
도표	수량의 변화 정도를 알 수 있고 정확한 수치를 나타낼 수 있습니다.

◉ 주제에 맞는 매체 자료 찾기

① 전하려는 주제를 찾아봅니다.

② 매체 자료의 종류를 살펴봅니다.

③ 매체 자료가 전하는 내용을 살펴봅니다.

④ 매체 자료가 주제를 효과적으로 전하기 위해 어떤 표현을 사용했는지 살펴봅니다.

예 영상 자료 살펴보기

누군가를 울릴 수도, 아프게 할 수도, 포기하게 할 수도 있습니다.

하지만 당신은 누군가를 기쁘게 할 수도, 행복하게 할 수도 있으며

→ 망토 색깔을 다르게 하여 댓글 내용에 따라 손가락의 능력이 달라지는 것을 표현하였습니다.

◉ 매체 자료의 효과적 표현 방법

① 도표로 수치의 변화를 표현하면 더욱 실감 납니다.

② 비유적 표현을 사용하면 느낌이 더 와닿습니다.

③ 일상생활에서 일어날 수 있는 일을 영상으로 보여 주면 내 생활과 비교할 수 있습니다.

예 도표 살펴보기

〈휴대 전화 관련 교통사고 발생〉
(단위: 건)
624 (2011년), 848 (2012년), 1058 (2013년), 1111 (2014년), 1360 (2015년)
■ 출처: 국민안전처, 2016.

→ 도표로 수치를 나타내면 정확한 통계를 알 수 있습니다.

◉ 발표 상황에 맞는 영상 자료를 만드는 방법

① 발표 상황 파악하기 ➡ ② 주제 정하기 ➡ ③ 내용 정하기 ➡ ④ 장면 정하기 ➡ ⑤ 촬영 계획 세우기 ➡ ⑥ 촬영하기 ➡ ⑦ 편집하기 ➡ ⑧ 발표하기

발표 전이나 뒤에 할 소개나 부탁 내용을 다양한 방법으로 준비할 수 있습니다.

우리 모둠은 요리사를 소개하는 영상을 제작했습니다.
사람을 행복하게 하는 요리사

→ 발표 자료를 만들어 활용하면 내용을 효과적으로 전할 수 있습니다.

쪽지시험

❶ 음악을 넣어 분위기를 잘 전달할 수 있는 매체 자료는 ☐☐입니다.

❷ 여러 가지 자료의 수를 정확히 나타내거나 많은 양의 자료를 간단히 나타낼 수 있는 것은 (표 / 사진)입니다.

❸ 매체 자료에서 (비유적 표현 / 모호한 표현)을 사용하면 느낌이 더 와닿습니다.

❹ 영상 자료를 만들어 발표할 때에는 발표 상황을 파악한 후에 ☐☐와 내용을 정해야 합니다.

❺ 영상 자료를 만들 때 자막은 (촬영하기 / 편집하기) 단계에서 넣습니다.

* 배점이 표시되어 있지 않은 문제는 문제당 **4점**입니다.

[01~03] 다음 그림을 보고 물음에 답하시오.

01 세미와 태민이는 무엇에 대하여 이야기하고 있습니까? ( )

① 학습 발표회 날짜 정하기
② 학습 발표회가 열리는 장소
③ 학습 발표회의 사회자 정하기
④ 학습 발표회에서 가장 인상 깊었던 내용
⑤ 학습 발표회에서 할 독도의 날 기념 율동

02 세미는 어떤 매체 자료를 활용하여 태민이에게 이야기 하였는지 ○표 하시오.

(표 / 도표 / 사진)

03 태민이가 세미의 말을 잘 이해할 수 있도록 세미가 활용하면 좋은 매체 자료의 종류는 무엇입니까? [6점]

( )

[04~06] 다음 그림을 보고 물음에 답하시오.

04 ㉠에 들어갈, 진아가 활용하면 좋은 매체 자료의 종류는 무엇인지 ○표 하시오.

(도표 / 영상 / 표)

05 별이가 활용할 매체 자료의 효과는 무엇입니까? ( )

① 수를 정확하게 나타낼 수 있다.
② 수량의 변화 정도를 알 수 있다.
③ 대상의 정확한 모습을 알 수 있다.
④ 움직임을 생생하게 파악할 수 있다.
⑤ 많은 양의 자료를 간단히 나타낼 수 있다.

서술형·논술형 문제

06 지서가 다른 나라의 문화를 소개할 때 활용하면 좋은 매체 자료의 종류와 그렇게 생각한 까닭을 쓰시오. [10점]

지서: 나는 브라질의 축제를 소개할 거야.

_____

_____

[07~10] 다음을 보고 물음에 답하시오.

 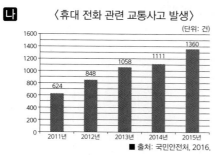

〈휴대 전화 관련 교통사고 발생〉
(단위: 건)

2011년 624
2012년 848
2013년 1058
2014년 1111
2015년 1360

■ 출처: 국민안전처, 2016.

07 **가**에서 전하려는 내용은 무엇인지 ○표 하시오.

(1) 휴대 전화를 사용하면 편리하다. (　　　)

(2) 휴대 전화에 중독된 사람이 많다. (　　　)

(3) 휴대 전화 기술이 빠르게 발전하였다. (　　　)

08 중요! **가**에서 주제를 표현하기 위해 사용한 방법으로 알맞은 것을 두 가지 고르시오. (　　　, 　　　)

① 정확한 숫자를 나타냈다.

② 색깔을 다양하게 표현했다.

③ 글을 질문 형식으로 표현했다.

④ 정확한 모습을 사진으로 나타냈다.

⑤ 휴대 전화가 사람을 붙잡고 있는 모습을 표현했다.

09 **나**의 주제를 알맞게 말한 사람은 누구입니까? [6점]

연진: 대중교통을 이용하자.

태훈: 휴대 전화 사용으로 거북목 환자가 늘었다.

미주: 걸을 때나 운전할 때 휴대 전화를 사용하지 말자.

(　　　　　　　)

10 **나**의 매체 자료에 대한 설명으로 알맞지 <u>않은</u> 것에 ×표 하시오. [6점]

(1) 정확한 수치를 알 수 있다. (　　　)

(2) 한눈에 실태를 파악할 수 있다. (　　　)

(3) 교통사고 장면을 생생하게 알 수 있다. (　　　)

[11~13] 다음을 보고 물음에 답하시오.

당신은 능력자입니다. 손가락만 까딱하면 누군가를 울릴 수도, 아프게 할 수도, 포기하게 할 수도 있습니다.

하지만 당신은 누군가를 기쁘게 할 수도, 행복하게 할 수도 있으며

다시 뛰게 할 수도 있습니다. 손가락만 까딱하면.

온라인 댓글, 당신은 어떻게 쓰시겠습니까?

11 이 매체 자료에서 주제를 효과적으로 표현하려고 사용한 방법으로 빈칸에 알맞은 말을 쓰시오.

• 댓글을 다는 (　　　　　　　　　)을 악마와 천사의 모습으로 비유해서 나타내었다.

12 장면 **1**과 **2**에 대한 설명으로 알맞은 것은 어느 것입니까? (　　　)

① 흉내 내는 말을 사용했다.

② 요즈음에 유행하는 말을 사용했다.

③ 손가락의 크기를 다르게 표현했다.

④ 실제 온라인 댓글의 내용을 보여 주었다.

⑤ 댓글 내용에 따라 대조적인 색깔을 사용했다.

서술형·논술형 문제✎

13 이 매체 자료를 통하여 전하려는 주제는 무엇인지 쓰시오. [10점]

_____

_____

[14~17] 다음을 보고 물음에 답하시오.

〈영상 자료를 제작하고 발표하는 과정〉

① 발표 상황 파악하기 → ② ㉠

→ ③ 내용 정하기 → ④ 장면 정하기

→ ⑤ 촬영 계획 세우기 → ⑥ 촬영하기

→ ⑦ 편집하기 → ⑧ 발표하기

14 ㉠에 들어갈 과정은 무엇인지 쓰시오. [6점]

( )

15 과정 ④에서 주의할 점으로 알맞지 <u>않은</u> 것에 ×표 하시오.

(1) 분량은 생각하지 않아도 된다. ( )
(2) 주제가 잘 전달되도록 차례를 정한다. ( )
(3) 촬영이나 편집이 가능한 장면을 정한다.

( )

16 과정 ⑦에서 편집하는 방법으로 알맞지 <u>않은</u> 것은 어느 것입니까? ( )

① 제목과 배경 음악을 넣는다.
② 자막은 최대한 많이 넣는다.
③ 인용한 내용은 출처를 넣는다.
④ 장면을 차례에 맞게 편집한다.
⑤ 발표 효과를 높이는 다른 매체 자료를 활용한다.

17 과정 ⑧에서 효과적으로 발표하는 방법을 알맞게 말한 사람은 누구입니까?

기백: 무조건 큰 소리로 발표해야 해.
연주: 듣는 사람이 친근하게 느끼도록 예사말을 사용해야 해.
이현: 발표하기 전이나 발표한 뒤에 소개하거나 부탁하는 말을 할 수 있어.

( )

[18~20] 다음 그림을 보고 물음에 답하시오.

18 그림의 발표 상황에서 고려할 점으로 알맞은 것을 두 가지 고르시오. (,)

① 매체 자료를 사용하지 않고 준비한다.
② 만화 주인공을 면담 대상으로 정한다.
③ 발표 시간이 5분인 것에 맞게 분량을 정한다.
④ 6학년 친구들이 관심 있어 할 인물을 고른다.
⑤ 듣는 사람이 6학년이므로 유행어를 많이 사용한다.

19 다음과 같이 인물을 정했을 때 전하고 싶은 주제로 알맞은 것에 ○표 하시오.

정한 인물	친구 김태진
정한 까닭	꿈을 가지고 악기 연습을 열심히 하기 때문에

(1) 취미를 한 가지씩 가지자. ( )
(2) 꿈을 가지고 꾸준히 노력하자. ( )

20 19번 문제의 인물과 주제로 영상을 제작할 때 촬영할 장면으로 알맞지 <u>않은</u> 것은 어느 것입니까? ( )
중요!

① 면담자의 친구 소개와 질문
② 친구가 대회에 나가서 받은 상장
③ 친구가 운동장에서 축구하는 모습
④ 친구가 연주회에서 연주하는 장면
⑤ 친구가 면담자에게 연주를 직접 들려주는 모습

[1~2] 다음을 보고 물음에 답하시오.

당신은 능력자입니다.
손가락만 까딱하면 누군가를 울릴 수도, 아프게 할 수도, 포기하게 할 수도 있습니다.

하지만 당신은 누군가를 기쁘게 할 수도, 행복하게 할 수도 있으며

다시 뛰게 할 수도 있습니다. 손가락만 까딱하면.

온라인 댓글, 당신은 어떻게 쓰시겠습니까?

1 이 매체 자료에서 주제를 효과적으로 표현한 방법은 무엇인지 빈칸에 알맞은 말을 써넣으시오. [각 5점]

· 나쁜 댓글 장면은 배경이 (1) ☐

좋은 댓글 장면은 배경이 (2) ☐

표현하였다.

2 이 매체 자료에 배경 음악이 들어간다면 장면 **1**과 **2**에 들어갈 배경 음악은 어떠할지 쓰시오. [12점]

_____

_____

3 영상 자료를 제작하고 발표하는 과정에서 고려할 점으로 빈칸에 알맞은 내용을 써넣으시오. [각 6점]

1. 발표 상황 파악하기	2. 주제 정하기
발표 목적과 듣는 사람을 생각한다.	(1)

3. 내용 정하기	4. 장면 정하기
주제와 관련해 중요한 내용을 정한다.	내용을 잘 전달할 수 있는 장면을 정한다.

5. 촬영 계획 세우기	6. 촬영하기
서로 배려하여 역할을 정한다.	장면 구성과 기술 등을 생각하여 촬영한다.

7. 편집하기	8. 발표하기
(2)	발표한 뒤에 부탁할 내용을 준비한다.

4 지민이네 모둠의 발표 주제와 영상 제목을 보고 ㉠에 들어갈 알맞은 발표 내용을 쓰시오. [10점]

우리 모둠은 요리사를 소개하는 영상을 제작했습니다. 영상 제목은 「사람을 행복하게 하는 요리사」입니다. 방송에서 유명 요리사가 요리하는 장면, ☐ ㉠ ☐ 을/를 조사한 내용을 넣었습니다.

지민

사람을 행복하게 하는 요리사

_____

_____

5. 글에 담긴 생각과 비교해요

❂ **글쓴이의 생각을 파악하며 글을 읽어야 하는 까닭**

① 글의 내용을 좀 더 깊이 있게 이해할 수 있기 때문입니다.

② 글쓴이가 글을 쓴 의도나 목적을 알 수 있기 때문입니다.

③ 글의 주제를 쉽게 파악할 수 있기 때문입니다.

 제목에는 글쓴이의 생각이 담기는 경우가 많아요.

글쓴이의 생각을 파악하며 읽으면 글의 주제를 찾을 수 있어요.

❂ **글을 읽고 글쓴이의 생각 파악하기**

① 글의 제목과 글에 사용한 표현을 보면 글쓴이의 관점을 알 수 있습니다.

② 글의 내용을 파악하면 글쓴이가 알려 주고 싶은 생각을 찾을 수 있습니다.

③ 예상 독자가 누구일지 생각해 봅니다.

④ 글에 포함한 그림이나 사진을 살펴봅니다.

⑤ 글쓴이가 글을 쓴 의도와 목적을 생각해 봅니다.

㉠ 글을 읽고 글쓴이의 생각 파악하기

글의 제목	「로봇세를 도입해야 한다」	「로봇세 도입을 늦추어야 한다」
글에 나온 표현	• 인간과 로봇이 함께 살아가는 방법 • 소득을 재분배	• 부담 / 걸림돌 • 막대한 특허 사용료를 외국에 지급
글쓴이의 생각	로봇세를 도입해야 한다.	아직 로봇세를 도입하면 안 된다.

❂ **글쓴이의 생각과 자신의 생각을 비교하며 글 읽기**

① 글의 제목, 낱말이나 표현, 글쓴이가 예상한 독자, 글쓴이의 의도와 목적 등을 살피며 글쓴이의 생각을 찾습니다.

② 글쓴이의 생각과 자신의 생각을 비교하며 같은 점과 다른 점을 이야기해 봅니다.

③ 글을 읽고 자신의 생각이 바뀌었다면 그 까닭을 이야기해 봅니다.

㉠ 「기와 조각과 똥 덩어리」를 쓴 글쓴이의 의도나 목적 짐작하기

"똥과 기와 조각은 사람의 손길에 따라 쓰임새가 정해지기도 하고, 버려지기도 하는 거다."	"스스로의 가치는 스스로가 매기는 거야. 다른 사람에게 맡길 것이 아닌 거야."

→ 신분 제도나 사물의 가치에 대해 다른 관점으로도 생각할 수 있게 하려고 이 글을 썼을 것이다.

❂ **자신의 생각과 상대방의 생각을 비교하며 토론하기**

① 토론 주제를 확인하고 자신의 생각을 정합니다.

② 주장을 뒷받침할 근거와 자료를 마련하고 반론을 예상해 봅니다.

③ 토론을 위한 효과적인 표현을 정하고, 찬반 토론을 합니다.

→ 위험에 처한 사람을 돕지 않으면 처벌할 수 있는 법 제도

㉠ '착한 사마리아인의 법'이 있어야 하는지에 대한 생각 정하기

 법으로 정해야 해. 당연히 지켜야 할 도덕적 의무이니 따르지 않는다면 법으로 처벌하는 게 옳아.

 법으로 정하지 않아도 돼. 도덕까지 법으로 규제하는 것은 강압에 가까워.

찬성하는 입장   반대하는 입장

쪽지시험

① 글쓴이의 생각을 파악하며 읽으면 글의 ☐☐ 를 쉽게 파악할 수 있습니다.

② 글을 읽고 글쓴이의 생각을 파악하려면 글의 (길이 / 제목)을/를 살펴봐야 합니다.

③ 글에 쓰인 낱말이나 문장 같은 표현을 살펴보면 글쓴이의 (관점 / 기분)을 알 수 있습니다.

④ 글쓴이의 생각과 자신의 생각을 ☐☐ 해 보면 글을 더 비판적으로 읽을 수 있습니다.

⑤ 자신의 생각과 상대방의 생각을 비교하며 토론할 때에는 자신의 주장과 ☐☐ 를 내세워야 합니다.

* 배점이 표시되어 있지 않은 문제는 문제당 4점입니다.

[01~03] 다음을 보고 물음에 답하시오.

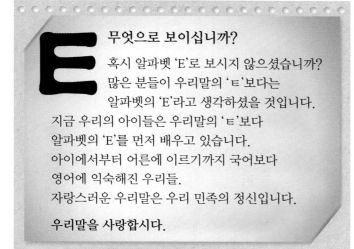

무엇으로 보이십니까?

혹시 알파벳 'E'로 보시지 않으셨습니까?
많은 분들이 우리말의 'ㅌ'보다는
알파벳의 'E'라고 생각하셨을 것입니다.
지금 우리의 아이들은 우리말의 'ㅌ'보다
알파벳의 'E'를 먼저 배우고 있습니다.
아이에서부터 어른에 이르기까지 국어보다
영어에 익숙해진 우리들.
자랑스러운 우리말은 우리 민족의 정신입니다.

우리말을 사랑합시다.

01 이 광고에서 다루고 있는 문제는 무엇입니까?

• 우리말보다 ( )에 익숙해진
사람들이 많다.

02 사람들이 같은 글자를 서로 다르게 보는 까닭은 무엇일지 알맞은 것에 ○표 하시오.

• 사람마다 (이름 / 관점)이 다르기 때문이다.

03 이 광고에서 전하려는 생각은 무엇입니까? ( )

중요!

① 우리말을 사랑하자.
② 말을 많이 하지 말자.
③ 다양한 외국어를 공부하자.
④ 눈이 나빠지지 않게 주의하자.
⑤ 어릴 때부터 영어 공부를 하자.

[04~06] 다음 글을 읽고 물음에 답하시오.

나는 우리나라가 세계에서 가장 아름다운 나라가 되기를 원한다. 가장 부강한 나라가 되기를 원하는 것은 아니다. 내가 남의 침략에 가슴이 아팠으니, 내 나라가 남을 침략하는 것을 원치 아니한다. 우리의 부는 우리 생활을 풍족히 할 만하고, 우리의 힘은 남의 침략을 막을 만하면 족하다. 오직 한없이 가지고 싶은 것은 높은 문화의 힘이다. 문화의 힘은 우리 자신을 행복하게 하고, 나아가서 남에게도 행복을 주기 때문이다.

04 글쓴이는 우리나라가 어떤 나라가 되기를 원한다고 하였습니까? ( )

① 세계에서 가장 부강한 나라
② 세계에서 가장 아름다운 나라
③ 세계에서 땅이 가장 넓은 나라
④ 세계에서 인구수가 가장 많은 나라
⑤ 다른 나라를 침략할 힘이 있는 나라

05 글쓴이가 04번 문제의 답을 원하기 때문에 가지고 싶은 것은 무엇이라고 하였습니까?

( )

06 이 글의 제목으로 가장 알맞은 것에 ○표 하시오.

(1) 내가 원하는 우리나라 ( )

(2) 우리나라가 고쳐야 할 점 ( )

(3) 우리나라를 침략했던 나라 ( )

[07~13] 다음 글을 읽고 물음에 답하시오.

(가) 인공 지능 기술이 발전하면서 로봇이 사람을 대신해 일하는 영역이 늘어나고, 그 규모도 커지고 있다. 이에 따라 외국에서는 로봇을 소유한 기업이나 로봇에게 세금을 부과하자는 주장이 나오고 있다. 우리도 로봇세를 도입하여 인간과 로봇이 함께 살아가는 방법을 찾아야 한다.

세계 경제 포럼은 로봇이나 인공 지능이 이끄는 4차 산업 혁명으로 수많은 사람이 일자리를 잃을 것이라고 전망했다. 로봇 때문에 일자리를 잃고 소득을 얻지 못하는 사람들은 새로운 일자리를 찾기 위해 재교육을 받아야 한다. 로봇세를 도입하면 그 세금으로 일자리를 잃은 사람들에게 진로 상담이나 적성 검사, 기술 교육 등을 할 수 있다.

(나) ㉠로봇을 소유한 기업이나 로봇에게 세금을 부과하자는 주장이 나오고 있다. 로봇이 인간의 일거리를 대신 할 수 있기 때문에 인간에게 필요한 비용을 로봇세로 보충하려는 것이다. 하지만 ㉡로봇세 도입은 로봇 산업의 발전과 국가의 미래 경쟁력에 부정적인 영향을 끼칠 수 있다.

로봇 산업이 본격적으로 발전하면 로봇은 인간을 대신하여 일을 하게 된다. 이럴 경우에 인간은 위험하거나 단순한 일, 반복적인 일에서 해방될 수 있다. 그런데 인간을 대신하여 일을 할 로봇에게 ㉢성급하게 세금을 부과한다면 ㉣로봇 산업 발전을 더디게 할 것이다. 특히 ㉤로봇 개발자는 개발 비용에 세금까지 더하여 마음의 부담을 느낄 수 있다.

07 글 (가)와 (나)는 무엇에 대한 글입니까?

• (   ) 도입

08 글 (가)와 (나)의 글쓴이의 생각을 파악하는 방법으로 빈칸에 들어갈 말을 보기에서 찾아 쓰시오.

┌─ 보기 ───────────────────┐
│ 표현   제목   예상 독자   의도와 목적 │
└──────────────────────────┘

┌──────────────────────────┐
│   글쓴이는 우리 같은 학생이나 로봇에 관심 있 │
│ 는 사람들, 기업인 따위를 (   )로 │
│ 생각하고 글을 썼을 것 같아. │
└──────────────────────────┘

09 로봇세를 도입하면 좋은 점은 무엇입니까? (   )

① 한 사람이 직업을 여러 가지 가질 수 있다.
② 인간이 위험하거나 단순한 일을 할 수 있다.
③ 로봇과 관련한 특허 사용료를 받을 수 있다.
④ 세금을 로봇 개발 지원금으로 사용할 수 있다.
⑤ 세금을 일자리를 잃은 사람의 재교육 비용으로 사용할 수 있다.

10 글 (가)의 글쓴이의 생각이 드러나는 표현으로 알맞지 않은 것에 ✕표 하시오. [6점]

(1) 로봇세를 도입   (   )
(2) 수많은 사람이 일자리를 잃을 것   (   )
(3) 인간과 로봇이 함께 살아가는 방법   (   )

11 ㉠~㉤ 중 글 (나)의 글쓴이의 생각이 드러나는 표현이 아닌 것은 어느 것입니까? (   )
중요!

① ㉠   ② ㉡   ③ ㉢
④ ㉣   ⑤ ㉤

12 다음은 글 (가)와 (나) 중 어느 글의 제목으로 알맞은지 기호를 쓰시오. [6점]

┌──────────────────────────┐
│   로봇세를 도입해야 한다 │
└──────────────────────────┘

글 (   )

서술형·논술형 문제 ✐

13 글 (나)에 나타난 글쓴이의 생각은 무엇인지 쓰시오. [10점]

_____

_____

[14~17] 다음 글을 읽고 물음에 답하시오.

나리의 표정은 어느 때보다도 진지했다.
"대개 ㉠ 백성을 위해 일하는 자는 백성과 나라에 도움이 될 일이라면 그 법이 비록 오랑캐에서 나온 것이라 해도, 마땅히 이를 배우고 본받아야 할 것이니라. 그래야 오랑캐를 물리칠 수 있는 법이다. 저들의 것을 다 익히고, 저들보다 낫게 되어야 비로소 '㉮ 중국에는 볼만한 것이 없다'고 말할 수 있는 거다."
"그게 기와 조각이랑 똥 덩어리랑 무슨 상관이란 말씀입니까?"
장복이가 얼굴에 웃음기를 거두지 않고 물었다.
"㉡ 깨진 기와 조각은 천하에 쓸모없는 물건이다. 그러나 백성들의 집에 담을 쌓을 때 깨진 기와 조각을 둘씩 짝을 지어 물결무늬를 만들기도 하고, 혹은 네 조각을 모아 쇠사슬 모양이나 엽전 모양을 만들지 않느냐? ㉢ 깨진 기와 조각도 알뜰하게 사용했기에 천하의 고운 빛깔을 다 낼 수 있었던 것이다."

14 ㉠~㉢ 중 글쓴이의 생각이 드러나는 표현이 <u>아닌</u> 것은 어느 것인지 기호를 쓰시오. [6점]

(   )

15 깨진 기와 조각은 어떤 쓰임이 있습니까?

• 백성들의 집에 (   )을 쌓을 때 무늬를 만든다.

16 ㉮와 같이 말할 수 있는 사람은 누구입니까? (   )

① 중국에 사는 사람   ② 중국을 좋아하는 사람
③ 중국에 가 본 사람   ④ 중국을 잘 모르는 사람
⑤ 중국의 것을 다 익힌 사람

17 깨진 기와 조각에 대한 나리의 생각으로 알맞은 말에 ○표 하시오.

• 깨진 기와 조각은 쓸모가 (있다 / 없다).

[18~20] 다음 글을 읽고 물음에 답하시오.

㉯ "나리! 저 같은 천민도 저런 똥오줌이나 깨진 기와 조각처럼 쓸모가 있을깝쇼?"
창대보다 먼저 입을 연 건 장복이었다.

㉰ "똥과 기와 조각은 사람의 손길에 따라 쓰임새가 정해지기도 하고, 버려지기도 하는 거다. 사람으로 태어나서 어찌 다른 사람의 손길만 기다리겠느냐? 스스로 쓰임새를 찾는다면 어찌 똥오줌이나 깨진 기와 조각의 쓰임새에 비하겠으며, 그렇지 못하다면 그야말로 길거리에 굴러다니는 개똥보다 못할 것이니라."
"에이, 그게 뭡니까요? 맞으면 맞는다, 아니면 아니다 명확히 대답을 해 주셔야지요."
장복이의 응석에 나리는 다시 한번 꼬집어 말하였다.
"스스로의 가치는 스스로가 매기는 거야. 다른 사람에게 맡길 것이 아닌 거야."

18 장복이는 나리에게 어떤 질문을 했습니까? (   )

① 천민도 쓸모가 있는가?
② 개똥은 어디에 쓰이는가?
③ 왜 신분의 차별이 있는가?
④ 어떻게 해야 양반이 될 수 있는가?
⑤ 깨진 기와 조각을 활용하는 방법은 무엇인가?

19 글쓴이의 생각이 담긴 표현으로 알맞지 <u>않은</u> 것에 ×표 하시오. [6점]
중요!

(1) 에이, 그게 뭡니까요? (   )
(2) 스스로의 가치는 스스로가 매기는 거야. (   )
(3) 사람으로 태어나서 어찌 다른 사람의 손길만 기다리겠느냐? (   )

서술형·논술형 문제
20 글쓴이가 이 글을 쓴 의도와 목적은 무엇일지 쓰시오.
[10점]

_____

_____

[1~3] 다음을 보고 물음에 답하시오.

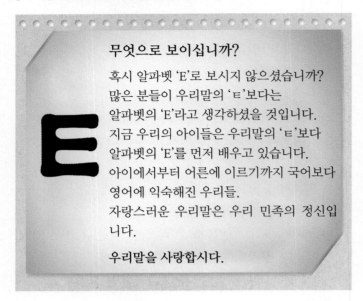

무엇으로 보이십니까?

혹시 알파벳 'E'로 보시지 않으셨습니까?
많은 분들이 우리말의 'ㅌ'보다는
알파벳의 'E'라고 생각하셨을 것입니다.
지금 우리의 아이들은 우리말의 'ㅌ'보다
알파벳의 'E'를 먼저 배우고 있습니다.
아이에서부터 어른에 이르기까지 국어보다
영어에 익숙해진 우리들.
자랑스러운 우리말은 우리 민족의 정신입
니다.

우리말을 사랑합시다.

1 이 광고에서 오른쪽 글자는 무엇으로 볼
수 있다고 하였는지 쓰시오. [10점]

_____

_____

2 사람들이 같은 글자를 서로 다르게 보는 까닭은 무엇인
지 쓰시오. [10점]

• 사람마다 (   )이 서로 다르기
때문이다.

3 이 광고를 보고 생각할 점을 한 가지 쓰시오. [12점]

_____

_____

[4~5] 다음을 보고 물음에 답하시오.

① "살려 주세요."
"살려 주세요."

② 다급한 구조 요청에도 무관심

③ 젊은이를 상대로 소송을 낸 익사자 가족
"그때 도와줬다면 내 아들은 죽지 않았어요."

④ 소송 기각
현재 법률엔 구조의 의무가
명시돼 있지 않다.

⑤ 만약 1928년
'착한 사마리아인의 법'이 있었다면?

⑥ 착한 사마리아인의 법:
위험에 처한 사람을 돕지 않으면
처벌할 수 있는 법 제도

4 바다에 빠진 사람의 구조 요청을 무시한 젊은이에게
책임을 묻지 않은 까닭은 무엇인지 쓰시오. [10점]

_____

_____

5 이 영상을 보고 다음 주제에 대한 자신의 주장을 정해
○표 하고, 그렇게 생각하는 까닭을 쓰시오. [12점]

> 주제: 착한 사마리아인의 법을 제정해야 한다.

(1) 주장: (찬성 / 반대)한다.

(2) 까닭: _____

_____

6. 정보와 표현 판단하기

◉ 뉴스가 우리 생활에 미치는 영향

① 사람들에게 새로운 정보를 알려 줍니다.

② 어떤 일을 긍정적이거나 비판적인 시각으로 보게 합니다.

③ 여러 사람의 생각에 영향을 주어 여론을 형성하게 합니다.
　　　　　　└→ 사회 속 많은 사람들의 공통된 의견

예 뉴스가 우리 생활에 미치는 영향

뉴스 내용	지구 온난화를 막기 위해 파리 기후 협약이 체결되었다.

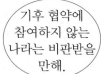
기후 협약은 지구 온난화를 막으려고 체결한 것이구나.

기후 협약에 참여하지 않는 나라는 비판받을 만해.

우리가 실천할 수 있는 방법을 찾아봐야겠어요.

 ◈ 새로운 정보를 알려 줌.

 ◈ 긍정적/비판적 시각으로 보게 함.

 ◈ 여론을 형성함.

◉ 광고에 나타난 표현의 적절성 살펴보기

① 광고를 보며 사진, 글, 소리, 글씨체, 글씨 크기 등의 특성을 떠올립니다.

② 광고 내용에서 과장하거나 감추는 내용이 무엇인지 살피며 비판적으로 바라봅니다.

③ 광고 내용을 그대로 믿고 물건을 사면 피해를 볼 수 있으므로 주의합니다.

예 '깃털 책가방' 광고를 보고 표현의 적절성 살펴보기

광고 문구	과장하거나 감추는 내용
이보다 가벼울 수는 없다!	더 가벼운 책가방이 있을 수 있기 때문에 과장된 표현이다.
해외로 수출하는 우수 제품입니다.	어떤 나라로 수출하는지에 대한 자세한 정보가 감추어져 있다.

◉ 뉴스에 나타난 정보의 타당성 알아보기

① 사람들에게 중요하거나 흥미로운 사건을 때에 알맞게 보도하는 것을 뉴스라고 합니다.

② 가치 있고 중요한 뉴스인지 살핍니다.

③ 뉴스의 관점과 보도 내용이 서로 관련이 있는지 살핍니다.

④ 활용한 자료들이 뉴스의 관점을 뒷받침하는지 살핍니다.

⑤ 자료의 출처가 명확한지 살핍니다.

예 「스마트 기부 확산」 뉴스의 타당성 판단하기

이 뉴스는 스마트 기부가 우리 사회에서 가치 있고 중요하기 때문에 이를 보도 내용으로 다루었어.

◈ 가치 있고 중요한 뉴스인지 판단함.

◉ 관심 있는 내용으로 뉴스 원고 쓰기

① 어떤 내용을 보도할지 회의합니다. ─→ 알릴 만한 가치가 있는 내용

② 뉴스로 알리려는 내용을 취재합니다.

③ 취재한 내용을 바탕으로 뉴스 원고를 씁니다.

④ 뉴스에 쓸 영상을 편집하여 만듭니다.

⑤ 완성된 뉴스를 보도합니다.

〈뉴스를 만드는 과정〉

보도할 내용 회의

뉴스 내용 취재

뉴스 원고 작성

영상 제작 및 편집

완성된 뉴스 보도

쪽지시험

❶ 사람들에게 중요하거나 흥미로운 사건을 때에 알맞게 보도하는 것을 ☐☐ 라고 합니다.

❷ 뉴스는 여러 사람의 생각에 영향을 주어 ☐☐ 을 형성합니다.

❸ 뉴스는 사람들에게 어떤 일을 긍정적 시각으로만 보게 합니다. (○ / ×)

❹ 광고를 볼 때에는 ☐☐ 하거나 감추는 내용이 있는지 비판적으로 보아야 합니다.

❺ 뉴스에 나타난 정보의 타당성을 판단할 때 정보의 출처는 생각하지 않아도 됩니다. (○ / ×)

* 배점이 표시되어 있지 않은 문제는 문제당 **4점**입니다.

[01~03] 다음 뉴스를 본 사람들의 반응을 보고 물음에 답하시오.

01 기후 협약이 체결되면 어떤 변화가 생기겠습니까?

• ( ) 배출 규정이 강화될 것이다.

02 **가**를 보고 알 수 있는, 뉴스가 우리 생활에 미치는 영향으로 알맞은 것에 ○표 하시오. [6점]

중요!

(1) 여론을 형성한다. ( )

(2) 긍정적이거나 비판적인 시각으로 보게 한다.

( )

03 뉴스를 보고 **나**와 같이 반응한 사람은 누구입니까?

> 정태: 나도 대중교통을 이용해야겠어.
> 지수: 온실가스 배출 규정은 어떠한지 궁금해.

( )

[04~06] 다음을 보고 물음에 답하시오.

04 한 해에 버려지는 음식물 쓰레기를 무엇에 비유했습니까? ( )

① 바다의 넓이 ② 냉장고 100만 대

③ 중형차 100만 대 ④ 아파트 100층의 높이

⑤ 음식을 시킨 사람의 수

05 이 광고에서 전하고자 하는 내용은 무엇입니까?

• ( )의 양을 줄이자.

서술형·논술형 문제 ✎

06 장면 **2**에서 광고를 눈에 띄게 하기 위해서 어떻게 표현했는지 쓰시오. [8점]

_____

_____

[07~10] 다음을 보고 물음에 답하시오.

07 무엇을 광고하고 있습니까?

( )

08 이 제품은 어떤 점이 좋다고 하였는지 두 가지 고르시오. (,)

① 무게가 가볍다.
② 가격이 저렴하다.
③ 내구성이 튼튼하다.
④ 디자인이 독보적이다.
⑤ 크기를 조절할 수 있다.

09 ㉠의 표현이 적절한지 판단하며 광고를 본 사람의 이름을 쓰시오. [6점]

중요!

> 윤서: 2위인 제품은 무엇일지 궁금해.
> 지웅: 소비자 만족도 1위라니 정말 대단하다!
> 희윤: 언제, 어떤 조사에서 1위였는지와 관련한 정보를 감추고 있어.

( )

10 ㉡ 부분을 비판적으로 보아야 하는 까닭으로 빈칸에 알맞은 말을 써넣으시오. [6점]

• 기분, 건강, 기술력에 각각 '( )'라는 표현은 과장된 표현이기 때문이다.

[11~13] 다음을 보고 물음에 답하시오.

11 ㉠에 대하여 알맞게 말한 것에 ○표 하시오.

(1) 과장된 표현이다. ( )
(2) 상품에 대한 정확한 설명이다. ( )
(3) 상품의 단점을 설명하는 표현이다. ( )

12 이 광고에서 과장하거나 감추는 내용이 있는 문구가 아닌 것은 어느 것입니까? ( )

① 이보다 가벼울 수는 없다!
② 한국에서 직접 디자인하고
③ 거품 없는 가격과 최고의 품질
④ 멘 듯 안 멘 듯 깃털처럼 가벼운
⑤ 해외로 수출하는 우수 제품입니다.

서술형·논술형 문제

13 이와 같은 광고에 나타난 표현의 적절성을 알아보면 좋은 점은 무엇인지 쓰시오. [8점]

_____

_____

[14~17] 다음을 보고 물음에 답하시오.

14 이 뉴스의 내용은 무엇입니까?

• 재미와 보람이 함께하는 스마트 (   )가 확산되고 있다.

15 뉴스에서 장면 **1**과 같은 진행자의 도입에는 어떤 내용이 들어가는지 ○표 하시오.

(1) 면담 자료 설명하기 ( )
(2) 통계 자료를 설명하기 ( )
(3) 뉴스에서 보도할 내용을 유도하기 ( )

16 장면 **3**과 같이 뉴스에서 자료를 보여 주는 까닭은 무엇입니까? ( )

① 자막을 많이 넣기 위해서이다.
② 거짓된 내용을 숨기기 위해서이다.
③ 사람들의 이해를 돕기 위해서이다.
④ 사람들에게 웃음을 주기 위해서이다.
⑤ 뉴스 시간을 짧게 줄이기 위해서이다.

서술형·논술형 문제✏️

17 이와 같이 자료를 활용한 뉴스의 타당성을 판단하는 방법을 한 가지 쓰시오. [8점]

_____

_____

[18~20] 다음을 보고 물음에 답하시오.

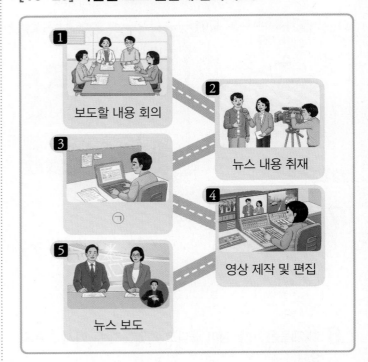

18 과정 **1**에서 생각해야 할 점을 두 가지 고르시오.
(,)

① 새로운 정보는 무엇인가?
② 미래에 일어날 일은 무엇인가?
③ 나에게 이득이 되는 일은 무엇인가?
④ 매일 똑같이 반복되는 일은 무엇인가?
⑤ 우리 주변에서 최근에 일어난 일은 무엇인가?

19 ㉠에 들어갈 과정으로 알맞은 것에 ○표 하시오.

(1) 뉴스 원고 작성 ( )
(2) 뉴스를 본 후 감상문 작성 ( )
(3) 뉴스를 볼 사람에 대한 조사 ( )

20 과정 **4**에서 주의할 점을 알맞게 말하지 <u>못한</u> 사람은 누구입니까? [6점]
중요!

유라: 분량에 맞도록 영상을 편집해야 해.
재석: 취재한 내용을 효과적으로 알릴 수 있도록 편집해야 해.
신애: 내가 좋아하는 음악을 배경 음악으로 깔아서 편집해야 해.

( )

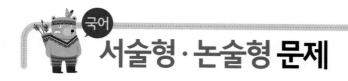

국어

[1~2] 다음을 보고 물음에 답하시오.

이보다 가벼울 수는 없다! **초경량** 책가방

교과서를 모두 넣어도 찢어질 염려 없는 **튼튼한** 재질

거품 없는 가격과 **최고의 품질**

한국에서 직접 디자인하고 직접 만든 책가방

멘 듯 안 멘 듯 깃털처럼 가벼운 **깃털 책가방**

책가방을 살 때에는 깃털 책가방을 사세요.
세련된 디자인과 특수한 가공으로 품질을 인정받아 해외로 수출하는 우수 제품입니다.
깃털 책가방 회사

1 이 광고의 표현에서 과장하거나 감추는 내용은 무엇인 지 쓰시오. [각 6점]

광고 문구	과장하거나 감추는 내용
이보다 가벼울 수는 없다!	(1)
멘 듯 안 멘 듯 깃털처럼 가벼운	(2)

2 이와 같은 광고 내용을 그대로 믿으면 어떤 문제점이 생길지 쓰시오. [10점]

_____

_____

[3~4] 다음을 보고 물음에 답하시오.

[진행자의 도입]

독감 때문에 요즘 감염 걱정이 많죠? 하지만 '30초 손 씻기'만 제대로 실천해도 웬만한 감염병은 막을 수 있다고 합니다. '30초의 기적'이라고까지 하는 올바른 손 씻기 방법을 이선주 기자가 알려 드립니다.

[기자의 보도]

손을 어떻게 씻어야 손에 번식하는 세균을 없앨 수 있을지 알아보려고 손에 형광 물질을 바르고 실험했습니다. 10초 동안 비누로 손바닥과 손가락을 비벼 가며 열심히 씻는 것이 중요합니다. 이렇게 수시로 30초 동안 손을 씻으면 감염병의 70퍼센트는 예방할 수 있습니다.

(면담 / 하영은 보건 선생님) "감기를 비롯해 장염, 식중독 따위도 모두 손을 깨끗이 씻으면 예방할 수 있습니다."

[기자의 마무리]

특히 중요한 것은 손으로 얼굴을 자주 만지지 않는 것입니다. 우리는 평균 한 시간에 3.6회나 얼굴을 만진다는 연구 결과도 있는데요, 이렇게 자주 얼굴을 만지면 눈, 코, 입으로 세균이 들어가 감염되기 쉽습니다.

3 이 뉴스에서 관점을 뒷받침하려고 활용한 자료는 무엇인지 쓰시오. [10점]

_____

_____

4 다음 기준에 따라 뉴스의 타당성을 판단하여 쓰시오. [12점]

> 가치 있고 중요한 뉴스인가?

_____

_____

7. 글 고쳐 쓰기

글을 고쳐 쓰면 좋은 점

① 적절하지 않은 낱말이나 틀린 문장을 고쳐 쓰면 읽는 사람이 글을 더 쉽게 이해할 수 있습니다.

② 중심 생각과 관련이 없는 부분을 빼서 군더더기 없는 글을 쓰면 자신의 생각을 더 잘 전달할 수 있습니다.

③ 필요한 내용을 더 써넣으면 자세하고 내용이 풍부한 글이 돼서 좋습니다.

글을 고쳐 쓰는 방법

① 글을 고쳐 쓸 때에는 글, 문단, 문장과 낱말 수준에서 살펴봅니다.

글 수준	• 글쓴이가 글을 쓴 목적과 제목 생각해 보기 • 글에서 더하거나 뺄 내용이 있는지 살펴보기
문단 수준	• 글의 흐름에 맞게 문단의 차례 정하기 • 중심 문장을 뒷받침 문장들과 어울리게 고쳐 쓰기
문장 수준	• 문장 호응이 이루어지지 않은 문장 고쳐 쓰기 • 표현이 적절하지 않은 문장 고쳐 쓰기
낱말 수준	• 알맞은 낱말을 추가하거나 어색한 낱말 고쳐 쓰기

② 글을 고쳐 쓸 때에는 다음과 같은 교정 부호를 사용합니다.

교정 부호	쓰임	교정 부호	쓰임
∨	띄어 쓸 때	⌐	여러 글자를 고칠 때
⌒	붙여 쓸 때	✓	글자를 뺄 때
○	한 글자를 고칠 때	∨	글의 내용을 추가할 때

자료를 활용하여 글 쓰기

① 문제와 관련해 자신의 생각을 정합니다.

② 자료를 읽고 자신의 생각을 쓸 때 활용할 수 있는 내용을 찾아봅니다.

③ 자료를 활용해 쓸 내용을 정리합니다.

④ 친구들과 토의해 뒷받침 자료를 추가합니다.

⑤ 주장하는 글의 짜임을 생각하며 자신의 생각을 글로 씁니다.

예 '동물 실험'에 대한 글을 쓸 때 활용할 수 있는 자료

자료 1	「동물의 희생, 동물 실험을 반대한다」
	➡ 동물 실험에 반대하는 글을 쓸 때에 이 글에 나타난 주요 근거나 자료를 활용할 수 있습니다.
자료 2	「동물 실험을 없애도 괜찮을까」
	➡ 동물 실험에 찬성하는 글을 쓸 때에 이 글에 나타난 주요 근거나 자료를 활용할 수 있습니다.

자신이 쓴 글을 고쳐 쓰고 공유하기

① 글 수준, 문단 수준, 문장과 낱말 수준에서 점검할 내용을 넣은 점검 준표를 만들고 자신이 쓴 글에서 고쳐 쓸 점을 점검해 봅니다.

② 점검한 결과를 바탕으로 하여 고쳐 쓸 점을 정리해 자신이 쓴 글을 고쳐 써 봅니다.

③ 고쳐 쓴 글을 친구들과 바꾸어 읽고 의견을 나누어 봅니다. → 칭찬할 점, 더 고쳤으면 하는 점 등을 나누기

④ 친구들의 의견을 듣고 자신의 생각이나 느낌을 말해 봅니다.

쪽지시험

❶ 틀린 문장을 알맞게 고쳐 쓰면 읽는 사람이 글을 더 쉽게 이해할 수 있습니다. (○ / ×)

❷ (군더더기 / 제목) 없는 글을 쓰면 자신의 생각을 더 잘 전달할 수 있습니다.

❸ (필요한 / 쓸모없는) 내용을 더 쓰면 자세하고 내용이 풍부한 글이 됩니다.

❹ 중심 문장을 뒷받침 문장들과 어울리게 고치는 것은 (글 / 문단) 수준에서 고치는 방법입니다.

❺ 문장 호응이 잘 이루어지도록 고치는 것은 (문장 / 문단) 수준에서 고쳐 쓰는 방법입니다.

* 배점이 표시되어 있지 않은 문제는 문제당 **4점**입니다.

[01~03] 다음을 보고 물음에 답하시오.

01 그림 ❶에서 도현이는 어떤 모습을 보았습니까?

• ( )을/를 먹고 친구가 아파 하는 모습

02 그림 ❷에서 도현이가 쓰기로 마음먹은 글의 종류는 무엇이겠습니까? ( )

① 경험
② 사과하는 글
③ 설명하는 글
④ 주장하는 글
⑤ 마음을 전하는 글

03 도현이가 쓰려고 하는 글의 제목으로 알맞은 것의 기호를 쓰시오.

> ㉠ 쓰레기가 되는 불량 식품
> ㉡ 건강을 해치는 불량 식품
> ㉢ 불량 식품에 얽힌 추억들

( )

[04~06] 다음 글을 읽고 물음에 답하시오.

> 여러분, 불량 식품을 먹지 맙시다. ㉠불량 식품을 먹고 나서 쓰레기를 버리는 사람이 많습니다. 그렇게 버린 쓰레기들이 우리 학교 주변을 더럽혀 보기에도 좋지 않고, 악취도 납니다. 불량 식품에는 무엇이 들어갔는지, 그리고 유통 기한은 언제까지인지 정확히 적혀 있지 않습니다. ㉡불량 식품을 먹으면 해로운 물질이 몸에 들어가 병에 걸리기 쉽습니다. ㉮불량 식품은 아무리 맛있어서 먹으면 안 됩니다.

04 이 글의 주장은 무엇입니까? ( )

① 채식을 하자.
② 편식을 하지 말자.
③ 군것질을 하지 말자.
④ 불량 식품을 먹지 말자.
⑤ 불량 식품을 팔지 말자.

05 ㉠과 ㉡ 중, 글의 주제와 관련이 적어서 빼도 되는 내용은 어느 것입니까?

중요! ( )

서술형·논술형 문제

06 ㉮를 문장 호응이 이루어지도록 고쳐 쓰시오. [12점]

_____

_____

[07~10] 다음 글을 읽고 물음에 답하시오.

> ㉠고운 말은 다른 사람을 존중하는 마음을 전할 수 있게 하고, 다른 사람과 대화를 원활하게 할 수 있게 한다. 또 ㉡무조건 고운 말을 사용하는 것만이 우리말을 아름답게 가꾸고 지키는 일이다. 이제라도 고운 말을 사용하는 바른 언어 습관을 ㉢기르려고 노력하면 좋을 수도 있다.

07 ㉠을 고쳐 쓰는 알맞은 방법은 무엇입니까? (　　　)

① 꾸며 주는 말을 더 넣는다.
② 띄어쓰기를 알맞게 고친다.
③ 틀린 받침을 알맞게 고쳐 쓴다.
④ 지나치게 긴 문장을 둘로 나눈다.
⑤ 주제와 관련이 없으므로 삭제한다.

08 ㉡에서 단정적인 표현을 두 가지 고르시오.
(　　,　　)

① 무조건　　　　② 고운 말
③ 사용하는　　　④ 것만이
⑤ 우리말을

09 ㉢은 어떤 표현인지 ○표 하시오.

(1) 적절한 표현　　　　　　　　(　　　)
(2) 불확실한 표현　　　　　　　(　　　)
(3) 단정적인 표현　　　　　　　(　　　)
(4) 필요 없는 표현　　　　　　　(　　　)

서술형·논술형 문제 ✎

10 ㉢ 부분을 알맞게 고쳐 문장을 완성하시오. [10점]

이제라도 고운 말을 사용하는 바른 언어 습관을

[11~14] 다음 글을 읽고 물음에 답하시오.

> 고운 말을 사용하면 다른 사람과 원활하게 대화할 수 있다. 은어나 비속어는 (　㉮　) 대화를 어렵게 하고 오해를 불러일으킨다. 단순히 재미있으려고 ㉠은어나 ㉡비속어를 사용했다가 친구들끼리 ㉢투쟁으로 이어지는 경우도 있고, 어른과 어린이의 ㉣일상적인 대화가 어려워지는 경우도 있다.

11 무엇에 대하여 쓴 글입니까?

• (　　　　　　　　)을 쓰면 좋은 점

12 ㉮에 들어갈 꾸며 주는 말로 알맞은 것은 무엇입니까?
(　　　)

① 어려운　　　　② 원활한
③ 무거운　　　　④ 답답한
⑤ 타당한

13 ㉠~㉣ 중, 고쳐야 할 어색한 낱말은 어느 것입니까?
(　　　　　　　　)

14 문제 13에서 답한 낱말을 어떻게 고쳐야 할지 잘못 설명한 친구는 누구입니까?

> 주완: '싸움'이라는 낱말로 고쳐야 합니다.
> 서준: '싸움'도 좋지만 '다툼'이라는 낱말도 잘 어울릴 것 같습니다.
> 하늘: '전쟁'으로 고쳐야 뜻이 더 분명해집니다.

(　　　　　　　　)

[15~17] 다음 글을 읽고 물음에 답하시오.

(가) 의약품 따위를 만드는 실험으로 전 세계에서 해마다 약 6억 마리의 동물이 희생되고 있다. 개발한 약품을 사람에게 바로 사용하지 않고 동물을 대상으로 먼저 실험해 보기 때문이다.

(나) 동물 실험을 반대하는 사람들이 늘어나고 있다. 사람과 동물의 몸은 차이가 크기 때문에 이러한 동물 실험은 소용이 없다고 주장한다. 실제로 동물 실험을 통과한 신약 후보 열 개 가운데 아홉 개는 사람에게 효과가 없거나 부작용을 일으킨다고 한다. / 동물 실험을 다른 방법으로 대체해야 한다는 목소리도 높다. 한 국민 의식 조사에 따르면 동물 실험을 대체할 수 있도록 사회적 지원을 하는 데 응답자 대부분이 찬성했다.

15 이 자료의 제목은 무엇이겠습니까? (   )

① 동물 실험의 역사
② 동물 실험의 중요성
③ 동물 실험을 하는 방법
④ 동물 실험을 없애도 괜찮을까
⑤ 동물의 희생, 동물 실험을 반대한다

16 이 자료를 읽고 알 수 <u>없는</u> 내용은 어느 것입니까?

(   )

① 동물 실험을 반대하는 사람들이 있다.
② 동물 실험 때문에 많은 동물이 희생된다.
③ 약품 개발 과정에서 동물에게 실험을 한다.
④ 동물 실험 때문에 신약 개발이 늦춰지고 있다.
⑤ 동물 실험을 다른 방법으로 대체해야 한다고 말하는 사람들도 있다.

서술형·논술형 문제✎

17 이 자료를 활용하여 다음 주장을 뒷받침할 수 있는 근거를 쓰시오. [10점]

> 동물 실험을 중단해야 한다. 왜냐하면 _____
>
> _____
>
> _____

[18~20] 다음 글을 읽고 물음에 답하시오.

(가) 최근 미국 ○○대학교 연구진은 전 세계적으로 680여 명이 희생된 중동호흡기증후군[메르스]의 백신을 개발했다. 연구진이 동물 실험으로 그 효과를 확인하려고 백신을 원숭이에게 투여했다. 그리고 이 백신이 중동호흡기증후군[메르스]을 예방할 수 있다는 확신을 가졌다. ㉠ 이렇게 동물 실험은 새로운 약 개발에 중요한 역할을 한다.

동물 실험도 하지 않고 개발한 약을 사람들에게 사용하면 부작용이 발생할 수 있다. ㉡

(나) 일부 사람들은 동물 실험을 당장 다른 방법으로 대체해야 한다고 주장한다. 그러나 대체 방법을 개발하는 데 6년 이상의 시간과 약 400억 원 이상의 비용이 필요하다. 이처럼 오랜 개발 기간과 막대한 비용 때문에 빠른 시일 안에 동물 실험을 대체하기는 어렵다. ㉢

18 이 자료에서 동물 실험을 통해 개발한 의약품의 예로 무엇을 들었습니까?

(   )[메르스]의 백신

19 글쓴이의 생각과 거리가 <u>먼</u> 내용에 ×표 하시오.

중요!
(1) 동물 실험을 당장 중단해야 한다. (   )
(2) 빠른 시일 안에 동물 실험을 대체하기는 어렵다.
(   )
(3) 동물 실험은 새로운 약 개발에 중요한 역할을 한다. (   )

20 ㉠~㉢ 중, 다음 내용이 들어가기에 알맞은 곳은 어디입니까?

> 1937년에 한 제약 회사에서 약을 개발한 뒤, 동물 실험을 하지 않고 판매했다가 많은 사람이 부작용으로 사망한 사례

(   )

정답 ➲ 꼼꼼 풀이집 8쪽

[1~2] 다음 글을 읽고 물음에 답하시오.

㉠ 요즘 많은 어린이가 이야기할 때 은어나 비속어를 사용했다. 국립국어원 조사에 따르면 조사 대상 초등학생의 93퍼센트가 비속어를 사용한 적이 있다고 한다. ㉡ 만약 학생 열 명이 있기 때문에 적어도 아홉 명은 비속어를 사용한 적이 있는 것이다. 비속어가 아닌 고운 말을 사용해야 하는 까닭은 무엇일까?

1 ㉠을 '요즘'으로 시작하는 문장에 맞게 고쳐 쓰시오. [10점]

요즘 __________

2 ㉡을 '만약'과 호응하는 문장으로 바르게 고쳐 쓰시오. [10점]

만약 __________

[3~4] 다음 글을 읽고 물음에 답하시오.

㉠ 하루 세끼 가운데에서 가장 중요한것이 아침밥이다. 부모님께서는 건강하려면 아침밥을 먹어야 한다고 말씀하신다. ㉡ 비록 한 끼라서 아침밥을 거르거나 대충 때우면 하루 온종일 열량과 영양소가 부족해 건강을 잃게 된다.

3 ㉠을 교정 부호를 사용하여 고쳐 쓰시오. [15점]

4 ㉡을 바르게 고쳐 쓰시오. [15점]

[5~6] 다음 글을 읽고 물음에 답하시오.

아침밥은 장수의 필수 조건이다. 날마다 아침밥을 거르면 밤새 분비된 위산이 중화되지 않아 위가 불편해진다. 이런 습관이 ㉠ 오래지속되면 위염이나 위궤양으로 진행될 수 있다. 또 밤새 써 버린 수분을 보충하기 어렵고 체내에 저장해 두었던 영양소가 소모된다. 그래서 피부는 ㉡ 푸석 푸석해지고 주름에 빈혈까지 생겨 건강이 나빠진다.

아침밥을 먹으면 몸도 건강해지고 하루를 활기차게 시작할 수 있다. [㉮]

5 ㉠과 ㉡을 교정 부호를 사용하여 고쳐 쓰시오. [20점]

(1)	㉠	
(2)	㉡	

6 [㉮]에 들어갈 알맞은 내용을 짐작하여 쓰시오. [20점]

8. 작품으로 경험하기

여행 계획 세우기

① 자신이 여행 가고 싶은 곳과 그 까닭을 써 봅니다.

② 도서관에 있는 책, 누리집에 있는 사진 자료와 영상 자료, 지역 소개 자료 따위에서 여행 가고 싶은 곳의 자료를 찾아봅니다.
→ 관광 안내 자료

③ 찾은 자료를 활용해 여행 계획을 세웁니다.

④ 세운 여행 계획으로 여행 기간과 장소, 같이 가고 싶은 사람과 준비할 일, 여행 일정, 여행 비용 등을 넣은 '여행 계획서'를 씁니다.

영화 감상문 쓰는 방법

① 영화를 보게 된 까닭과 영화 줄거리를 씁니다.

② 영화 속 내용과 비슷한 자신의 경험을 떠올려 씁니다.

③ 자신이 본 영화나 책 내용을 함께 떠올려 씁니다.

④ 영화를 본 뒤의 전체적인 느낌이나 주제를 씁니다.

⑤ 감상문의 내용을 잘 드러내거나 읽는 사람의 관심을 끌 수 있는 제목을 씁니다.

예 영화 「피부 색깔 = 꿀색」을 보고 감상 주고받기

흑백처럼 표현한 만화를 보며 인물이 겪은 시대의 모습을 더 잘 이해할 수 있어.

이 영화는 만화와 촬영한 영상을 함께 사용해서 과거와 현재의 모습을 비교하며 살펴볼 수 있도록 구성했어.

자신의 경험을 떠올리며 작품 감상하기

① 인물이 겪는 일을 상상하며 작품을 읽습니다.

② 작품 속 내용과 비슷한 자신의 경험을 떠올려 봅니다.

③ 주인공이 자신이라고 생각해 보고 씁니다.

④ 작품 속 인물의 말이나 행동, 줄거리, 작품과 관련 있는 경험, 작품과 비슷한 영화나 책 내용, 작품을 보고 난 느낌 등을 넣어 독서 감상문을 씁니다.

예 자신의 경험을 떠올리며 「대상주 홍라」 감상하기

인상 깊은 장면
빚쟁이들이 알까 봐 집안 일꾼들 몰래 교역을 떠날 준비를 하는 장면
자신의 경험
내가 밖에 나가면 늘 동생이 따라와서 동생 몰래 살금살금 나갔던 경험이 떠오른다.

경험한 내용을 영화로 만드는 방법

❶ 주제 정하기
경험 떠올려 주제 정하기

❷ 자료를 수집하고 정리하기
주제에 맞는 사진, 그림, 영상을 수집해 영화 장면의 차례대로 나열

❸ 설명할 내용 정하기
사진, 그림, 영상에 어울리는 설명을 간단히 기록

❹ 사진이나 영상 넣기
편집 프로그램을 활용해 사진, 그림, 영상 넣기

❺ 음악과 자막 넣기
편집 프로그램을 활용해 음악과 자막 넣기

❻ 보완하기
만든 영화를 보면서 부족한 부분 보완해 완성

쪽지시험
① 여행을 가기 전에 (여행 / 공부) 계획서를 써 봅니다.
② 영화 속 내용과 비슷한 자신의 경험을 떠올려 영화 감상문을 씁니다. (○ / ×)
③ 영화 감상문의 내용을 잘 (드러낼 / 감출) 수 있는 제목을 지어 씁니다.
④ 인물이 겪는 일을 (상상 / 무시)하며 작품을 읽습니다.
⑤ 경험한 내용을 영화로 만들 때 가장 먼저 (주제 / 부족한 부분)을/를 정합니다.

* 배점이 표시되어 있지 않은 문제는 문제당 4점입니다.

01 여행을 가기 전에 생각할 점으로 알맞지 <u>않은</u> 것의 기호를 쓰시오.

> ㉠ 정말 가고 싶은 곳인가?
> ㉡ 여행 비용은 얼마나 들 것인가?
> ㉢ 여행지에서 느낀 점은 무엇인가?
> ㉣ 여행지에서 지켜야 할 점은 무엇인가?

(   )

02 여행 계획서에 들어갈 내용으로 알맞지 <u>않은</u> 것은 무엇입니까? (   )

① 여행 장소   ② 여행 기간
③ 여행 일정   ④ 여행 비용
⑤ 여행을 가기 싫은 까닭

[03~06] 다음을 보고 물음에 답하시오.

➊ 융이 입양되기 전 고아원에서 밥을 먹음.
➋ 양아버지가 융에게 자전거 타는 방법을 가르쳐 줌.
➌ 융이 친부모님이 누구일지 상상하며 그림을 그리고 들판에 서서 생각함.
➍ 양부모님이 한국에서 여자아이를 한 명 더 입양함.

03 ➊에서 느껴지는 분위기는 어떠합니까? (   )

① 밝다.   ② 즐겁다.
③ 포근하다.   ④ 쓸쓸하다.
⑤ 편안하다.

04 양아버지가 융에게 무엇을 가르쳐 주었습니까?
(   )

① 책 읽는 법
② 공부하는 방법
③ 요리하는 방법
④ 자전거 타는 방법
⑤ 신발 끈을 매는 방법

05 ➌에서 융의 마음은 어떠할지 쓰시오.
중요!
(   )

서술형·논술형 문제 ✏

06 융은 문제 05에서 답한 마음을 달래기 위해 어떤 행동을 하였는지 쓰시오. [10점]

_____

_____

[07~13] 다음 글을 읽고 물음에 답하시오.

> (가) 「피부 색깔=꿀색」이라는 영화를 보았다. 제목부터가 뭔가 전하고 싶은 이야기가 많은 영화라고 생각했다.
>
> (나) 융은 다섯 살에 해외로 입양된다. 하지만 융은 벨기에의 가족과 자신의 피부색이 다르다는 사실과 한국에 친부모가 있을지도 모른다는 생각에 잘 적응하지 못하고 힘들어한다. 게다가 융의 가족은 한국에서 여자아이를 한 명 더 입양한다. 융은 한국에서 새로 입양된 여동생과 자신이 닮았다는 말을 듣기 싫어하며 동생과 가족을 멀리한다.
>
> (다) 융의 장난만큼은 아니지만 나도 가끔은 친구나 동생에게 심한 장난을 한다. 하지만 융의 행동이 주위의 관심과 사랑을 받고 싶고 자신이 누구인지를 찾으려는 몸부림이라는 것을 알았을 때 마음이 많이 아팠다.
>
> (라) 이 영화를 보면서 나는 융이라는 사람에게 이런 말을 해 주고 싶었다. "비록 우리나라의 아픈 역사 때문에 벨기에에서 살지만 우리는 똑같은 한국인입니다."라고 말이다.
>
> (마) 나는 우리가 지금 서로를 따뜻하게 감싸 안아야 할 때라고 생각한다.

07 글쓴이가 본 영화의 제목을 쓰시오.

　　　　　　「　　　　　　　　　　　」

08 글 (나)에 나타나 있는 점은 무엇입니까? (　　　)

① 영화의 제목
② 영화의 내용
③ 영화를 본 곳
④ 영화를 본 느낌
⑤ 인물에게 하고 싶은 말

09 글쓴이가 본 영화의 내용으로 알맞지 <u>않은</u> 것은 어느 것입니까? (　　　)

① 융의 피부색은 양부모와 달랐다.
② 주인공인 융이 해외로 입양되었다.
③ 융은 새로 입양된 여동생을 잘 보살폈다.
④ 융은 입양된 다음에 잘 적응하지 못했다.
⑤ 융의 가족은 한국 여자아이를 한 명 더 입양했다.

10 융이 입양되고 나서 잘 적응하지 못한 까닭 두 가지를 골라 기호로 쓰시오.

> ⊙ 자신의 피부색이 새 가족과 달라서
> ⓒ 벨기에의 음식이 입에 맞지 않아서
> ⓒ 한국에 친부모님이 있을지도 모른다고 생각해서

　　　　　（　　　　，　　　　）

11 융의 개구쟁이 모습과 장난에 대해 글쓴이의 생각은 어떻게 바뀌었습니까?

| 나도 장난을 한다. | ➡ | |

12 글쓴이는 융이라는 사람에게 어떤 말을 해 주고 싶다고 하였습니까?

• 비록 우리나라의 아픈 (1) (　　　　) 때문에 멀리 떨어져 있지만 우리는 똑같은 (2) (　　　　)입니다.

서술형·논술형 **문제** ✒

13 글쓴이가 영화를 보고 어떤 생각을 하였는지 쓰시오.
　　　　　　　　　　　　　　　　　[10점]

　　우리가 지금 ＿＿＿＿＿＿＿＿＿＿＿
할 때이다.

14 영화 감상문을 쓰는 방법에 대해 잘못 설명한 친구는 누구입니까?

중요!

> 우식: 영화의 내용과 비슷한 경험을 씁니다.
> 다미: 영화의 줄거리만 기억나는 대로 씁니다.
> 희서: 영화를 본 뒤의 전체적인 느낌을 씁니다.

　　　　　　（　　　　　　　　　）

[15~17] 다음 글을 읽고 물음에 답하시오.

> 홍라는 소그드의 은화를 가만히 들여다보았다.
> 그러다 다시 지도로 눈길을 돌렸다. / 솔빈으로 가서 은화를 팔고……. 그래! 솔빈의 말을 사자!
> 솔빈의 말은 당나라까지 널리 알려진 명마다. 솔빈의 말을 장안으로 가져가면 비싼 값에 팔 수 있다. 그리고 장안에서 비단을 싸게 사서 온다면……. 가만히 앉아 있으면 묘원의 은화는 비단 오백 필 값. 그러나 길을 나선다면 천 필, 아니 이천 필 값이 될 수 있다.
> 가자. 교역을 하러 가자. 어머니가 돌아오기 전에 빚을 갚는 거야. 상단을 지키는 거야. 대상주 금기옥의 딸답게. / 홍라는 눈물을 닦았다. 언제부터인가 울고 있었던 것이다. 하지만 이제는 울지 않을 생각이었다. 상단을 이끌고 교역을 떠나야 했다. 상단을 지켜야 했다.

15 홍라가 생각한 교역 순서를 쓰시오.

> (1) (   )으로 가서 은화를 팔아 말을 산다.
>
> ↓
>
> (2) 솔빈의 말을 (   )으로 가져가서 비싸게 팔아 비단을 사서 돌아온다.

16 홍라가 처한 상황으로 알맞은 것을 두 가지 고르시오.
(,   )

① 갚아야 할 빚이 있다.
② 빌려 준 돈을 못 받고 있다.
③ 상단을 맡아 꾸려 나가야 한다.
④ 상단에 들어가기 위해 노력해야 한다.
⑤ 팔리지 않은 비단을 모두 처분해야 한다.

서술형·논술형 문제✎

17 비슷한 경험을 떠올려 이 이야기에 대한 생각이나 느낌을 쓰시오. [12점]

_____

_____

[18~19] 다음 글을 읽고 물음에 답하시오.

> 교역을 떠날 상단이 꾸려졌다. 대상주의 자격으로 상단을 이끄는 홍라, 무사 친샤, 천문생 월보, 일꾼 비녕자. 초라하기 그지없지만, 중요한 임무를 띠고 있었다. 금씨 상단을 지키기 위한 마지막 기회인지도 몰랐다.
> 이틀 동안 길 떠날 준비를 했다. 준비랄 것도 없었다. 집안 일꾼들 모르게 몇 가지를 챙기는 게 전부였다. 창고 점검을 한다는 핑계로 말린 고기며 곡식 가루를 좀 챙겼다. 노숙을 해야 할지도 모르니 음식을 조리할 도구도 필요했다. 집에 있는 걸 가져가려니 일꾼들이 알아챌까 걱정스러웠다. 결국 친샤가 시장에서 몇 가지를 사 왔다. 그리고 돈피도 몇 장 챙겼다.

18 교역을 떠날 상단에 포함된 인물이 <u>아닌</u> 사람은 누구입니까? (   )

① 홍라   ② 친샤   ③ 월보
④ 돈피   ⑤ 비녕자

19 홍라가 교역을 떠나기 위해 준비한 모습을 <u>잘못</u> 나타낸 것은 무엇입니까? (   )

① 이틀 동안 떠날 준비를 했다.
② 집안 일꾼들 모르게 짐을 챙겼다.
③ 약간의 말린 고기와 곡식 가루를 챙겼다.
④ 음식을 조리할 도구는 시장에 가서 샀다.
⑤ 노숙에 필요한 도구는 일꾼들에게 부탁했다.

20 경험한 내용을 영화로 만드는 과정 중 가장 먼저 해야 하는 일은 어느 것입니까? (   )

① 보완하기
② 주제 정하기
③ 음악과 자막 넣기
④ 사진이나 영상 넣기
⑤ 자료를 수집하고 정리하기

[1~2] 다음을 보고 물음에 답하시오.

◎ 융이 입양되기 전 고아원에서 밥을 먹음.

◎ 양아버지가 융에게 자전거 타는 법을 배움.

◎ 융이 친부모님이 누구일지 상상하며 그림을 그리고 산책함.

◎ 융은 한국에서 입양되어 온 여자아이를 싫어함.

1 '융'은 어떤 아이인지 쓰시오. [10점]

고아원에서 다른 집으로 (1) (   )된 아이

이고, 친부모님을 (2) _____

_____ 아이이다.

2 **4**에서 융의 마음은 어떠할지 쓰시오. [10점]

자신과 같은 한국에서 입양되어 온 여자아이를

보고 _____

_____

3 글쓴이가 생각하거나 느낀 점을 쓰시오. [15점]

> 영화를 보는 내내 나는 입양된 사람들이 우리 역사에서 겪은 아픔을 생각했다. 본인의 의지와 상관없이 다른 나라에서 살아야 하는 사람들, 그리고 우리나라에 온 사람들까지. 나는 우리가 지금 서로를 따뜻하게 감싸 안아야 할 때라고 생각한다.

_____

_____

4 다음 이야기를 읽고, 떠오르는 자신의 경험을 쓰시오. [20점]

> ㈎ 가자. 교역을 하러 가자. 어머니가 돌아오기 전에 빚을 갚는 거야. 상단을 지키는 거야. 대상주 금기옥의 딸답게. / 홍라는 눈물을 닦았다. 언제부터인가 울고 있었던 것이다. 하지만 이제는 울지 않을 생각이었다. 상단을 이끌고 교역을 떠나야 했다. 상단을 지켜야 했다.
> ㈏ 이틀 동안 길 떠날 준비를 했다. 준비랄 것도 없었다. 집안 일꾼들 모르게 몇 가지를 챙기는 게 전부였다. 창고 점검을 한다는 핑계로 말린 고기며 곡식 가루를 좀 챙겼다. 노숙을 해야 할지도 모르니 음식을 조리할 도구도 필요했다.

_____

_____

5 ☐ ㉠ 에 들어갈 내용을 쓰시오. [20점]

경험한 내용을 영화로 만드는 방법

❶ 주제 정하기

㉠

❷ 자료 수집·정리

정한 주제에 맞는 사진이나 그림, 영상을 수집해 영화 장면의 차례대로 나열합니다.

❸ 설명할 내용 정하기

사진이나 그림, 영상에 어울리는 설명을 간단히 기록합니다.

❹ 사진이나 영상 넣기

편집 프로그램을 활용해 사진이나 그림, 영상을 넣습니다.

자신의 (1) (   )을 떠올려 (2) _____

_____

* 배점이 표시되어 있지 않은 문제는 문제당 **4점**입니다.

정답 ◐ 꼼꼼 풀이집 10쪽

[01~03] 다음 이야기를 읽고 물음에 답하시오.

> 추사 선생의 독서량과 연습량은 실로 엄청났다. 부지런하고 열성적인 것으로는 누구에게 뒤져 본 적이 없던 허련이지만 잠깐의 시간도 허투루 쓰지 않는 추사 선생의 근면함에는 혀를 내둘렀다. 추사 선생은 획 하나, 글자 하나를 수십 번, 수백 번 연습하는 ㉠ 연습 벌레였다. 누구나 알아주는 대가가 되고서도 끊임없이 뭇 명필들의 서체를 감상하고 연구하며 자기만의 서체를 만들어 나갔다.

관련 단원 : 1. 작품 속 인물과 나

01 추사 선생의 성격으로 보기 <u>어려운</u> 것을 두 가지 고르시오. (　　,　　)

① 게으르다.　　　② 뻔뻔하다.
③ 근면하다.　　　④ 열성적이다.
⑤ 부지런하다.

관련 단원 : 1. 작품 속 인물과 나

02 ㉠의 뜻을 짐작하여 ○표 하시오.

(1) 연습을 계속 빼먹는 사람　　　(　　)
(2) 연습을 무척 많이 하는 사람　　　(　　)
(3) '연습'이라는 말만 계속 하는 사람　　　(　　)

관련 단원 : 1. 작품 속 인물과 나

03 추사 선생은 어떤 삶을 추구합니까? (　　)

① 자신만이 최고라고 믿는 삶
② 주어진 것에 늘 감사하는 삶
③ 아무와도 만나지 않는 조용한 삶
④ 하기 싫은 일은 하지 않는 유유자적한 삶
⑤ 자신의 글씨를 계속 발전시켜 가는 열정적인 삶

[04~05] 다음 광고를 보고 물음에 답하시오.

물을 / "물 쓰듯 쓰다"라는 말, 이제는 바뀌어야 합니다.

관련 단원 : 2. 관용 표현을 활용해요

04 '물 쓰듯'이라는 관용 표현의 뜻은 무엇인지 기호를 쓰시오.

> ㉠ 아는 사람이 많은.
> ㉡ 떨어질 수 없는 관계인.
> ㉢ 물건을 헤프게 쓰거나 낭비하는.

(　　　　　　)

서술형·논술형 문제 🖊 관련 단원 : 2. 관용 표현을 활용해요

05 이 광고에서 전하려는 내용을 쓰시오. [10점]

물을 _____

관련 단원 : 2. 관용 표현을 활용해요

06 관용 표현을 알맞게 활용한 친구는 누구입니까?

> 민재: 눈 깜짝할 사이에 방학이 끝나 버렸네.
> 고은: 학교를 가기 싫어서 그런지 천하를 얻은 듯한 느낌이야.

(　　　　　　)

관련 단원 : 3. 타당한 근거로 글을 써요

07 숲을 보호하자는 주장을 뒷받침할 만한 근거로 알맞지 <u>않은</u> 것은 무엇입니까? (　　)

① 숲은 야생 동물의 서식지이다.
② 숲은 공기를 깨끗하게 해 준다.
③ 숲은 사람들이 쉴 수 있는 공간이다.
④ 울창한 숲은 온실 가스를 줄여 준다.
⑤ 숲을 개발하면 경제를 발전시킬 수 있다.

관련 단원 : 4. 효과적으로 발표해요

08 영상 자료를 만든 뒤에 생각할 점으로 알맞은 것에 ○표, 틀린 것에 ×표 하시오.

(1) 더 보완할 점은 무엇인가? ( )

(2) 무엇을 주제로 만들 것인가? ( )

(3) 주제가 잘 전달되는 부분은 어디인가? ( )

[09~11] 다음 글을 읽고 물음에 답하시오.

㈎ 우리도 로봇세를 도입하여 인간과 로봇이 함께 살아가는 방법을 찾아야 한다.

세계 경제 포럼은 로봇이나 인공 지능이 이끄는 4차 산업 혁명으로 수많은 사람이 일자리를 잃을 것이라고 전망했다. 로봇 때문에 일자리를 잃고 소득을 얻지 못하는 사람들은 새로운 일자리를 찾기 위해 재교육을 받아야 한다. 로봇세를 도입하면 그 세금으로 일자리를 잃은 사람들에게 진로 상담이나 적성 검사, 기술 교육 등을 할 수 있다.

㈏ 로봇에게 세금을 부과하려면 법적 근거를 마련해야 한다. 법적인 의미에서 자연인과 법인에게만 세금을 부과할 수 있다. 현행법으로는 기계인 로봇에게 세금을 부과할 수 없다. 그래서 2017년에 유럽 의회는 장기적으로 로봇에게 '특수한 권리와 의무를 가진 전자 인간'으로 법적 지위를 부여하는 입법을 집행 위원회가 추진하도록 결의했다. 이는 로봇을 소유하고 이용하는 사람뿐만 아니라 로봇에게도 세금을 부과할 수 있는 근거가 된다.

관련 단원 : 5. 글에 담긴 생각과 비교해요

09 로봇세를 도입하면 좋은 점은 무엇입니까?

• 4차 산업 혁명으로 (1) ( )를 잃은 사람들에게 (2) ( ) 비용으로 사용할 수 있다.

관련 단원 : 5. 글에 담긴 생각과 비교해요

10 현행법으로는 로봇 자신에게 세금을 부과할 수 없는 까닭은 무엇입니까? ( )

① 로봇은 법인이기 때문에
② 로봇은 기계이기 때문에
③ 로봇은 자연인이기 때문에
④ 로봇에게는 가족이 없기 때문에
⑤ 로봇에게는 이름이 없기 때문에

서술형·논술형 문제 ✎ 관련 단원 : 5. 글에 담긴 생각과 비교해요

11 이 글에 나타난 글쓴이의 생각을 쓰시오. [10점]

법적 근거를 마련하여 _____

_____

[12~14] 다음 광고를 보고 물음에 답하시오.

관련 단원 : 6. 정보와 표현 판단하기

12 이와 같은 광고를 무엇이라고 합니까?

㉠ 상품 광고　　㉡ 과장 광고
㉢ 허위 광고　　㉣ 공익 광고

( )

관련 단원 : 6. 정보와 표현 판단하기

13 음식물 쓰레기 때문에 생기는 경제적 손실이 어느 정도라고 하였는지 빈칸에 숫자를 쓰시오.

( )년에 약 ( )조 원

관련 단원 : 6. 정보와 표현 판단하기

14 이 광고를 통해 전하려는 생각은 무엇이겠습니까? ( )

① 음식물 쓰레기를 줄입시다.
② 자동차를 아껴서 오래 탑시다.
③ 바다에 쓰레기를 버리지 맙시다.
④ 쓰레기는 종량제 봉투에 버립시다.
⑤ 음식을 너무 짜거나 맵게 먹지 맙시다.

[15~17] 다음 글을 읽고 물음에 답하시오.

㈎ 고운 말을 사용하면 다른 사람과 원활하게 대화할 수 있다. 은어나 비속어는 원활한 대화를 어렵게 하고 오해를 불러일으킨다. ㉠단순히 재미있으려고 은어나 비속어를 사용했다가 친구들끼리 투쟁으로 이어지는 경우도 있고, 어른과 어린이의 일상적인 대화가 어려워지는 경우도 있다.

㈏ 고운 말을 사용하는 것은 우리말을 지키는 것과 같다. 말은 우리 민족의 혼이 담긴 소중한 문화유산이다. 은어나 비속어를 사용한다면 그것이 우리 후손에게 그대로 전해질 것이다. 고운 말을 사용해 아름다운 우리말을 지켜야 한다.

㈐ ㉡고운 말은 다른 사람을 존중하는 마음을 전할 수 있게 하고, 다른 사람과 대화를 원활하게 할 수 있게 한다. 또 고운 말을 사용하는 것은 우리말을 아름답게 가꾸고 지키는 일이다.

관련 단원 : 7. 글 고쳐 쓰기

15 ㉠에서 어색한 낱말을 찾아 고쳐 쓰시오. [6점]

(   ) ➡ (   )

관련 단원 : 7. 글 고쳐 쓰기

16 글 ㈏에 드러난 글쓴이의 주장은 무엇입니까?

(   )

① 높임말을 잘 사용하자.
② 외국어를 섞어서 말하지 말자.
③ 방언을 함부로 사용하지 말자.
④ 은어나 비속어를 가르치지 말자.
⑤ 고운 말을 사용하여 아름다운 우리말을 지키자.

서술형·논술형 문제   관련 단원 : 7. 글 고쳐 쓰기

17 ㉡을 이해하기 쉽게 두 문장으로 고쳐 쓰시오. [10점]

_____

_____

[18~20] 다음 글을 읽고 물음에 답하시오.

㈎ 「피부 색깔 = 꿀색」이라는 영화를 보았다. 제목부터가 뭔가 전하고 싶은 이야기가 많은 영화라고 생각했다. 이 영화는 벨기에에 입양된 우리 동포 융이라는 사람이 어린 시절을 회상하며 이야기가 시작된다.

㈏ 영화를 보는 내내 나는 입양된 사람들이 우리 역사에서 겪은 아픔을 생각했다. 본인의 의지와 상관없이 다른 나라에서 살아야 하는 사람들, 그리고 우리나라에 온 사람들까지. 나는 우리가 지금 서로를 따뜻하게 감싸 안아야 할 때라고 생각한다.

관련 단원 : 8. 작품으로 경험하기

18 글쓴이는 어떤 내용의 영화를 보고 이 감상문을 썼습니까?

• (1) (   )에 입양된 우리 동포
  (2) (   )이라는 사람이 어린 시절을 회상하는 내용의 영화

관련 단원 : 8. 작품으로 경험하기

19 글 ㈏를 읽고 알 수 있는 내용은 어느 것입니까?

(   )

① 영화의 제목
② 주인공의 이름
③ 영화를 고른 까닭
④ 영화를 본 느낌과 감상
⑤ 영화를 보고 떠오른 경험

관련 단원 : 8. 작품으로 경험하기

20 이 감상문에 나타나 있지 않은 내용을 두 가지 골라 기호로 쓰시오.

㉠ 영화의 제목	㉢ 감상문의 제목
㉣ 영화 영상의 특성	㉤ 영화를 보고 한 생각

(,   )

* 배점이 표시되어 있지 않은 문제는 문제당 4점입니다.

정답 ○ 꼼꼼 풀이집 11쪽

[01~03] 다음 이야기를 읽고 물음에 답하시오.

㉮ "아니, ㉠조정 대신이란 놈들이 나라를 팔아먹으려 드는데 우리 같은 여자들이 나선다고 뭐가 달라지겠소? 자칫 괜한 목숨만 버릴 뿐이오."

그 말이 떨어지기가 무섭게 여기저기서 술렁거렸다. 기껏 뜨겁게 달아오른 열기가 금세 차갑게 식을 판이었다.

"그럼 나라를 빼앗기고 왜놈들 종으로 살자는 것입니까?"

윤희순이 다시 마음을 가다듬고 큰 소리로 부르짖자 마을 아낙네들의 눈길이 또다시 윤희순에게 쏠렸다.

㉯ 윤희순은 마을 아낙네들을 끌어모아 안사람 의병대를 만들었다.

"의병을 도와 나라를 구합시다!"

맨 먼저 안사람 의병대는 집집마다 찾아다니며 모금을 했다.

"왜놈들이 우리나라를 집어삼키려 합니다. 의병을 도와주십시오."

관련 단원 : 1. 작품 속 인물과 나

01 ㉠과 관련이 있는 시대 상황으로 알맞은 것은 무엇입니까? (　　　)

① 임진왜란　　　② 병자호란
③ 을사늑약　　　④ 한국 전쟁
⑤ 강화도 조약

관련 단원 : 1. 작품 속 인물과 나

02 윤희순이 만든 의병대의 이름을 쓰시오.

(　　　　　　　　　　)

관련 단원 : 1. 작품 속 인물과 나

03 윤희순이 추구하는 가치로 보기 어려운 것은 어느 것입니까? (　　　)

① 애국　　② 열정　　③ 도전
④ 봉사　　⑤ 재산

관련 단원 : 2. 관용 표현을 활용해요

04 빈칸에 들어갈 알맞은 말은 무엇입니까? (　　　)

> 아이고 깜짝이야! ☐ 떨어질 뻔했네.

① 돈　　② 손　　③ 발　　④ 간　　⑤ 등

관련 단원 : 2. 관용 표현을 활용해요

05 '발 없는 말이 천 리 간다.'와 비슷한 경우에 쓸 수 있는 관용 표현은 어느 것입니까?

> ㉠ 낫 놓고 기역 자도 모른다.
> ㉡ 방귀가 잦으면 똥 싸기 쉽다.
> ㉢ 낮말은 새가 듣고 밤말은 쥐가 듣는다.

(　　　　　　　　　　)

관련 단원 : 3. 타당한 근거로 글을 써요

06 자료의 적절성을 판단하는 방법으로 알맞으면 ○표, 알맞지 않으면 ×표를 하시오.

(1) 최신 자료인지 살펴본다. (　　　)

(2) 출처를 보고 믿을 수 있는 자료인지 살펴본다.
(　　　)

(3) 제시한 자료가 근거의 내용과 관련이 있는지 살펴본다. (　　　)

관련 단원 : 3. 타당한 근거로 글을 써요

07 논설문을 쓰고 나서 점검할 내용으로 알맞지 <u>않은</u> 것은 무엇입니까? (　　　)

① 근거가 주장과 관련 있는가?
② 자료가 근거를 뒷받침하는가?
③ 믿을 만한 자료를 활용했는가?
④ 활용한 자료의 출처를 제대로 밝혔는가?
⑤ 여러 가지 다른 주장을 다양하게 펼쳤는가?

관련 단원 : 4. 효과적으로 발표해요

08 다음 상황에서 활용하기에 가장 알맞은 자료는 어느 것입니까? ( )

> 축구 대표팀이 골을 넣는 장면을 설명할 때

① 책   ② 지도   ③ 영상
④ 소리   ⑤ 도표

[09~11] 다음 글을 읽고 물음에 답하시오.

> 로봇을 소유한 기업이나 로봇에게 세금을 부과하자는 주장이 나오고 있다. 로봇이 인간의 일거리를 대신 할 수 있기 때문에 인간에게 필요한 비용을 로봇세로 보충하려는 것이다. 하지만 로봇세 도입은 로봇 산업의 발전과 국가의 미래 경쟁력에 부정적인 영향을 끼칠 수 있다.
>
> 로봇 산업이 본격적으로 발전하면 로봇은 인간을 대신하여 일을 하게 된다. 이럴 경우에 인간은 위험하거나 단순한 일, 반복적인 일에서 해방될 수 있다. 그런데 인간을 대신하여 일을 할 로봇에게 성급하게 세금을 부과한다면 로봇 산업 발전을 더디게 할 것이다. 특히 로봇 개발자는 개발 비용에 세금까지 더하여 마음의 부담을 느낄 수 있다.

관련 단원 : 5. 글에 담긴 생각과 비교해요

09 '로봇세 도입'에 대한 글쓴이의 생각은 어떠합니까?

• 로봇세 도입은 (1) ( )의 발전과 국가의 미래 경쟁력에 (2) ( ) 영향을 끼칠 수 있다.

관련 단원 : 5. 글에 담긴 생각과 비교해요

10 글쓴이가 주장을 뒷받침하기 위해 제시한 근거가 <u>아닌</u> 것을 세 가지 고르시오. (, ,)

① 로봇세로 실직자를 지원할 수 있다.
② 로봇세로 소득을 재분배할 수 있다.
③ 로봇세는 로봇 개발자에게 부담이 된다.
④ 로봇이 인간의 일거리를 대신 할 수 있다.
⑤ 로봇세는 로봇 산업 발전을 더디게 할 것이다.

관련 단원 : 5. 글에 담긴 생각과 비교해요

11 이 글의 제목으로 알맞은 것에 ○표 하시오. [5점]

(1) 로봇세 도입을 서둘러야 한다 ( )
(2) 로봇세 도입을 늦추어야 한다 ( )
(3) 로봇세 도입, 더 이상 미룰 수 없다 ( )

[12~14] 다음 광고를 보고 물음에 답하시오.

> ㉠이보다 가벼울 수는 없다! 초경량 책가방
> 교과서를 모두 넣어도 찢어질 염려 없는
> 튼튼한 재질
> 거품 없는 가격과 최고의 품질
> 한국에서 직접 디자인하고 직접 만든 책가방
> 멘 듯 안 멘 듯 깃털처럼 가벼운 깃털 책가방
>
> 책가방을 살 때에는 깃털 책가방을 사세요.
> 세련된 디자인과 특수한 가공으로 품질을 인정받아 해외로 수출하는 우수 제품입니다.
>
> **깃털 책가방 회사**

관련 단원 : 6. 정보와 표현 판단하기

12 ㉠은 어떤 표현에 해당합니까?

> ㉮ 솔직한 표현   ㉯ 과장하는 표현
> ㉰ 비유하는 표현   ㉱ 실감 나는 표현

( )

관련 단원 : 6. 정보와 표현 판단하기

13 책가방이 가볍다는 것을 무엇에 빗대어서 표현하였습니까?

( )

서술형·논술형 문제 ✏️ 관련 단원 : 6. 정보와 표현 판단하기

14 이 광고를 통해 가장 전하고 싶은 말은 무엇일지 쓰시오. [12점]

책가방을 살 때에는 _____

_____

[15~18] 다음 글을 읽고 물음에 답하시오.

아침밥은 장수의 필수 조건이다. ㉠날마다 아침밥을 거르면 밤새 분비된 위산이 중화되지 않아 위가 불편해졌다. 이런 습관이 ㉡오래지속되면 위염이나 위궤양으로 진행될 수 있다. 또 밤새 써 버린 수분을 보충하기 어렵고 체내에 저장해 두었던 영양소가 소모된다. 그래서 피부는 ㉢푸석 푸석해지고 주름에 빈혈까지 생겨 건강이 나빠진다.

아침밥을 먹으면 몸도 건강해지고 하루를 활기차게 시작할 수 있다. 우리 모두 아침밥을 거르지 말고 꼭 먹자.

서술형·논술형 문제 🖊 관련 단원 : 7. 글 고쳐 쓰기

15 ㉠을 알맞은 문장으로 고쳐 쓰시오. [15점]

_____

_____

관련 단원 : 7. 글 고쳐 쓰기

16 ㉡을 알맞게 고쳐 쓰시오.

(   )

관련 단원 : 7. 글 고쳐 쓰기

17 ㉢을 고쳐 쓸 때 필요한 교정 부호는 어느 것입니까?

(   )

① ⋁   ② ⌒   ③ ◯

④ ⌐   ⑤ ℓ

관련 단원 : 7. 글 고쳐 쓰기

18 글쓴이의 주장은 무엇입니까? (   )

① 아침에 일찍 일어나자.

② 아침에 꼭 운동을 하자.

③ 운동은 장수의 필수 조건이다.

④ 아침밥을 거르지 말고 꼭 먹자.

⑤ 아침밥을 너무 많이 먹지 말자.

[19~20] 다음 이야기를 읽고 물음에 답하시오.

㉮ 홍라는 탁자 위에 ㉠지도를 펼쳤다. 오래된 가죽 냄새를 맡으니 어머니에 대한 그리움이 밀려들었다. 어머니는 지도를 펼치는 것으로 하루를 시작했다. 어머니의 손길로 반들반들해진 지도였다. 지도에 새겨진 길을 손끝으로 더듬자 어머니의 목소리가 들려오는 것 같았다.

보아라, 길이다. 세상 모든 곳으로 통하는 길이다.

㉯ 가자. 교역을 하러 가자. 어머니가 돌아오기 전에 빚을 갚는 거야. 상단을 지키는 거야. 대상주 금기옥의 딸답게.

㉡홍라는 눈물을 닦았다. 언제부터인가 울고 있었던 것이다. 하지만 이제는 울지 않을 생각이었다. 상단을 이끌고 교역을 떠나야 했다. 상단을 지켜야 했다.

따로 상단의 일을 배운 적은 없지만, 상단의 딸이다. 나면서부터 교역에 대해 보고 들었다. 어떻게 해야 하는지 알 수 있었다.

관련 단원 : 8. 작품으로 경험하기

19 ㉠에 대한 설명으로 알맞은 것은 어느 것입니까?

(   )

① 어머니께서 직접 만드신 지도이다.

② 어머니께서 항상 보시던 지도이다.

③ 홍라가 어머니께 전해 드린 지도이다.

④ 험하게 다뤄져서 많이 해어진 지도이다.

⑤ 할아버지께서 홍라를 위해 물려주신 지도이다.

관련 단원 : 8. 작품으로 경험하기

20 ㉡에서 느껴지는 홍라의 마음으로 알맞은 것은 무엇이겠습니까? (   )

① 기대와 설렘

② 놀람과 반가움

③ 그리움과 걱정

④ 자신감과 뿌듯함

⑤ 어색함과 부끄러움

읽기 자료

● **경제와 관련된 말**

◉ 참고 교재: 똑똑한 하루 어휘 6단계

신문이나 텔레비전 뉴스를 보면 경제와 관련한 말들을 자주 볼 수 있어. 경제를 이해할 때 도움이 되는 말들을 알아볼까?

이윤 장사를 하여 남은 돈, 이익, 수익. ⟩

기업은 물건을 팔아 이윤을 남기려고 해. 기업이 경제 활동을 하는 목적은 이윤을 추구하는 거지.

수요 상품을 사고자 하는 마음.

상품을 사고 싶은 마음을 수요라고 해. 물건의 가격이 싸면 사고 싶은 마음이 드니까 수요가 오르고, 물건이 비싸면 반대로 수요가 낮아.

공급 상품을 팔려고 시장에 내놓는 것. ⟨

물건을 팔려고 시장에 상품을 제공하는 것이 공급이야. 물건의 가격이 비싸면 기업은 더 많이 팔려고 공급이 늘지.

거래 상품을 주고받거나 사고파는 것. ⟩

사려는 사람과 팔려는 사람이 생각하는 가격이 적당하면 거래가 이루어져. 거래는 물건을 주고받거나 사고파는 거야.

경기 거래의 활발한 정도.

경기가 좋다는 말은 거래가 많아서 이윤을 많이 남긴다는 뜻이고, 경기가 나쁘다는 말은 거래가 적어서 이윤이 적다는 뜻이야.

수학

6·2

✏ 단원별 중요 내용을 알아볼까?

1 분수의 나눗셈 54쪽

- $\dfrac{5}{8} \div \dfrac{7}{8} = 5 \div 7 = \dfrac{5}{7}$
- $3 \div \dfrac{3}{4} = (3 \div 3) \times 4 = 4$
- $\dfrac{5}{6} \div \dfrac{3}{2} = \dfrac{5}{\underset{3}{6}} \times \dfrac{\overset{1}{2}}{3} = \dfrac{5}{9}$

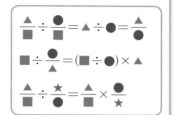

$\dfrac{\blacksquare}{\blacksquare} \div \dfrac{\bullet}{\blacksquare} = \blacktriangle \div \bullet = \dfrac{\blacktriangle}{\bullet}$

$\blacksquare \div \dfrac{\bullet}{\blacktriangle} = (\blacksquare \div \bullet) \times \blacktriangle$

$\dfrac{\blacktriangle}{\blacksquare} \div \dfrac{\bigstar}{\bullet} = \dfrac{\blacktriangle}{\blacksquare} \times \dfrac{\bullet}{\bigstar}$

(분수)÷(분수) 계산하기

대분수는 가분수로 나타내고 나눗셈을 곱셈으로 바꾼 후 나누는 분수의 분모와 분자를 바꿉니다.

2 소수의 나눗셈 63쪽

$$1.4\overline{)3.6.4} \begin{array}{r} 2.6 \\ \hline 28 \\ \hline 84 \\ 84 \\ \hline 0 \end{array}$$

자릿수가 다른 (소수)÷(소수)는 나누는 수가 자연수가 되게 하려면 나누는 수와 나누어지는 수를 똑같이 10배 또는 100배 하여 계산해야 해.

소수의 나눗셈

자릿수가 다른 소수의 나눗셈에서 몫을 쓸 때 옮긴 소수점의 위치에서 소수점을 찍어야 합니다.

3 공간과 입체 72쪽

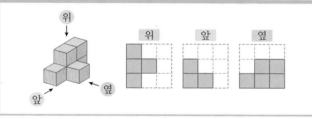

쌓은 모양을 보고 쌓기나무의 개수 알아보기

위에서 본 모양에 수를 쓰거나 층별로 사용된 쌓기나무의 수를 알아보아 전체 쌓기나무의 개수를 알 수 있습니다.

4 비례식과 비례배분 81쪽

전항 ◀ 2 : 3 ▶ 후항

① 비의 전항과 후항에 0이 아닌 같은 수를 곱하여도 비율은 같습니다.
② 비의 전항과 후항을 0이 아닌 같은 수로 나누어도 비율은 같습니다.

· 비례식

```
┌─외항─┐
1 : 2 = 2 : 4
  └내항┘
```

비례식에서 외항의 곱과 내항의 곱은 같습니다.

· 비례배분

전체를 주어진 비로 배분하는 것을 비례배분이라고 합니다.

5 원의 넓이 90쪽

· 원주와 지름의 관계

원주율은 원의 지름에 대한 원주의 비율이고 3, 3.1, 3.14 등으로 어림하여 사용해.

(원주)÷(지름)=(원주율)

원의 넓이

(원의 넓이)
=(반지름)×(반지름)×(원주율)

6 원기둥, 원뿔, 구 99쪽

· 원기둥과 원기둥의 전개도

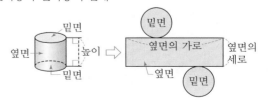

· 원뿔

· 구

1. 분수의 나눗셈

❀ (분수)÷(분수) 알아보기

(1) 분자끼리 나누어떨어지고 분모가 같을 때

예 $\dfrac{4}{7}\div\dfrac{2}{7}$의 계산

$\dfrac{4}{7}$는 $\dfrac{1}{7}$이 4개, $\dfrac{2}{7}$는 $\dfrac{1}{7}$이 2개입니다.

➡ $\dfrac{4}{7}\div\dfrac{2}{7}=4\div2=2$

(2) 분자끼리 나누어떨어지지 않고 분모가 같을 때

> 분자끼리의 나눗셈으로 바꾸어 계산합니다.
>
> $\dfrac{▲}{■}\div\dfrac{●}{■}=▲\div●=\dfrac{▲}{●}$

예 $\dfrac{7}{10}\div\dfrac{3}{10}$의 계산

$\dfrac{7}{10}$은 $\dfrac{1}{10}$이 7개, $\dfrac{3}{10}$은 $\dfrac{1}{10}$이 3개입니다.

➡ $\dfrac{7}{10}\div\dfrac{3}{10}=7\div3=\dfrac{7}{3}=2\dfrac{1}{3}$

(3) 분자끼리 나누어떨어지고 분모가 다를 때

예 $\dfrac{3}{4}\div\dfrac{1}{8}$의 계산

➡ $\dfrac{3}{4}\div\dfrac{1}{8}=\dfrac{6}{8}\div\dfrac{1}{8}=6\div1=6$

> └➤ 두 분수를 통분할 때에는 두 분모의 곱 또는 두 분모의 최소공배수를 공통분모로 하여 통분합니다.

(4) 분자끼리 나누어떨어지지 않고 분모가 다를 때

예 $\dfrac{4}{15}\div\dfrac{2}{3}$의 계산

➡ $\dfrac{4}{15}\div\dfrac{2}{3}=\dfrac{4}{15}\div\dfrac{10}{15}=4\div10$

$=\dfrac{\overset{2}{\cancel{4}}}{\underset{5}{\cancel{10}}}=\dfrac{2}{5}$

❀ (자연수)÷(분수) 알아보기

> $■\div\dfrac{●}{▲}=(■\div●)\times▲$

예 $6\div\dfrac{3}{4}$의 계산

➡ $6\div\dfrac{3}{4}=(6\div3)\times4$

$=2\times4=8$

❀ (분수)÷(분수)를 (분수)×(분수)로 나타내기

> 나눗셈을 곱셈으로 바꾸고 나누는 분수의 분모와 분자를 바꿉니다.
>
> $\dfrac{▲}{■}\div\dfrac{★}{●}=\dfrac{▲}{■}\times\dfrac{●}{★}$

예 $\dfrac{7}{9}\div\dfrac{3}{5}$의 계산

➡ $\dfrac{7}{9}\div\dfrac{3}{5}=\left(\dfrac{7}{9}\div3\right)\times5=\left(\dfrac{7}{9}\times\dfrac{1}{3}\right)\times5$

$=\dfrac{7}{9}\times\dfrac{1}{3}\times5=\dfrac{35}{27}=1\dfrac{8}{27}$

❀ (분수)÷(분수) 계산하기

(1) (가분수)÷(분수)

예 $\dfrac{8}{3}\div\dfrac{3}{4}$의 계산

➡ $\dfrac{8}{3}\div\dfrac{3}{4}=\dfrac{8}{3}\times\dfrac{4}{3}=\dfrac{32}{9}=3\dfrac{5}{9}$

> └➤ 통분하여 계산할 수도 있습니다.
>
> $\dfrac{8}{3}\div\dfrac{3}{4}=\dfrac{32}{12}\div\dfrac{9}{12}=32\div9=\dfrac{32}{9}=3\dfrac{5}{9}$

(2) (대분수)÷(분수)

> 대분수를 먼저 가분수로 바꾼 후 계산합니다.

예 $2\dfrac{4}{5}\div\dfrac{7}{8}$의 계산

➡ $2\dfrac{4}{5}\div\dfrac{7}{8}=\dfrac{14}{5}\div\dfrac{7}{8}=\dfrac{\overset{2}{\cancel{14}}}{5}\times\dfrac{8}{\underset{1}{\cancel{7}}}=\dfrac{16}{5}=3\dfrac{1}{5}$

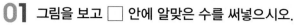
* 배점이 표시되어 있지 않은 문제는 문제당 4점입니다.

01 그림을 보고 □ 안에 알맞은 수를 써넣으시오.

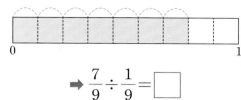

➡ $\dfrac{7}{9} \div \dfrac{1}{9} = \boxed{}$

02 □ 안에 알맞은 수를 써넣으시오.

$\dfrac{6}{7}$ 은 $\dfrac{1}{7}$ 이 $\boxed{}$ 개이고

$\dfrac{3}{7}$ 은 $\dfrac{1}{7}$ 이 $\boxed{}$ 개이므로

$\dfrac{6}{7} \div \dfrac{3}{7} = \boxed{}$ 입니다.

03 □ 안에 알맞은 수를 써넣으시오.

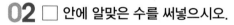 $\dfrac{3}{8} \div \dfrac{2}{5} = \dfrac{\boxed{}}{40} \div \dfrac{\boxed{}}{40}$

$= \boxed{} \div \boxed{} = \dfrac{\boxed{}}{\boxed{}}$

04 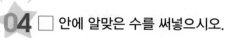 □ 안에 알맞은 수를 써넣으시오.

중요!

$8 \div \dfrac{2}{3} = (8 \div \boxed{}) \times \boxed{}$

$= \boxed{} \times \boxed{} = \boxed{}$

05 계산을 하시오.

(1) $\dfrac{9}{16} \div \dfrac{3}{4}$

(2) $1\dfrac{3}{7} \div \dfrac{2}{3}$

06 빈 곳에 알맞은 수를 써넣으시오.

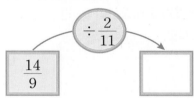

$\dfrac{14}{9}$ ÷ $\dfrac{2}{11}$

07 계산 결과가 가장 작은 것에 ◯표 하시오.

$\dfrac{3}{4} \div \dfrac{1}{4}$ $\dfrac{5}{6} \div \dfrac{1}{6}$ $\dfrac{4}{9} \div \dfrac{1}{9}$

(   )   (   )   (   )

08 계산 결과를 찾아 이으시오.

(1) $\dfrac{9}{10} \div \dfrac{3}{10}$ •   • ㉠ 3

(2) $\dfrac{10}{13} \div \dfrac{2}{13}$ •   • ㉡ 4

(3) $\dfrac{16}{17} \div \dfrac{4}{17}$ •   • ㉢ 5

09 보기 와 같은 방법으로 계산하시오.

보기
$$\dfrac{4}{7} \div \dfrac{3}{4} = \dfrac{16}{28} \div \dfrac{21}{28} = 16 \div 21 = \dfrac{16}{21}$$

$\dfrac{7}{9} \div \dfrac{4}{5}$

10 계산 결과를 비교하여 ○ 안에 >, =, <를 알맞게 써넣으시오.

$$6 \div \dfrac{4}{5} \bigcirc 9 \div \dfrac{6}{7}$$

서술형·논술형 문제 ✏

11 계산이 잘못된 이유를 쓰고 바르게 고쳐 계산하시오.
중요!
[6점]

$$2\dfrac{2}{3} \div \dfrac{4}{5} = 2\dfrac{2}{3} \times \dfrac{5}{\overset{1}{\cancel{4}}_{2}} = 2\dfrac{5}{6}$$

이유 _____

$2\dfrac{2}{3} \div \dfrac{4}{5}$

12 ㉠에 알맞은 수를 구하시오.

$$㉠ \times \dfrac{9}{19} = \dfrac{18}{19}$$

(   )

13 밑변의 길이가 $\dfrac{5}{8}$ m인 평행사변형의 넓이가 $1\dfrac{1}{16}$ m^{2}입니다. 이 평행사변형의 높이는 몇 m입니까?

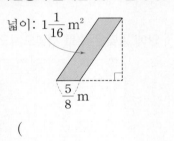

넓이: $1\dfrac{1}{16}$ m^2

$\dfrac{5}{8}$ m

(   )

서술형·논술형 문제 ✏

14 $21 \div \dfrac{3}{8}$을 계산하는 과정입니다. ㉠, ㉡에 알맞은 수의 합을 구하는 풀이 과정을 쓰고 답을 구하시오. [6점]

$$21 \div \dfrac{3}{8} = (21 \div 3) \times ㉠ = ㉡$$

풀이 _____

_____

_____

답 _____

15 계산 결과가 1보다 큰 것을 찾아 기호를 쓰시오.

$$\bigcirc \; \frac{5}{8} \div \frac{3}{4} \qquad \qquad \bigcirc \; \frac{6}{7} \div \frac{8}{9}$$

$$\bigcirc \; \frac{9}{10} \div \frac{3}{5} \qquad \qquad \textcircled{e} \; \frac{5}{9} \div \frac{5}{6}$$

( )

16 가분수를 진분수로 나눈 몫을 구하시오.

$$\frac{9}{10} \qquad 1\frac{5}{7} \qquad \frac{25}{8} \qquad 4\frac{1}{3}$$

( )

17 참기름 $\frac{12}{13}$ L를 병 한 개에 $\frac{4}{13}$ L씩 똑같이 나누어 담으려고 합니다. 병 몇 개에 나누어 담을 수 있습니까?

( )

18 1부터 9까지의 자연수 중에서 ☐ 안에 들어갈 수 있는 수를 모두 구하시오. [8점]

$$\boxed{\; \square < \frac{6}{7} \div \frac{2}{9} \;}$$

( )

19 $2\frac{14}{15}$ kg의 밀가루가 있습니다. 빵 한 개를 만드는 데 $\frac{8}{15}$ kg의 밀가루를 사용한다면 빵을 모두 몇 개까지 만들 수 있습니까? [10점]

( )

서술형·논술형 문제 ✏

20 어떤 수를 $\frac{2}{3}$ 로 나누어야 할 것을 잘못하여 곱했더니 $\frac{1}{2}$ 이 되었습니다. 바르게 계산한 값은 얼마인지 풀이 과정을 쓰고 답을 구하시오. [10점]

풀이 _____

_____

_____

답 _____

점수

정답 ○ 꼼꼼 풀이집 12쪽

* 배점이 표시되어 있지 않은 문제는 문제당 **4점**입니다.

01 □ 안에 알맞은 수를 써넣으시오.

$$\frac{6}{7} \div \frac{5}{7} = \boxed{} \div \boxed{} = \frac{\boxed{}}{\boxed{}} = \boxed{} \frac{\boxed{}}{\boxed{}}$$

02 빈 곳에 알맞은 수를 써넣으시오.

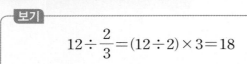

03 보기와 같은 방법으로 계산하시오.

보기

$$12 \div \frac{2}{3} = (12 \div 2) \times 3 = 18$$

(1) $10 \div \frac{5}{9}$

(2) $14 \div \frac{7}{11}$

04 계산을 하시오.

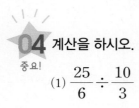

중요!

(1) $\frac{25}{6} \div \frac{10}{3}$

(2) $2\frac{4}{7} \div \frac{9}{14}$

05 계산이 <u>잘못된</u> 것은 어느 것입니까? (   )

① $\frac{5}{8} \div \frac{3}{8} = 1\frac{2}{3}$

② $\frac{9}{13} \div \frac{2}{13} = 4\frac{1}{2}$

③ $\frac{6}{11} \div \frac{3}{11} = 2$

④ $\frac{6}{7} \div \frac{5}{7} = 1\frac{1}{7}$

⑤ $\frac{7}{17} \div \frac{6}{17} = 1\frac{1}{6}$

06 계산 결과가 작은 것부터 차례로 기호를 쓰시오.

| ㉠ $10 \div \frac{4}{5}$ ㉡ $8 \div \frac{2}{3}$ ㉢ $6 \div \frac{2}{9}$ |

(   )

07 ㉠+㉡의 값을 구하시오.

$$\frac{8}{15} \div \frac{5}{9} = \frac{8}{15} \times \frac{9}{㉠} = \frac{㉡}{25}$$

(   )

08 ㉮ 바구니의 무게는 ㉯ 바구니의 무게의 몇 배입니까?

㉮ $\frac{6}{7}$ kg ㉯ $\frac{3}{4}$ kg

( )

서술형·논술형 문제

09 $\frac{17}{4} \div \frac{5}{8}$ 를 두 가지 방법으로 계산해 보시오. [6점]

중요!

방법 1

방법 2

10 빈 곳에 알맞은 수를 써넣으시오.

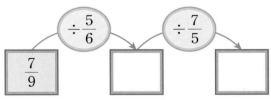

11 □ 안에 알맞은 수를 구하시오.

$$\frac{15}{17} \div \frac{\square}{17} = 5$$

( )

12 ㉠은 ㉡의 몇 배입니까?

㉠ $9 \div \frac{9}{16}$ ㉡ $\frac{4}{11}$

( )

13 잘못 계산한 곳을 찾아 바르게 계산하시오.

$$\frac{9}{13} \div \frac{3}{4} = 9 \div 3 = 3$$

바른 계산 _____

14 길이가 $5\frac{1}{3}$ m인 막대를 $\frac{4}{9}$ m씩 자르면 몇 도막이 됩니까?

( )

15 집에서 공원까지의 거리는 $\dfrac{5}{6}$ km이고 집에서 학교까지의 거리는 $\dfrac{35}{18}$ km입니다. 집에서 학교까지의 거리는 집에서 공원까지의 거리의 몇 배입니까?

(   )

16 도형의 넓이가 다음과 같을 때 □ 안에 알맞은 수를 구하시오.

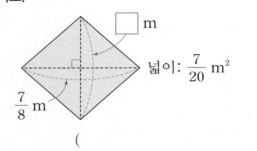

넓이: $\dfrac{7}{20}$ m²

$\dfrac{7}{8}$ m

(   )

서술형·논술형 문제

17 2 kg짜리 꿀 3통을 한 사람에게 $\dfrac{6}{13}$ kg씩 나누어 주려고 합니다. 모두 몇 명에게 나누어 줄 수 있는지 풀이 과정을 쓰고 답을 구하시오. [10점]

풀이 _____

_____

_____

_____

답 _____

서술형·논술형 문제

18 다음 분수 중에서 가장 작은 수를 가장 큰 수로 나누면 얼마인지 풀이 과정을 쓰고 답을 구하시오. [10점]

$\dfrac{1}{2}$	$\dfrac{7}{10}$	$\dfrac{3}{20}$	$\dfrac{4}{5}$

풀이 _____

_____

_____

_____

답 _____

19 □ 안에 들어갈 수 있는 자연수는 모두 몇 개입니까? [6점]

$$4 \div \dfrac{4}{5} < \square < 9 \div \dfrac{2}{3}$$

(   )

20 수 카드 1, 7, 8 을 □ 안에 한 번씩만 써넣어 계산 결과가 가장 큰 나눗셈을 만들려고 합니다. 만든 나눗셈의 몫을 구하시오. [8점]

중요!

$$\dfrac{\square\ \square}{\square} \div \dfrac{3}{10}$$

(   )

1 넓이가 $2\frac{1}{2}$ m²인 직사각형이 있습니다. 이 직사각형의 가로는 몇 m인지 풀이 과정을 완성하고 답을 구하시오. [6점]

$\frac{5}{7}$ m

풀이 (가로)＝(직사각형의 넓이)÷(□)

$$=2\frac{1}{2}÷\frac{□}{□}$$

$$=\frac{□}{2}÷\frac{□}{□}=\frac{□}{2}×\frac{□}{□}$$

$$=\frac{□}{2}=□\ (m)$$

답 _____

2 물이 $\frac{5}{17}$ L 들어 있는 물통에 물을 $\frac{11}{17}$ L 더 부었습니다. 이 물통의 물을 한 병에 $\frac{4}{17}$ L씩 나누어 담으면 모두 몇 병이 되는지 풀이 과정을 쓰고 답을 구하시오. [10점]

풀이 _____

_____

_____

답 _____

3 대화를 읽고 물음에 답하시오. [총 19점]

(1) 소금 1 kg의 가격은 얼마인지 식을 쓰고 답을 구하시오. [5점]

식 _____

답 _____

(2) 소금 2 kg의 가격은 얼마입니까? [3점]
(   )

(3) 설탕 1 kg의 가격은 얼마인지 식을 쓰고 답을 구하시오. [5점]

식 _____

답 _____

(4) 설탕 3 kg의 가격은 얼마입니까? [3점]
(   )

(5) ㉠에 알맞은 수를 구하시오. [3점]
(   )

1 돼지고기 한 근은 $\frac{3}{5}$ kg입니다. 어머니께서 삼겹살 $1\frac{1}{4}$ kg과 목살 $1\frac{3}{4}$ kg을 사 오셨습니다. 어머니께서 사 오신 돼지고기는 모두 몇 근인지 풀이 과정을 쓰고 답을 구하시오. (단, 삼겹살과 목살은 모두 돼지고기입니다.) [6점]

풀이 _____

_____

_____

_____

답 _____

2 나눗셈의 계산 결과가 자연수가 되게 하려고 합니다. □ 안에 들어갈 수 있는 자연수는 모두 몇 개인지 풀이 과정을 쓰고 답을 구하시오. [10점]

$$\frac{1}{2} \div \frac{\square}{12}$$

풀이 _____

_____

_____

_____

답 _____

3 수를 보고 물음에 답하시오. [총 16점]

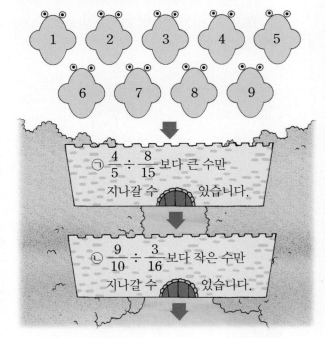

ㄱ $\frac{4}{5} \div \frac{8}{15}$ 보다 큰 수만 지나갈 수 있습니다.

ㄴ $\frac{9}{10} \div \frac{3}{16}$ 보다 작은 수만 지나갈 수 있습니다.

(1) ㄱ 문을 통과할 수 있는 수를 모두 쓰시오. [5점]

(   )

(2) ㄱ 문을 통과한 수 중에서 ㄴ 문을 통과할 수 있는 수를 모두 쓰시오. [5점]

(   )

(3) ㄴ 문을 통과한 수를 한 번씩만 사용하여 만들 수 있는 가장 큰 대분수를 $\frac{3}{4}$으로 나누면 얼마인지 식을 쓰고 답을 구하시오. [6점]

식 _____

답 _____

2. 소수의 나눗셈

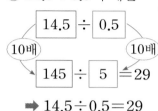

◉ 자연수의 나눗셈을 이용한 (소수)÷(소수)

(소수)÷(소수)에서는 나누는 수와 나누어지는 수를 똑같이 10배 또는 100배 하여 (자연수)÷(자연수)로 계산합니다.

예 14.5÷0.5의 계산

$14.5 \div 0.5$
10배 ↓ ↓ 10배
$145 \div 5 = 29$

➡ 14.5÷0.5=29

예 1.45÷0.05의 계산

$1.45 \div 0.05$
100배 ↓ ↓ 100배
$145 \div 5 = 29$

➡ 1.45÷0.05=29

◉ 자릿수가 같은 (소수)÷(소수)

예 1.04÷0.13의 계산

방법 1 분수의 나눗셈으로 바꾸어 계산하기

$$1.04 \div 0.13 = \frac{104}{100} \div \frac{13}{100} = 104 \div 13 = 8$$

방법 2 세로로 계산하기

$0.13\,)\,1.04$ ➡ $13\,)\,104$

나누는 수와 나누어지는 수의 소수점을 똑같이 옮겨 계산해야 합니다.

◉ 자릿수가 다른 (소수)÷(소수)

자릿수가 다른 (소수)÷(소수)는 나누는 수 또는 나누어지는 수가 자연수가 되도록 나누는 수와 나누어지는 수를 똑같이 10배 또는 100배 하여 계산합니다.

예 5.76÷1.8의 계산

10배
$5.76 \div 1.8 = 3.2$ $57.6 \div 18 = 3.2$
10배

$1.8\,)\,5.76$ ➡ $18\,)\,57.6$

몫을 쓸 때 옮긴 소수점의 위치에 소수점을 찍어야 합니다.

◉ (자연수)÷(소수)

예 84÷2.4의 계산

방법 1 분수의 나눗셈으로 바꾸어 계산하기

$$84 \div 2.4 = \frac{840}{10} \div \frac{24}{10} = 840 \div 24 = 35$$

방법 2 세로로 계산하기

$2.4\,)\,84.0$ ➡ $24\,)\,840$

◉ 몫을 반올림하여 나타내기

나눗셈에서 몫이 간단한 소수로 구해지지 않을 경우 몫을 반올림하여 나타냅니다.

예 3.74÷0.9의 몫을 반올림하여 나타내기

$0.9\,)\,3.7400$ (몫 4.155)

① 몫을 반올림하여 자연수로 나타내면 4입니다.
② 몫을 반올림하여 소수 첫째 자리까지 나타내면 4.2입니다.
③ 몫을 반올림하여 소수 둘째 자리까지 나타내면 4.16입니다.

◉ 나누어 주고 남는 양 알아보기

예 우유 4.3 L를 한 사람에게 2 L씩 나누어 줄 때 나누어 줄 수 있는 사람 수와 남는 우유의 양 구하기

방법 1 덜어 내어 계산하기

$4.3 - 2 - 2 = 0.3$

➡ 4.3에서 2를 2번 빼면 0.3이 남으므로 2명에게 나누어 주고 남는 우유는 0.3 L입니다.

방법 2 나눗셈의 몫을 자연수까지만 계산하기

$2\,)\,4.3$ (몫 2, 나머지 0.3)

나누어 줄 수 있는 사람 수: 2명
남는 우유의 양: 0.3 L

* 배점이 표시되어 있지 않은 문제는 문제당 **4점**입니다.

01 설명을 읽고 ☐ 안에 알맞은 수를 써넣으시오.

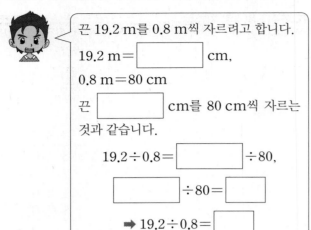

끈 19.2 m를 0.8 m씩 자르려고 합니다.

19.2 m = ☐ cm,

0.8 m = 80 cm

끈 ☐ cm를 80 cm씩 자르는
것과 같습니다.

$19.2 \div 0.8 = $ ☐ $\div 80$,

☐ $\div 80 = $ ☐

➡ $19.2 \div 0.8 = $ ☐

02 ☐ 안에 알맞은 수를 써넣으시오.

$$4.2 \div 0.6 = \frac{\boxed{}}{10} \div \frac{\boxed{}}{10}$$

$$= \boxed{} \div \boxed{} = \boxed{}$$

03 나눗셈의 몫을 찾아 이으시오.

(1) $41.6 \div 0.8$ •

(2) $23.5 \div 0.5$ •

• ㉠ 47

• ㉡ 51

• ㉢ 52

04 계산을 하시오.

(1)
$$1.4\,)\overline{\,7\,}$$

(2)
$$1.7\,)\overline{\,5\,0.1\,5\,}$$

05 ☐ 안에 알맞은 수를 써넣으시오.

중요!

$99 \div 2.75 = $ ☐

$99 \div 27.5 = $ ☐

$99 \div 275 = $ ☐

06 빈 곳에 알맞은 수를 써넣으시오.

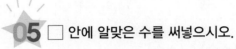

÷		
138	0.46	
28	1.12	

07 멜론의 무게는 참외의 무게의 몇 배입니까?

멜론: 2.22 kg   참외: 0.3 kg

(   )

08 나누어지는 수, 나누는 수, 몫의 관계에 대해 <u>잘못</u> 말한 학생의 이름을 쓰시오.

성연
나누어지는 수가 같을 때 나누는 수가 10배, 100배가 되면 몫은 10배, 100배가 돼.

재민
나누는 수가 같을 때 나누어지는 수가 $\frac{1}{10}$배, $\frac{1}{100}$배가 되면 몫은 $\frac{1}{10}$배, $\frac{1}{100}$배가 돼.

( )

09 몫을 반올림하여 소수 첫째 자리까지 바르게 나타낸 것은 어느 것입니까? ( )

$$39.8 \div 7$$

① 5.5 ② 5.6 ③ 5.7
④ 5.8 ⑤ 5.9

10 ㉮ 끈의 길이는 ㉯ 끈의 길이의 몇 배입니까?

㉮  7.15 m

㉯ 〰〰 0.65 m

( )

11 몫이 가장 큰 것을 찾아 기호를 쓰시오.

㉠ 62÷0.5 ㉡ 42÷0.35 ㉢ 12÷0.15

( )

12 옥수수 33.7 kg을 한 사람에게 5 kg씩 나누어 주려고 합니다. 나누어 줄 수 있는 사람 수와 남는 옥수수 양을 계산한 것을 보고 <u>잘못</u> 계산한 곳을 찾아 바르게 계산하시오.

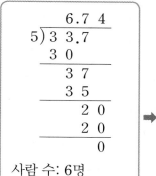

사람 수: 6명
남는 옥수수 양:
  0.74 kg

사람 수: ( )
남는 옥수수 양:
( )

서술형·논술형 문제

13 ㉠을 ㉡으로 나눈 몫은 얼마인지 풀이 과정을 쓰고 답을 구하시오. [6점]

㉠ 8505를 $\frac{1}{100}$배 한 수
㉡ 3.15를 10배 한 수

풀이 _____

_____

_____

_____

답 _____

14 □ 안에 알맞은 수를 써넣으시오.

$$\boxed{} \times 5.32 = 388.36$$

15 넓이가 11.28 m²인 직사각형 모양의 밭이 있습니다. 이 밭의 가로가 4.7 m일 때 세로는 몇 m인지 식을 쓰고 답을 구하시오. [6점]

식 _____

답 _____

16 4장의 수 카드 중 2장을 골라 한 번씩만 사용하여 만들 수 있는 소수 한 자리 수 중에서 가장 큰 소수 한 자리 수를 가장 작은 소수 한 자리 수로 나눈 몫을 구하시오.

| 2 | 4 | 8 | 1 |

(_____)

17 어떤 수를 2.4로 나누어야 할 것을 잘못하여 곱하였더니 86.4가 되었습니다. 바르게 계산하면 얼마입니까?

(_____)

18 무게가 0.8 kg인 빈 상자에 무게가 같은 사과 9개를 담았더니 4.1 kg이 되었습니다. 사과 한 개의 무게는 몇 kg인지 반올림하여 소수 둘째 자리까지 나타내시오. [8점]

(_____)

19 정사각형의 둘레는 정삼각형의 둘레의 몇 배인지 반올림하여 소수 첫째 자리까지 나타내려고 합니다. 풀이 과정을 쓰고 답을 구하시오. [10점]

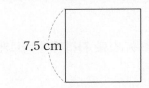

7.5 cm   5.6 cm

풀이 _____

_____

_____

답 _____

20 핫케이크를 한 개 만드는 데 버터가 8 g 필요합니다. 버터 147.6 g으로 남김없이 핫케이크를 만들려면 버터는 적어도 몇 g 더 필요합니까? [10점]

(_____)

* 배점이 표시되어 있지 않은 문제는 문제당 4점입니다.

01 63.7÷0.7과 몫이 같은 나눗셈은 어느 것입니까?

( )

① 0.637÷0.07 ② 63.7÷0.07

③ 6.37÷7 ④ 637÷7

⑤ 63.7÷7

02 소수의 나눗셈을 자연수의 나눗셈을 이용하여 계산하려고 합니다. □ 안에 알맞은 수를 써넣으시오.

7.68÷0.64

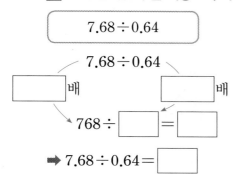

03 □ 안에 알맞은 수를 써넣으시오.

```
          1.□
  2 8.2 ) 4 7.9 4
          □□□□
          1 9 7 4
          □□□□
              0
```

04 잘못된 곳을 찾아 바르게 고치시오. 중요!

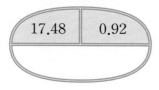

```
          1.2
  1.5 ) 1 8.0
        1 5
        3 0
        3 0
          0
```
➡ 1.5) 1 8

05 큰 수를 작은 수로 나누어 몫을 빈 곳에 써넣으시오.

17.48	0.92

06 소수 두 자리 수를 소수 한 자리 수로 나눈 몫을 구하시오.

13.63	4.7

( )

07 계산 결과를 비교하여 ○ 안에 >, =, <를 알맞게 써넣으시오.

10.44÷0.36 ○ 16.8÷0.6

08 몫을 반올림하여 소수 첫째 자리까지 구하시오.

$$1.9 \overline{)6.7\ 8}$$

(   )

09 넓이가 9.12 cm²인 평행사변형이 있습니다. 이 평행사변형의 밑변의 길이가 3.8 cm일 때, ☐ 안에 알맞은 수를 구하시오.

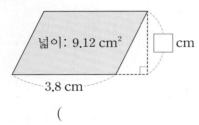

(   )

10 빈 곳에 알맞은 수를 써넣으시오.

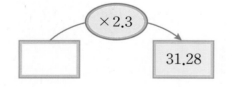

11 두 나눗셈의 몫의 합을 구하시오.

$$18 \div 2.25 \qquad 24 \div 1.5$$

(   )

서술형·논술형 문제 ✏

12 왜 16.8÷2.4=7인지 두 가지 방법으로 설명하시오.
[6점]

방법 1

방법 2

13 유민이는 둘레가 3.01 m인 둥근 화단에 유민이의 설명과 같이 화분을 놓으려고 합니다. 화분은 모두 몇 개 필요합니까? (   )

이 화단 둘레에 0.43 m마다 화분을 놓을 거야.

유민

① 5개   ② 6개   ③ 7개
④ 8개   ⑤ 9개

서술형·논술형 문제 ✏

14 1846 kg까지 들어 올릴 수 있는 크레인이 있습니다. 이 크레인으로 28.4 kg인 상자를 몇 개까지 들어 올릴 수 있는지 식을 쓰고 답을 구하시오. [6점]

식 _____

답 _____

15 과일 상자 하나를 포장하는 데 2 m의 끈이 사용됩니다. 끈 175.8 m로 과일 상자를 몇 개까지 포장할 수 있습니까? 그리고 남는 끈은 몇 m입니까?

(   ), (   )

16 몫의 소수 아홉째 자리 숫자는 얼마입니까?

$$3.2 \div 6$$

(   )

17 다음 나눗셈식을 보고 지윤이와 경호가 구한 수를 각각 구하시오.

$$68.2 \div 6.5$$

나는 몫을 반올림하여 소수 셋째 자리까지 구했어.

지윤

나는 몫을 반올림하여 소수 둘째 자리까지 나타냈어.

경호

지윤 (   )

경호 (   )

18 넓이가 13.8 cm²인 삼각형이 있습니다. 이 삼각형의 밑변의 길이가 9.2 cm일 때 높이는 몇 cm입니까?

[8점]

(   )

서술형·논술형 **문제**

19 마라톤 선수가 23.5 km를 달리는 데 1시간 30분이 걸렸습니다. 이 선수가 1시간 동안 달린 평균 거리는 몇 km인지 반올림하여 소수 첫째 자리까지 나타내는 풀이 과정을 쓰고 답을 구하시오. [10점]

풀이 _____

_____

_____

답 _____

20 한 병에 1.8 L씩 들어 있는 주스가 4병 있습니다. 이 주스를 한 사람에게 500 mL씩 나누어 준다면 몇 명까지 나누어 줄 수 있고, 남는 주스는 몇 L입니까?

[10점]

(   ), (   )

1 혜진이와 은수는 털실을 각각 20.4 m씩 가지고 있습니다. 혜진이는 털실을 0.4 m씩, 은수는 0.3 m씩 잘랐습니다. 자른 털실 조각은 누가 몇 개 더 많은지 풀이 과정을 완성하고 답을 구하시오. [6점]

풀이 (혜진이가 자른 털실 조각 수)

$= 20.4 \div \boxed{} = \boxed{}$(개)

(은수가 자른 털실 조각 수)

$= 20.4 \div \boxed{} = \boxed{}$(개)

따라서 (혜진 , 은수)(이)가 자른 털실 조각이

$\boxed{}$ 개 더 많습니다.

답 _____ , _____

2 두께가 일정한 철근 2 m 37 cm의 무게는 32.68 kg 입니다. 철근 1 m의 무게는 몇 kg인지 반올림하여 소수 첫째 자리까지 나타내는 풀이 과정을 쓰고 답을 구하시오. [8점]

풀이 _____

_____

_____

_____

답 _____

3 대화를 읽고 물음에 답하시오. [총 14점]

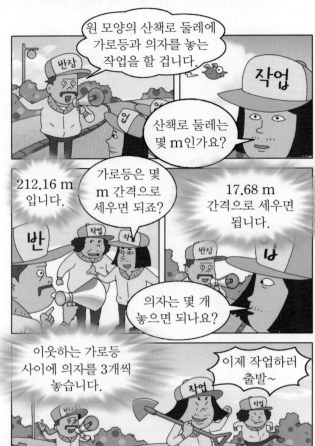

(1) 산책로의 둘레에 세우는 가로등은 몇 개인지 식을 쓰고 답을 구하시오. [6점]

식 _____

답 _____

(2) 가로등 사이의 간격은 모두 몇 군데입니까?
[4점]

(   )

(3) 이웃하는 가로등 사이에 의자를 3개씩 놓으려면 의자는 모두 몇 개 필요합니까? [4점]

(   )

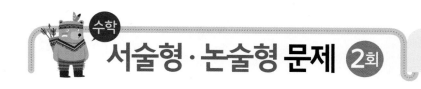

1 나눗셈의 몫을 반올림하여 소수 첫째 자리까지 나타낸 수와 몫을 반올림하여 소수 둘째 자리까지 나타낸 수의 차를 구하는 풀이 과정을 쓰고 답을 구하시오. [6점]

$$50.3 \div 1.9$$

풀이 _____

_____

_____

답 _____

2 둘레가 11.6 cm인 직사각형이 있습니다. 이 직사각형의 세로는 가로보다 1.84 cm 더 깁니다. 이 직사각형의 세로는 몇 cm인지 풀이 과정을 쓰고 답을 구하시오. [8점]

풀이 _____

_____

_____

답 _____

3 대화를 읽고 물음에 답하시오. [총 16점]

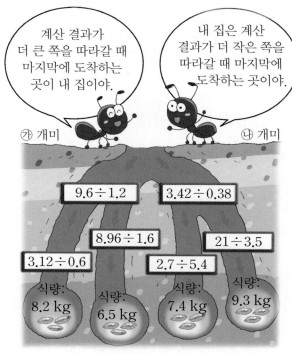

(1) 계산을 하시오. [6점]

① $9.6 \div 1.2$

② $3.42 \div 0.38$

③ $3.12 \div 0.6$

④ $8.96 \div 1.6$

⑤ $2.7 \div 5.4$

⑥ $21 \div 3.5$

(2) ㉮ 개미의 집에 있는 식량은 ㉯ 개미의 집에 있는 식량의 몇 배인지 반올림하여 소수 첫째 자리까지 나타내는 풀이 과정을 쓰고 답을 구하시오. [10점]

풀이 _____

_____

_____

답 _____

3. 공간과 입체

✸ 어느 방향에서 본 것인지 알아보기

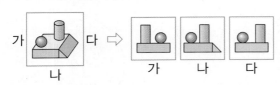

사진에서 보이는 물체의 위치를 이용하여 사진을 찍은 방향을 알 수 있습니다.

✸ 쌓은 모양과 쌓기나무의 개수 알아보기 (1)

(1) 쌓기나무로 쌓은 모양과 위에서 본 모양을 보고 쌓은 모양 추측하기

(예)

위에서 본 모양

┌→ ㉠ 자리에 있는 쌓기나무
뒤에 숨겨진 쌓기나무는 1개 또는 2개이므로 똑같은 모양으로 쌓는 데 필요한 쌓기나무는 10개 또는 11개입니다.

(2) 쌓기나무로 쌓은 모양을 보고 위, 앞, 옆에서 본 모양 그리기

(예)

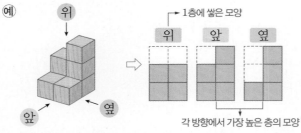

(3) 위, 앞, 옆에서 본 모양을 보고 쌓기나무의 개수 구하기

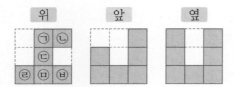

┌ 앞에서 본 모양에서 ㉠, ㉢, ㉤ 부분에 쌓은 쌓기나무는 1개, ㉣ 부분에 쌓은 쌓기나무는 2개입니다.
└ 앞, 옆에서 본 모양에서 ㉡, ㉥ 부분에 쌓은 쌓기나무는 3개입니다.

(쌓기나무의 개수)=1+3+1+2+1+3=11(개)

✸ 쌓은 모양과 쌓기나무의 개수 알아보기 (2)

(1) 쌓기나무로 쌓은 모양을 위에서 본 모양에 수를 써서 필요한 쌓기나무의 개수 알아보기

(예)

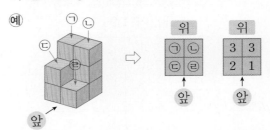

각 자리에 쌓은 쌓기나무 개수를 모두 더하면 똑같은 모양으로 쌓는 데 필요한 쌓기나무는 3+3+2+1=9(개)입니다.

(2) 층별로 사용한 쌓기나무의 개수를 구하여 필요한 쌓기나무의 개수 알아보기

(예)

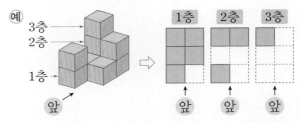

각 층에 사용된 쌓기나무는 1층에 5개, 2층에 3개, 3층에 1개이므로 똑같은 모양으로 쌓는 데 필요한 쌓기나무는 5+3+1=9(개)입니다.

✸ 여러 가지 모양 만들기

(1) 만들 수 있는 서로 다른 모양 찾기

(예) 쌓기나무 3개로 만들 수 있는 서로 다른 모양 알아보기

 모양에 쌓기나무 1개를 더 붙여서 만들기

(2) 두 모양을 사용하여 새로운 모양 만들기

(예)

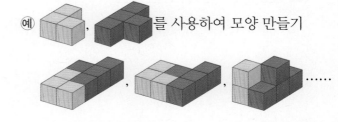 를 사용하여 모양 만들기

* 배점이 표시되어 있지 않은 문제는 문제당 4점입니다.

[01~02] 피겨 스케이팅 공연을 촬영하고 있습니다. 물음에 답하시오.

01 ①번 카메라로 찍은 사진을 찾아 ○표 하시오.

(   ) (   )

02 다음 장면은 몇 번 카메라에서 찍은 사진입니까?

(   )

03 쌓기나무로 쌓은 모양을 보고 위에서 본 모양의 각 자리에 기호를 붙인 것입니다. □ 안에 알맞은 수를 써넣으시오.

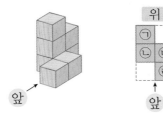

각 자리에 쌓은 쌓기나무는 ㉠ □개, ㉡ □개,

㉢ □개, ㉣ □개이므로 똑같은 모양으로 쌓

는 데 필요한 쌓기나무는 □개입니다.

04 모양에 쌓기나무 1개를 붙여서 만들 수 없는 모양을 찾아 기호를 쓰시오.

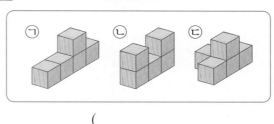

(   )

05 쌓기나무 8개로 쌓은 모양입니다. 위에서 본 모양을 그려 보시오.

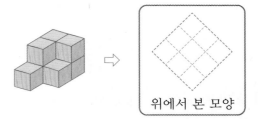

[06~07] 오른쪽 그림은 쌓기나무로 쌓은 모양을 보고 위에서 본 모양에 수를 쓴 것입니다. 보기 에서 □ 안에 알맞은 말을 찾아 써넣으시오.

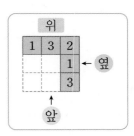

보기
위   앞   옆

06

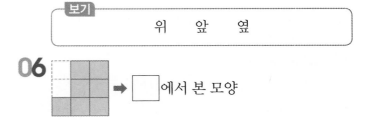 ➡ □에서 본 모양

07

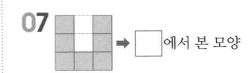 ➡ □에서 본 모양

[08~09] 쌓기나무 모양을 보고 물음에 답하시오.

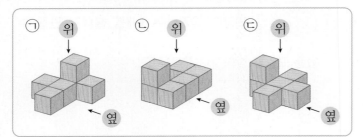

08 위에서 본 모양이 오른쪽과 같은 것을 찾아 기호를 쓰시오.

(   )

09 옆에서 본 모양이 오른쪽과 같은 것을 찾아 기호를 쓰시오.

(   )

10 쌓기나무로 쌓은 모양을 보고 위에서 본 모양을 그렸습니다. 관계있는 것끼리 이어 보시오.

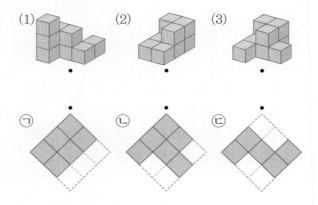

11 유리와 친구들이 조각상을 여러 방향에서 찍었습니다. 오른쪽 사진을 찍은 사람은 누구인지 찾아 쓰시오.

(   )

12 쌓기나무 5개로 만든 모양입니다. 같은 모양을 찾아 기호를 쓰시오.

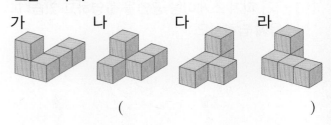

(   )

13 오른쪽 모양을 만들기 위해 사용한 두 가지 모양을 찾아 기호를 쓰시오.

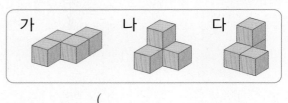

(   )

서술형·논술형 문제

14 쌓기나무로 쌓은 모양과 위에서 본 모양입니다. 사용한 쌓기나무의 개수가 더 많은 모양의 기호를 쓰려고 합니다. 풀이 과정을 쓰고 답을 구하시오. [6점]

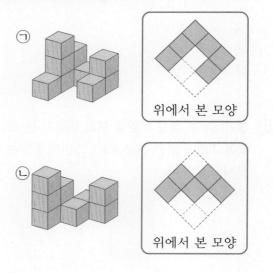

위에서 본 모양

위에서 본 모양

풀이 _____

_____

_____

답 _____

15 쌓기나무로 쌓은 모양을 층별로 나타낸 모양입니다. 앞에서 본 모양을 그려 보시오.

중요!

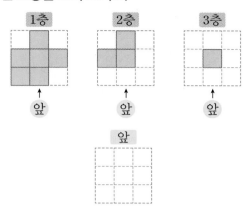

16 왼쪽 그림은 쌓기나무 15개로 쌓은 모양을 위에서 본 모양이고 일부분이 가려져 있습니다. 앞에서 본 모양을 그려 보시오.

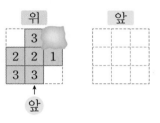

서술형·논술형 문제

17 쌓기나무가 20개 있습니다. 다음 모양을 만들고 남은 쌓기나무는 몇 개인지 풀이 과정을 쓰고 답을 구하시오. [8점]

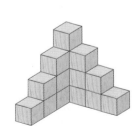

위에서 본 모양

풀이 _____

_____

_____

답 _____

서술형·논술형 문제

18 쌓기나무 4개로 만들 수 있는 서로 다른 모양은 모두 몇 가지인지 풀이 과정을 쓰고 답을 구하시오. [10점]

풀이 _____

_____

_____

_____

_____

답 _____

[19~20] 한 모서리의 길이가 1 cm인 정육면체 모양의 쌓기나무 6개를 쌓아 만든 모양을 보고 물음에 답하시오.

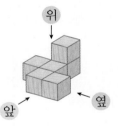

19 위, 앞, 옆에서 본 모양을 각각 그려 보시오. [6점]

중요!

위   앞   옆

20 이 모양의 겉넓이는 몇 cm^2입니까? [10점]

(   )

* 배점이 표시되어 있지 않은 문제는 문제당 4점입니다.

01 하늘 초등학교를 여러 방향에서 찍은 사진입니다. 각각 어느 방향에서 찍은 사진인지 기호를 쓰시오.

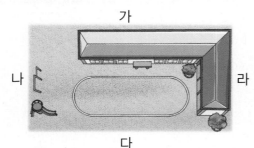

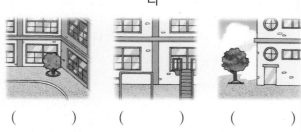

(   ) (   ) (   )

02 ㉠ 자리에 쌓인 쌓기나무는 몇 개입니까?

중요!

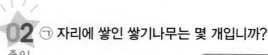

위에서 본 모양

(   )

03 왼쪽 모양을 위에서 내려다본 모양에 ○표 하시오.

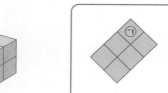

(   ) (   )

[04~05] 똑같은 모양을 만들기 위해 필요한 쌓기나무는 몇 개인지 구하시오.

04

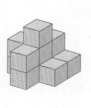

위에서 본 모양

(   )

05

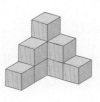

위에서 본 모양

(   )

06 쌓기나무로 쌓은 모양에서 1층에 쌓인 쌓기나무는 2층에 쌓인 쌓기나무보다 몇 개 더 많습니까? (   )

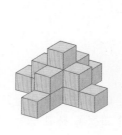

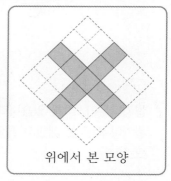

위에서 본 모양

① 2개   ② 3개   ③ 4개
④ 5개   ⑤ 6개

07 위에서 본 모양에 쓴 수만큼 각 자리에 쌓기나무를 쌓으려고 합니다. 오른쪽 쌓기나무 모양에서 쌓기나무가 더 필요한 곳을 찾아 기호를 쓰시오.

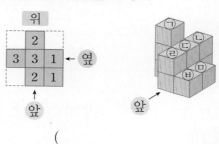

(   )

[08~09] 쌓기나무 9개를 쌓아 오른쪽 그림과 같이 만들었습니다. 물음에 답하시오.

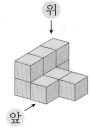

08 위에서 본 모양을 그려 보시오.

위

← 옆

↑
앞

09 앞에서 본 모양을 그려 보시오.

앞

10 오른쪽은 쌓기나무로 쌓은 모양을 보고 위에서 본 모양에 수를 쓴 것입니다. 쌓기나무를 쌓은 모양을 찾아 기호를 쓰시오.

위

2	1
2	1
1	

↑
앞

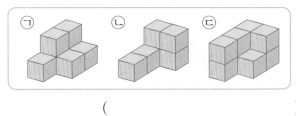

( )

11 쌓기나무로 쌓은 모양을 보고 위에서 본 모양에 수를 썼습니다. 3층에 쌓인 쌓기나무는 모두 몇 개입니까?

( )

12 주어진 두 모양을 사용하여 만들 수 <u>없는</u> 모양에 ○표 하시오.

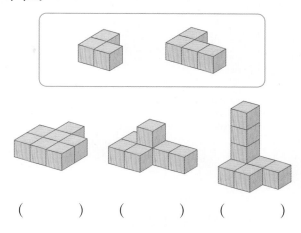

( ) ( ) ( )

13 뒤집거나 돌렸을 때 같은 모양인 것끼리 선으로 이어 보시오.

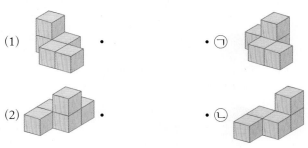

(1) •   • ㉠

(2) •   • ㉡

서술형·논술형 문제 ✏

14 쌓기나무 10개로 쌓은 모양입니다. 1층에 사용된 쌓기나무는 몇 개인지 풀이 과정을 쓰고 답을 구하시오.

[6점]

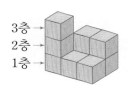

3층 →
2층 →
1층 →

풀이 _____

_____

_____

답 _____

15 쌓기나무로 쌓은 모양을 보고 위에서 본 모양에 수를 썼습니다. 앞과 옆에서 본 모양을 그려 보시오.

중요!

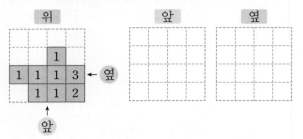

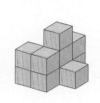

서술형·논술형 문제 ✎

16 쌓기나무로 쌓은 모양과 위에서 본 모양입니다. 잘못 말한 학생의 이름을 쓰고, 바르게 고쳐 보시오. [6점]

위에서 본 모양

지은

사용된 쌓기나무는 모두 10개입니다.

하진

뒤에 숨겨진 쌓기나무는 1개입니다.

답 _____

바르게 고치기 _____

17 쌓기나무로 쌓은 모양을 위, 앞, 옆에서 본 모양입니다. 똑같은 모양으로 쌓는 데 필요한 쌓기나무는 몇 개입니까?

중요!

(   )

18 다음은 쌓기나무를 5개씩 붙여서 만든 모양을 2번 사용하여 만든 모양입니다. 사용한 쌓기나무 모양의 기호를 쓰시오. [8점]

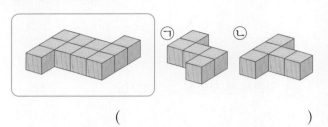

(   )

19 쌓기나무로 쌓은 모양을 층별로 나타낸 모양입니다. 똑같은 모양으로 쌓는 데 필요한 쌓기나무는 몇 개입니까? [10점]

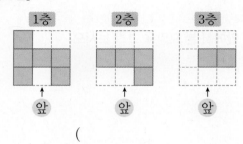

(   )

서술형·논술형 문제 ✎

20 다음 쌓기나무로 쌓은 모양에서 쌓기나무를 더 쌓아서 정육면체 모양을 만들려고 합니다. 쌓기나무는 적어도 몇 개 더 필요한지 풀이 과정을 쓰고 답을 구하시오. [10점]

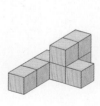 

위에서 본 모양

풀이 _____

_____

_____

_____

답 _____

1 주하는 쌓기나무를 20개 가지고 있습니다. 다음과 같은 모양을 쌓고 남은 쌓기나무는 몇 개인지 풀이 과정을 완성하고 답을 구하시오. [6점]

위에서 본 모양

풀이 사용한 쌓기나무는 1층에 ☐ 개,

2층에 ☐ 개로 모두 ☐ 개입니다.

따라서 남은 쌓기나무는

20 - ☐ = ☐ (개)입니다.

답 _____

2 다음 모양에 쌓기나무를 1개 더 붙여서 만들 수 있는 서로 다른 모양은 모두 몇 가지인지 풀이 과정을 쓰고 답을 구하시오. [8점]

풀이 _____

_____

_____

_____

답 _____

3 대화를 읽고 물음에 답하시오. [총 18점]

(1) 똑같은 모양으로 쌓는 데 필요한 상자가 가장 많은 때는 몇 개입니까? [6점]

(   )

(2) 똑같은 모양으로 쌓는 데 필요한 상자가 가장 적은 때는 몇 개입니까? [6점]

(   )

(3) 필요한 상자 수가 가장 많은 때와 가장 적은 때의 상자의 개수의 차를 구하시오. [6점]

(   )

1 쌓기나무로 쌓은 모양을 층별로 나타낸 모양입니다. 똑같은 모양으로 쌓는 데 필요한 쌓기나무는 몇 개인지 풀이 과정을 쓰고 답을 구하시오. [6점]

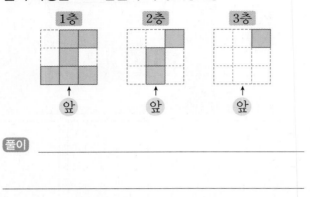

풀이 _____

_____

_____

답 _____

2 쌓기나무로 쌓은 모양을 위에서 본 모양에 수를 썼습니다. 앞에서 본 모양과 옆에서 본 모양이 다른 모양을 찾아 기호를 쓰려고 합니다. 풀이 과정을 쓰고 답을 구하시오. [8점]

풀이 _____

_____

_____

_____

답 _____

3 대화를 읽고 물음에 답하시오. [총 14점]

내가 쌓기나무를 쌓아 만든 모양을 위, 앞, 옆에서 본 모양은 오른쪽과 같아.

그럼 쌓기나무를 모두 몇 개 쌓은 거야?

(1) 쌓기나무는 모두 몇 개인지 알아보시오. [4점]

풀이 위, 앞에서 본 모양을 보면 ④번 자리에 1개, ⑤번 자리에 ☐ 개이고, 위, 옆에서 본 모양을 보면 ①번 자리에 ☐ 개, ②번 자리에 ☐ 개, ③번 자리에 ☐ 개입니다.

따라서 쌓기나무는 모두 ☐ 개입니다.

답 _____

내가 쌓기나무로 쌓아 만든 모양을 위, 앞, 옆에서 본 모양이야. 앞, 옆에서 본 모양은 서로 같지.

그럼 사용한 쌓기나무는 모두 몇 개인 거야?

(2) 쌓기나무는 모두 몇 개인지 풀이 과정을 쓰고 답을 구하시오. [10점]

풀이 _____

_____

_____

_____

답 _____

4. 비례식과 비례배분

◉ 비의 성질

(1) 전항과 후항

$$4 : 5$$

┌ 전항: 기호 ' : ' 앞에 있는 4
└ 후항: 기호 ' : ' 뒤에 있는 5

(2) 비의 성질 1

> 비의 전항과 후항에 0이 아닌 같은 수를 곱하여도 비율은 같습니다.

(예) • 2 : 3의 비율 ➡ $\dfrac{2}{3}$

$2 \times 2 \downarrow$ $\quad \downarrow 3 \times 2$

• 4 : 6의 비율 ➡ $\dfrac{4}{6} = \dfrac{2}{3}$

비율은 같습니다.

(3) 비의 성질 2

> 비의 전항과 후항을 0이 아닌 같은 수로 나누어도 비율은 같습니다.

(예) • 9 : 15의 비율 ➡ $\dfrac{9}{15} = \dfrac{3}{5}$

$9 \div 3 \downarrow$ $\quad \downarrow 15 \div 3$

• 3 : 5의 비율 ➡ $\dfrac{3}{5}$

비율은 같습니다.

◉ 간단한 자연수의 비로 나타내기

(1) (자연수) : (자연수) → 전항과 후항을 두 수의 최대공약수로 나누어 간단한 자연수의 비로 나타냅니다.

(예) 5 : 15를 간단한 자연수의 비로 나타내기

┌ ÷5 ┐
5 : 15 ➡ 1 : 3
└ ÷5 ┘

(2) (소수) : (소수) → 전항과 후항에 10, 100, 1000……을 곱하여 간단한 자연수의 비로 나타냅니다.

(예) 0.27 : 0.4를 간단한 자연수의 비로 나타내기

┌ ×100 ┐
0.27 : 0.4 ➡ 27 : 40
└ ×100 ┘

(3) (분수) : (분수) → 전항과 후항에 두 분모의 최소공배수를 곱하여 간단한 자연수의 비로 나타냅니다.

(예) $\dfrac{1}{5} : \dfrac{1}{8}$ 을 간단한 자연수의 비로 나타내기

┌ ×40 ┐
$\dfrac{1}{5}$: $\dfrac{1}{8}$ ➡ 8 : 5
└ ×40 ┘

◉ 비례식

(1) 비례식

• 비율이 같은 두 비를 기호 '='를 사용하여 나타낸 식을 **비례식**이라고 합니다.

• 2 : 3과 4 : 6의 비율은 같으므로 비례식을 세우면 2 : 3 = 4 : 6입니다.

(2) 외항과 내항

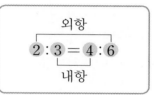

외항

2 : 3 = 4 : 6

내항

┌ **외항**: 바깥쪽에 있는 2와 6
└ **내항**: 안쪽에 있는 3과 4

◉ 비례식의 성질

(1) 비례식의 성질

비례식에서 **외항의 곱과 내항의 곱은 같습니다.**

(예) 4 : 5 = 8 : 10의 외항의 곱과 내항의 곱 알아보기

$4 \times 10 = 40$

4 : 5 = 8 : 10

$5 \times 8 = 40$

> 외항의 곱과 내항의 곱은 40으로 같습니다.

(2) 비례식에서 □의 값 구하기

(예) 비례식 6 : 7 = 12 : □에서 □의 값 구하기

6 : 7 = 12 : □ ➡ 외항의 곱과 내항의 곱은 같으므로 $6 \times \square = 7 \times 12$, $6 \times \square = 84$, $\square = 14$

◉ 비례배분

(1) 비례배분

전체를 주어진 비로 배분하는 것을 **비례배분**이라고 합니다.

(2) 비례배분하기

전체를 가 : 나 = ■ : ▲로 비례배분하기

$$가 = (전체) \times \dfrac{■}{■ + ▲}, \quad 나 = (전체) \times \dfrac{▲}{■ + ▲}$$

(예) 16을 1 : 3으로 나누기

$$16 \times \dfrac{1}{1 + 3} = 4, \quad 16 \times \dfrac{3}{1 + 3} = 12$$

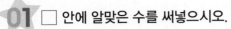
* 배점이 표시되어 있지 않은 문제는 문제당 4점입니다.

01 □ 안에 알맞은 수를 써넣으시오.
중요!
비 6 : 5에서 전항은 □ 이고 후항은 □ 입니다.

02 초콜릿 10개를 2 : 3으로 비례배분하여 ◯로 나타내고, □ 안에 알맞은 수를 써넣으시오.

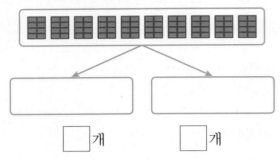

□ 개   □ 개

03 □ 안에 알맞은 수를 써넣으시오.

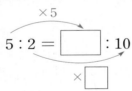

$$5 : 2 = \boxed{} : 10$$

×5 위, ×□ 아래

04 □ 안에 알맞은 수를 써넣으시오.

$$0.9 : 1.2 = (0.9 \times 10) : (1.2 \times \boxed{})$$

$$= 9 : \boxed{}$$

$$= (9 \div 3) : (\boxed{} \div \boxed{})$$

$$= \boxed{} : \boxed{}$$

05 비율이 같은 비를 찾아 비례식으로 나타내시오.

2 : 5   4 : 9   6 : 10   8 : 20

$$\boxed{} : \boxed{} = \boxed{} : \boxed{}$$

06 $0.4 : \dfrac{1}{2}$ 을 간단한 자연수의 비로 바르게 나타낸 사람을 찾아 이름을 쓰시오.

1 : 2   5 : 4   4 : 5

선주   형규   수정

(   )

07 비례식을 보고 외항의 곱과 내항의 곱을 구하려고 합중요! 니다. □ 안에 알맞은 수를 써넣으시오.

2 : 7 = 8 : 28

외항의 곱: $\boxed{} \times \boxed{} = \boxed{}$

내항의 곱: $\boxed{} \times \boxed{} = \boxed{}$

08 우유 400 mL를 두 컵에 2 : 3으로 나누어 담았을 때 더 많이 담긴 우유는 몇 mL인지 구하려고 합니다. □ 안에 알맞은 수를 써넣으시오.

$$400 \times \dfrac{3}{\boxed{}+\boxed{}} = 400 \times \dfrac{\boxed{}}{\boxed{}} = \boxed{} \text{(mL)}$$

09 가로와 세로의 비가 3 : 4와 비율이 같은 직사각형은 어느 것입니까? (   )

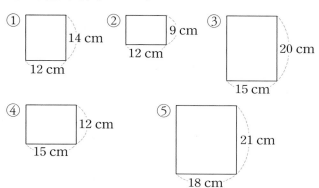

① 14 cm, 12 cm
② 9 cm, 12 cm
③ 20 cm, 15 cm
④ 12 cm, 15 cm
⑤ 21 cm, 18 cm

10 비례식이 아닌 것을 찾아 기호를 쓰시오.

> ㉠ 2 : 7 = 14 : 49   ㉡ 6 : 5 = 36 : 25
> ㉢ 3 : 10 = 12 : 40   ㉣ 36 : 28 = 9 : 7

(   )

11 □ 안에 알맞은 분수를 써넣으시오.

$$1\dfrac{2}{3} : 10 = \boxed{} : 5$$

12 쌀 130 kg을 민수와 재경이가 6 : 7로 나누어 가지려고 합니다. 재경이는 몇 kg을 가지게 됩니까?

(   )

13 비의 성질을 이용하여 20 : 25와 비율이 같은 비를 구했더니 4 : 5가 되었습니다. 이용한 비의 성질을 바르게 설명한 사람은 누구입니까?

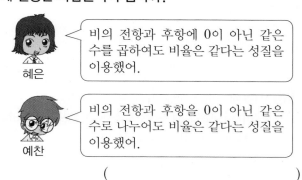

혜은: 비의 전항과 후항에 0이 아닌 같은 수를 곱하여도 비율은 같다는 성질을 이용했어.

예찬: 비의 전항과 후항을 0이 아닌 같은 수로 나누어도 비율은 같다는 성질을 이용했어.

(   )

서술형·논술형 문제

14 직사각형 모양 냉장고 문 전체의 넓이가 16380 cm² 이고 냉동실 문과 냉장실 문의 가로의 비가 3 : 4일 때 냉장실 문의 넓이는 몇 cm²인지 풀이 과정을 쓰고 답을 구하시오. [6점]

냉동실 문 →   ← 냉장실 문

풀이 _____

_____

_____

답 _____

15 조건 에 맞게 비례식을 완성하시오.

> **조건**
> - 비율은 $\frac{3}{4}$입니다.
> - 내항의 곱은 72입니다.

$$6 : \boxed{} = \boxed{} : \boxed{}$$

16 지우네 학교 6학년 학생 수는 221명입니다. 이 중 남학생이 119명일 때 남학생 수와 여학생 수의 비를 간단한 자연수의 비로 나타내시오.

(   )

서술형·논술형 문제✏️

17 밀가루와 달걀을 9 : 2로 섞어 빵을 만들려고 합니다. 밀가루 180 g에 달걀을 몇 g 넣으면 되는지 풀이 과정을 쓰고 답을 구하시오. [6점]

풀이 _____

_____

_____

답 _____

18 연필 6타를 각 모둠 학생 수의 비에 따라 나누어 주려고 합니다. ㉮ 모둠은 5명, ㉯ 모둠은 4명입니다. ㉯ 모둠에 몇 자루를 주어야 합니까? [8점]

(   )

19 유리는 밑변의 길이와 높이의 비가 7 : 9인 삼각형을 그렸습니다. 유리가 그린 삼각형의 넓이는 몇 cm^2입니까? [10점]

> 나는 높이가 36 cm인 삼각형을 그렸어.

(   )

서술형·논술형 문제✏️

20 성하와 준서가 사탕 24개를 7 : 5로 나누어 가지려고 합니다. 성하는 준서보다 사탕을 몇 개 더 많이 가지게 되는지 풀이 과정을 쓰고 답을 구하시오. [10점]

풀이 _____

_____

_____

답 _____

01 36 : 24와 비율이 같은 비를 구할 때 ☐ 안에 공통으로 들어갈 수 <u>없는</u> 수를 쓰시오.

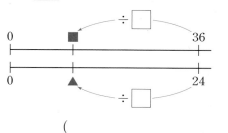

(   )

02 초아가 하는 말이 맞으면 ○표, 틀리면 ✕표 하시오.

비례식 3 : 4＝6 : 8에서 3과 6을 외항, 4와 8을 내항이라고 해.

초아

(   )

03 21 : 35와 비율이 같은 비를 모두 찾아 ○표 하시오.

| 7 : 3 | 3 : 5 | 42 : 70 |

(   ) (   ) (   )

04 간단한 자연수의 비로 나타내시오.

중요!

$0.8 : \dfrac{2}{5}$ ➡ (   )

05 72 : 52를 간단한 자연수의 비로 나타내었더니 18 : 13이 되었습니다. 전항과 후항을 어떤 수로 나누었습니까?

(   )

06 ㉠×㉡의 값을 구하시오.

15 : ㉠＝㉡ : 6

(   )

07 비례식을 두 개 고르시오. (   )

① 1 : 3＝3 : 1

② 5 : 8＝15 : 16

③ 40 : 30＝4 : 3

④ $\dfrac{5}{9} : \dfrac{2}{3}＝5 : 6$

⑤ 0.8 : 0.6＝3 : 4

08 비례식에서 내항의 곱이 252일 때 □ 안에 알맞은 수를 써넣으시오.

$$7 : 9 = \boxed{} : \boxed{}$$

09 □ 안에 알맞은 수를 써넣으시오.

(1) $\boxed{} : 7 = 16 : 28$

(2) $1\frac{2}{3} : \frac{5}{6} = 10 : \boxed{}$

10 비의 전항과 후항에 0이 아닌 같은 수를 곱하여도 비율은 같다는 성질을 이용하여 7 : 9와 비율이 같은 비를 2개 쓰시오.

( )

11 농구공 수와 야구공 수의 비를 간단한 자연수의 비로 나타내시오.

창고에 농구공이 52개 있고, 야구공은 농구공보다 16개 더 많아.

( )

서술형·논술형 문제

12 색 테이프 2 m로 선물 상자 3개를 포장할 수 있습니다. 색 테이프 12 m로 같은 선물 상자를 몇 개까지 포장할 수 있는지 풀이 과정을 쓰고 답을 구하시오. [6점]

풀이 _____

_____

_____

답 _____

13 □ 안에 들어갈 수가 가장 큰 비례식을 찾아 기호를 쓰시오.

> ㉠ $200 : 150 = 4 : \boxed{}$
>
> ㉡ $2.5 : 2 = \boxed{} : 8$
>
> ㉢ $1\frac{1}{5} : \frac{1}{2} = 12 : \boxed{}$

( )

14 어머니의 생신 케이크를 누나와 정민이가 사려고 합니다. 두 사람은 각각 얼마씩 내야 합니까?

어머니 생신 케이크로 12000원짜리 케이크를 사도록 하자.

누나, 나는 돈이 조금 밖에 없으니까 누나와 내가 돈을 2 : 1로 나누어 내자.

 누나   정민

누나 ( )

정민 ( )

15 어떤 수를 가 : 나＝2 : 3으로 나누면 가는 14입니다. 어떤 수를 구하는 풀이 과정을 쓰고 답을 구하시오.

[6점]

풀이 _____

_____

_____

_____

답 _____

16 태풍으로 어느 동네의 가로수 중 30 %가 쓰러졌습니다. 쓰러진 나무가 48그루라면 동네의 전체 가로수는 몇 그루입니까?

태풍으로 동네의 가로수가 48그루나 쓰러졌어요.

( )

17 일정한 빠르기로 1시간 30분 동안 120 km를 가는 자동차가 있습니다. 이 자동차가 같은 빠르기로 달릴 때 300 km를 가는 데 몇 시간 몇 분이 걸리겠습니까?

( )

18 $\frac{5}{9}$: $\frac{\square}{12}$를 간단한 자연수의 비로 나타내었더니 20 : 21이 되었습니다. □ 안에 알맞은 수는 얼마입니까? [8점]

( )

19 어느 직사각형의 가로와 세로의 비는 7 : 6이고 둘레는 52 cm입니다. 이 직사각형의 넓이는 몇 cm²인지 풀이 과정을 쓰고 답을 구하시오. [10점]

풀이 _____

_____

_____

_____

답 _____

20 맞물려 돌아가는 두 톱니바퀴 ㉮와 ㉯가 있습니다. ㉮의 톱니 수는 32개이고, ㉯의 톱니 수는 12개입니다. 톱니바퀴 ㉮가 24바퀴 도는 동안 톱니바퀴 ㉯는 몇 바퀴 돕니까? [10점]

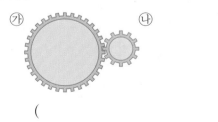

( )

1 쌀과 보리쌀을 5 : 2로 섞어서 밥을 지으려고 합니다. 쌀을 150 g 넣으면 보리쌀은 몇 g 넣어야 하는지 풀이 과정을 완성하고 답을 구하시오. [6점]

풀이 넣어야 하는 보리쌀의 무게를 ■ g이라 하여 비례식을 세우면

□ : □ = 150 : ■입니다.

➡ □ × ■ = □ × 150,

□ × ■ = □ ,

■ = □

답 _____

2 현진이네 학교 6학년 학생은 120명입니다. 이 중 안경을 쓰지 않은 학생 수가 안경을 쓴 학생 수의 5배일 때 안경을 쓴 학생은 몇 명인지 풀이 과정을 쓰고 답을 구하시오. [8점]

풀이 _____
_____
_____
_____

답 _____

3 개미의 집을 알아보려고 합니다. 물음에 답하시오.
[총 16점]

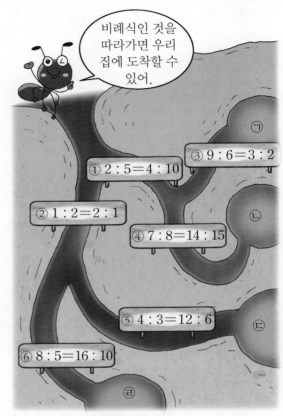

비례식인 것을 따라가면 우리 집에 도착할 수 있어.

① 2 : 5 = 4 : 10
③ 9 : 6 = 3 : 2
② 1 : 2 = 2 : 1
④ 7 : 8 = 14 : 15
⑤ 4 : 3 = 12 : 6
⑥ 8 : 5 = 16 : 10

(1) 비례식의 성질을 설명하시오. [6점]

설명 _____
_____

(2) 개미의 집을 찾아 기호를 쓰려고 합니다. 풀이 과정을 쓰고 답을 구하시오. [10점]

풀이 _____
_____
_____
_____
_____
_____

답 _____

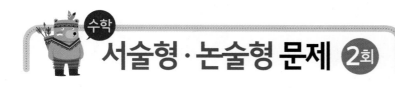
1 정규와 대호가 저금한 금액은 모두 91만 원입니다. 정규와 대호가 저금한 금액의 비가 4 : 3일 때 두 사람이 저금한 금액의 차를 구하는 풀이 과정을 쓰고 답을 구하시오. [8점]

풀이 _____

_____

_____

_____

답 _____

2 전항이 30인 어떤 비를 간단한 자연수의 비로 나타내었더니 5 : 12가 되었습니다. 어떤 비의 후항은 얼마인지 풀이 과정을 쓰고 답을 구하시오. [8점]

풀이 _____

_____

_____

_____

답 _____

3 대화를 읽고 물음에 답하시오. [총 19점]

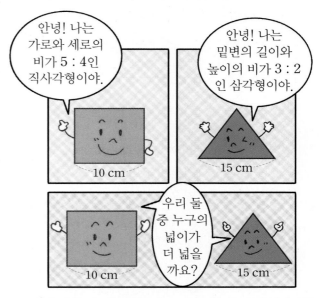

(1) 직사각형의 세로를 ■ cm라 하여 비례식을 세우고 ■의 값을 구하시오. [5점]

식 _____

답 _____

(2) 직사각형의 넓이는 몇 cm²입니까? [3점]

(_____)

(3) 삼각형의 높이를 ▲ cm라 하여 비례식을 세우고 ▲의 값을 구하시오. [5점]

식 _____

답 _____

(4) 삼각형의 넓이는 몇 cm²입니까? [3점]

(_____)

(5) 직사각형과 삼각형 중 넓이가 더 넓은 것은 어느 것입니까? [3점]

(_____)

5. 원의 넓이

☀ 원주와 지름의 관계

(1) **원주**: 원의 둘레

원주
원의 지름
원의 중심
원의 반지름

(2) 정다각형을 이용하여 지름과 원주 비교하기

(정육각형의 둘레)＝(원의 지름)×3
(정육각형의 둘레)＜(원주)
➡ (원의 지름)×3＜(원주)

(정사각형의 둘레)＝(원의 지름)×4
(원주)＜(정사각형의 둘레)
➡ (원주)＜(원의 지름)×4

원주는 원의 지름의 3배보다 길고, 원의 지름의 4배보다 짧습니다.

☀ 원주율

원주율: 원의 지름에 대한 원주의 비율

$$
(원주율)＝(원주)÷(지름)
$$

원주율을 소수로 나타내면 3.14159265……와 같이 끝없이 계속됩니다. 따라서 필요에 따라 3, 3.1, 3.14 등으로 어림하여 사용하기도 합니다. → 원의 크기와 상관없이 원주율은 일정합니다.

☀ 원주와 지름 구하기

(1) 지름을 알 때 원주 구하기

(원주)＝(지름)×(원주율)

㉤ 지름이 8 cm일 때 원의 원주 구하기(원주율: 3.1)

(원주)＝(지름)×(원주율)
＝8×3.1
＝24.8 (cm)

(2) 원주를 알 때 지름 구하기

(지름)＝(원주)÷(원주율)

㉤ 원주가 12 cm인 원의 지름 구하기(원주율: 3)

원주: 12 cm

(지름)＝(원주)÷(원주율)
＝12÷3
＝4 (cm)

☀ 원의 넓이 어림하기

방법 1 정사각형의 넓이를 이용하여 원의 넓이 어림하기

㉤

4 cm 4 cm   4 cm 4 cm

① (원 안에 있는 정사각형의 넓이)
＝8×8÷2＝32 (cm²) → 마름모의 넓이 구하는 방법으로 구합니다.

② (원 밖에 있는 정사각형의 넓이)
＝8×8＝64 (cm²)

③ 32 cm²＜(반지름이 4 cm인 원의 넓이)
(반지름이 4 cm인 원의 넓이)＜64 cm²

➡ 원의 넓이를 어림하면 48 cm²쯤 될 것 같습니다.

방법 2 모눈종이를 이용하여 원의 넓이 어림하기

㉤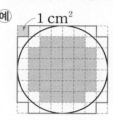

1 cm²

① 초록색 모눈의 수: 32칸 → 32 cm²

② 빨간색 선 안쪽 모눈의 수: 60칸 → 60 cm²

③ 32 cm²＜(반지름이 4 cm인 원의 넓이)
(반지름이 4 cm인 원의 넓이)＜60 cm²

➡ 원의 넓이를 어림하면 46 cm²쯤 될 것 같습니다.

☀ 원의 넓이 구하기

원을 한없이 잘라 이어 붙이면 직사각형이 됩니다.

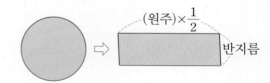

(원주)×$\frac{1}{2}$
반지름

(원의 넓이)＝(원주)×$\frac{1}{2}$×(반지름) → 직사각형의 넓이

＝(원주율)×(지름)×$\frac{1}{2}$×(반지름)

＝(반지름)×(반지름)×(원주율)

5. 원의 넓이

점수

정답 ➔ 꼼꼼 풀이집 20쪽

* 배점이 표시되어 있지 않은 문제는 문제당 4점입니다.

01 그림을 보고 바르게 설명한 사람의 이름을 쓰시오.

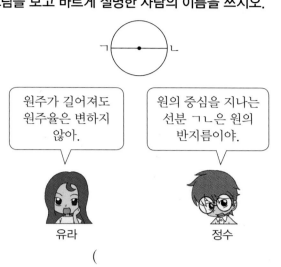

원주가 길어져도 원주율은 변하지 않아.

원의 중심을 지나는 선분 ㄱㄴ은 원의 반지름이야.

유라   정수

(   )

02 지름이 3 cm인 원을 자 위에서 한 바퀴 굴렸습니다. 원주가 얼마쯤 될지 자에 가장 가깝게 표시한 것을 찾아 기호를 쓰시오.

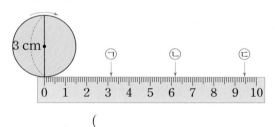

(   )

03 오른쪽 그림을 보고 ☐ 안에 알맞은 수를 써넣으시오.

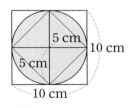

(1) 원 안의 마름모의 넓이: ☐ cm²

(2) 원 밖의 정사각형의 넓이: ☐ cm²

(3) 원의 넓이는 원 안의 마름모의 넓이인

☐ cm²보다 넓고, 원 밖의 정사각형의 넓이인 ☐ cm²보다 좁습니다.

04 원의 넓이를 구하려고 합니다. ☐ 안에 알맞은 수를 써넣으시오. (원주율: 3.1)

중요!

6 cm

(원의 넓이)＝(반지름)×(반지름)×(원주율)

＝ ☐ × ☐ × ☐

＝ ☐ (cm²)

05 오른쪽 원의 원주는 몇 cm입니까?

중요!   (원주율: 3.14)

4 cm

(   )

06 지름이 30 m인 원 모양의 호수가 있습니다. 이 호수의 넓이는 몇 m²입니까? (원주율: 3)

30 m

(   )

07 ☐ 안에 알맞은 수를 써넣으시오. (원주율: 3.14)

원주: 50.24 cm

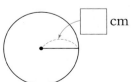

cm

08 하늘이가 구한 수를 알아보시오.

하늘

> 원 모양인 시계의 지름을 재었더니
> 40 cm이고 원주가 125.66 cm였어.
> 내가 (원주)÷(지름)을 반올림해서
> 소수 둘째 자리까지 구했지.

(   )

09 지름이 2.5 cm인 원 모양의 붙임딱지를 한 바퀴 굴렸습니다. 붙임딱지가 움직인 거리는 몇 cm입니까?

(원주율: 3.1)

(   )

10 원의 넓이를 비교하여 ◯ 안에 >, =, <를 알맞게 써넣으시오. (원주율: 3.1)

반지름이 4 cm인 원	◯	원주가 31 cm인 원

11 다음 원의 원주는 24 cm입니다. ㉠+㉡의 값을 구하시오. (원주율: 3)

(   )

12 다음 원의 넓이는 314 cm²입니다. ☐ 안에 알맞은 수를 써넣으시오. (원주율: 3.14)

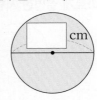

13 색칠한 부분의 넓이는 몇 cm²입니까? (원주율: 3)

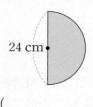

24 cm

(   )

서술형·논술형 문제 ✏

14 원 모양의 물건이 있습니다. 빈칸에 알맞은 수를 써넣고 (원주)÷(지름)에서 알 수 있는 사실을 쓰시오. [6점]

중요!

물건	지름 (cm)	원주 (cm)	(원주)÷(지름)
프라이팬	24	75.36	
접시	18	56.52	
피자	38	119.32	

_____

_____

15 넓이가 넓은 원부터 차례로 기호를 쓰시오.

(원주율: 3.1)

> ㉠ 지름이 16 cm인 원
> ㉡ 원주가 68.2 cm인 원
> ㉢ 넓이가 251.1 cm²인 원

(   )

16 도형을 보고 물음에 답하시오. (원주율: 3.1) [5점]

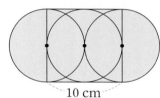

10 cm

(1) 색칠한 부분의 둘레는 몇 cm입니까?

(   )

(2) 색칠한 부분의 넓이는 몇 cm²입니까?

(   )

서술형·논술형 문제 ✏️

17 원주가 18.84 cm일 때 원의 넓이는 몇 cm²인지 풀이 과정을 쓰고 답을 구하시오. (원주율: 3.14) [8점]

풀이 _____

_____

_____

답 _____

18 어떤 유모차 바퀴의 지름이 30 cm입니다. 이 유모차 바퀴가 140바퀴 굴렀을 때 유모차가 움직인 거리는 모두 몇 m입니까? (원주율: 3.14) [5점]

(   )

19 색칠한 부분의 둘레는 몇 cm입니까? (원주율: 3)

[10점]

9 cm

(   )

서술형·논술형 문제 ✏️

20 색칠한 부분의 넓이는 몇 cm²인지 풀이 과정을 쓰고 답을 구하시오. (원주율: 3.1) [10점]

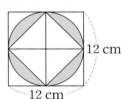

12 cm

12 cm

풀이 _____

_____

_____

_____

답 _____

* 배점이 표시되어 있지 않은 문제는 문제당 **4점**입니다.

01 지름이 2 cm인 원의 원주와 가장 비슷한 길이를 찾아 기호를 쓰시오.

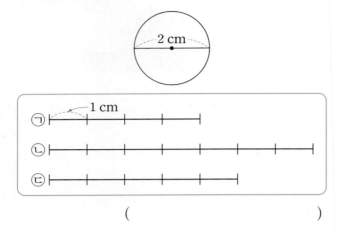

(   )

02 그림을 보고 ☐ 안에 알맞은 수를 써넣으시오.

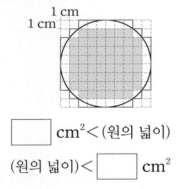

☐ cm² < (원의 넓이)

(원의 넓이) < ☐ cm²

03 다음은 원을 한없이 잘게 잘라 이어 붙여 직사각형 모양을 만든 것입니다. ☐ 안에 알맞은 수를 써넣으시오.

(원주율: 3)

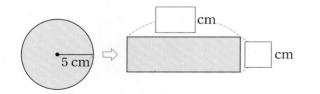

04 ☐ 안에 알맞은 수를 써넣으시오. (원주율: 3.14)

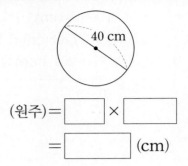

(원주) = ☐ × ☐

= ☐ (cm)

서술형·논술형 문제 ✏️

05 원의 넓이는 몇 cm²인지 식을 쓰고 답을 구하시오.

(원주율: 3.1) [5점]

식 _____

답 _____

06 빈칸에 알맞은 수를 써넣으시오. (원주율: 3.14)

원주 (cm)	지름 (cm)
37.68	

07 다음 중 바르게 설명한 것은 어느 것입니까? (   )

① 원주율은 (원주) ÷ (반지름)입니다.
② 원의 둘레를 지름이라고 합니다.
③ 원의 지름에 대한 원주의 비율은 일정합니다.
④ 원주는 원의 반지름의 약 3.14배입니다.
⑤ 원의 반지름은 지름의 2배입니다.

08 원주가 가장 큰 원을 찾아 기호를 쓰시오.
(원주율: 3.14)

> ㉠ 지름이 10 cm인 원
> ㉡ 반지름이 6 cm인 원
> ㉢ 원주가 40.82 cm인 원

(   )

09 한 변이 60 cm인 정사각형 안에 들어갈 수 있는 가장 큰 원의 넓이는 몇 cm²입니까? (원주율: 3.1)

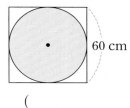

60 cm

(   )

10 컴퍼스를 사용하여 그린 원의 넓이가 243 cm²입니다. 컴퍼스를 벌린 길이는 몇 cm입니까? (원주율: 3)

(   )

11 색칠한 부분의 둘레를 구하시오. (원주율: 3.14)

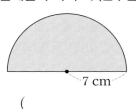

7 cm

(   )

12 원 가의 원주는 원 나의 원주의 몇 배입니까?
(원주율: 3.1)

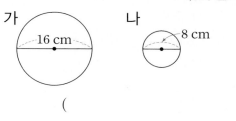

가   16 cm   나   8 cm

(   )

13 정육각형의 넓이를 이용하여 원의 넓이를 어림하려고 합니다. 삼각형 ㄱㅇㄷ의 넓이가 24 cm², 삼각형 ㄹㅇㅂ의 넓이가 18 cm²일 때 원의 넓이는 몇 cm²쯤 될지 어림해 보시오.

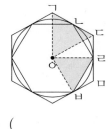

ㄱ
ㄴ
ㄷ
ㄹ
ㅇ
ㅁ
ㅂ

(   )

14 넓이가 200.96 cm²인 원이 있습니다. 이 원의 원주는 몇 cm입니까? (원주율: 3.14)

(   )

15 길이가 46.5 cm인 털실을 이용하여 가장 큰 원을 1개 만들었습니다. 털실로 만든 원의 반지름은 몇 cm입니까? (원주율: 3.1) (   )

① 7.5 cm　　② 15 cm　　③ 18 cm

④ 20 cm　　⑤ 30 cm

서술형·논술형 **문제**✏️

16 색칠한 부분의 넓이는 몇 cm^2인지 풀이 과정을 쓰고 답을 구하시오. (원주율: 3) [6점]

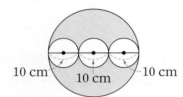

10 cm　　10 cm　　10 cm

풀이 _____

_____

_____

답 _____

17 색칠한 부분의 둘레는 몇 cm입니까? (원주율: 3.14)

[5점]

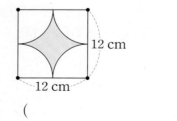

12 cm

12 cm

(   )

18 안쪽의 원주가 62.8 cm인 냄비 안에 원 모양의 그릇을 넣으려고 합니다. 이 냄비에 넣을 수 없는 그릇을 모두 찾아 기호를 쓰시오. (원주율: 3.14) [8점]

> ㉠ 반지름이 9 cm인 원 모양의 그릇
> ㉡ 반지름이 14 cm인 원 모양의 그릇
> ㉢ 지름이 24 cm인 원 모양의 그릇

(   )

서술형·논술형 **문제**✏️

19 가장 작은 원의 지름은 8 cm이고 각 원의 반지름은 안에 있는 원의 반지름보다 2 cm씩 깁니다. 가장 큰 원과 가장 작은 원의 넓이의 차는 몇 cm^2인지 풀이 과정을 쓰고 답을 구하시오. (원주율: 3.1) [10점]

풀이 _____

_____

_____

_____

답 _____

20 운동장에서 지름이 8 m인 원을 그리고 그 원의 둘레를 훌라후프로 16번 굴렸더니 운동장에 그려진 원의 둘레를 한 바퀴 돌게 되었습니다. 훌라후프와 같은 크기의 원의 넓이는 몇 cm^2입니까? (원주율: 3) [10점]

(   )

1 길이가 54 cm인 철사를 겹치지 않게 모두 사용하여 다음과 같은 원과 정사각형을 1개씩 만들었습니다. 만든 원의 반지름은 몇 cm인지 풀이 과정을 완성하고 답을 구하시오. (원주율: 3) [6점]

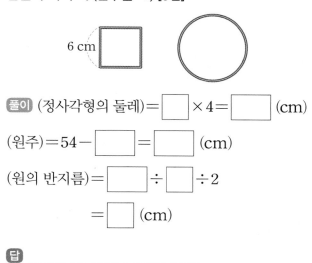

6 cm

풀이 (정사각형의 둘레)=□×4=□ (cm)

(원주)=54−□=□ (cm)

(원의 반지름)=□÷□÷2

=□ (cm)

답 _____

2 두 원의 넓이의 차를 구하는 풀이 과정을 쓰고 답을 구하시오. (원주율: 3.1) [8점]

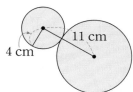

4 cm   11 cm

풀이 _____

_____

_____

답 _____

3 대화를 읽고 물음에 답하시오. (원주율: 3.14) [총 18점]

(1) 밥을 지을 코펠의 원주는 몇 cm인지 식을 쓰고 답을 구하시오. [5점]

식 _____

답 _____

(2) 찌개를 끓일 코펠의 원주는 몇 cm인지 식을 쓰고 답을 구하시오. [5점]

식 _____

답 _____

(3) 지름이 80 cm인 굴렁쇠를 굴려 1256 cm 만큼 나아갔습니다. 굴렁쇠를 몇 바퀴 굴렸는지 풀이 과정을 쓰고 답을 구하시오. [8점]

풀이 _____

답 _____

1 색칠한 부분의 넓이는 몇 cm²인지 풀이 과정을 쓰고 답을 구하시오. (원주율: 3.14) [8점]

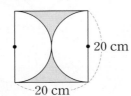

20 cm

20 cm

풀이 _____

_____

_____

답 _____

2 원주가 각각 31.4 cm, 56.52 cm인 두 원이 있습니다. 두 원의 넓이의 합은 몇 cm²인지 풀이 과정을 쓰고 답을 구하시오. (원주율: 3.14) [10점]

풀이 _____

_____

_____

_____

답 _____

3 대화를 읽고 물음에 답하시오. (원주율: 3) [총 16점]

(1) 진호가 그린 원의 반지름은 몇 cm입니까? [4점]

(_____)

(2) 진호가 그린 원의 넓이는 몇 cm²인지 식을 쓰고 답을 구하시오. [5점]

식 _____

답 _____

(3) 유이는 컴퍼스를 몇 cm 벌려서 원을 그렸는지 풀이 과정을 쓰고 답을 구하시오. [7점]

풀이 _____

_____

_____

답 _____

6. 원기둥, 원뿔, 구

✱ 원기둥

(1) 원기둥 알아보기

원기둥: 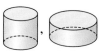 등과 같은 입체도형

(2) 원기둥의 구성 요소 → 마주 보는 두 면이 서로 평행하고 합동인 원으로 이루어진 입체도형

① **밑면**: 서로 평행하고 합동인 두 면

② **옆면**: 두 밑면과 만나는 면 → 원기둥의 옆면은 굽은 면입니다.

③ **높이**: 두 밑면에 수직인 선분의 길이

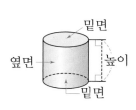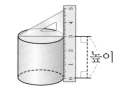

(3) 원기둥 만들기

직사각형 모양의 종이를 한 변을 기준으로 돌리면 원기둥이 됩니다.

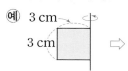 ⇨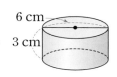

┌ 밑면의 반지름: 3 cm
└ 높이: 3 cm

✱ 원기둥의 전개도

(1) 원기둥을 잘라서 펼쳐 놓은 그림을 원기둥의 **전개도**라고 합니다.

(2) 전개도의 각 부분의 길이

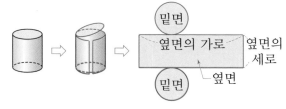

① 옆면의 세로의 길이는 원기둥의 높이와 같습니다.

② 옆면의 가로의 길이는 밑면의 둘레와 같습니다.

(옆면의 가로)＝(밑면의 둘레)
＝(밑면의 지름)×(원주율)
＝(밑면의 반지름)×2×(원주율)

✱ 원뿔

(1) 원뿔 알아보기

원뿔:  등과 같은 입체도형

(2) 원뿔의 구성 요소 → 평평한 면이 원이고 옆을 둘러싼 면이 굽은 면인 뿔 모양의 입체도형

① **밑면**: 평평한 면

② **옆면**: 옆을 둘러싼 굽은 면

③ **원뿔의 꼭짓점**: 뾰족한 부분의 점

④ **모선**: 원뿔의 꼭짓점과 밑면인 원의 둘레의 한 점을 이은 선분

⑤ **높이**: 원뿔의 꼭짓점에서 밑면에 수직인 선분의 길이

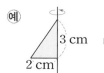

(3) 원뿔 만들기

직각삼각형 모양의 종이를 한 변을 기준으로 돌리면 원뿔이 됩니다.

┌ 밑면의 반지름: 2 cm
└ 높이: 3 cm

✱ 구

(1) 구 알아보기

구: 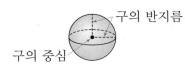 등과 같은 입체도형

(2) 구의 구성 요소

① **구의 중심**: 구에서 가장 안쪽에 있는 점

② **구의 반지름**: 구의 중심에서 구의 겉면의 한 점을 이은 선분

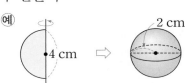

(3) 구 만들기

예 ⇨ 구의 반지름: 2 cm

수학

* 배점이 표시되어 있지 않은 문제는 문제당 **4점**입니다.

01 원기둥은 어느 것입니까? (   )

 ①   ②   ③

 ④   ⑤

02 선분 ㄱㄴ, 선분 ㄱㄷ, 선분 ㄱㄹ과 같은 선분을 무엇이라고 합니까?

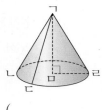

(   )

03 다음 원기둥의 밑면에 모두 색칠하시오.

04 원기둥의 전개도를 보고 기훈이가 설명한 것이 맞으면 ○표, 틀리면 ×표 하시오.

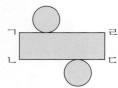

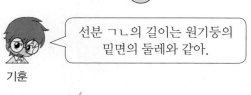

선분 ㄱㄴ의 길이는 원기둥의 밑면의 둘레와 같아.

기훈

(   )

05 다음은 어떤 입체도형에 대한 설명입니까?

• 반원을 지름을 기준으로 돌려 얻는 입체도형입니다.
• 어느 방향에서 보아도 원입니다.

(   )

06 원뿔 모양의 고깔이 있습니다. 고깔의 높이를 재는 그림을 찾아 기호를 쓰시오.

ㄱ   ㄴ   ㄷ

(   )

07 평면도형을 다음과 같이 한 바퀴 돌렸을 때 원뿔이 되는 것은 어느 것입니까? (   )

①  ②   ③

④   ⑤

08 원기둥과 원뿔의 공통점을 두 개 고르시오.

(   )

① 옆면은 굽은 면입니다.
② 밑면은 모두 2개입니다.
③ 밑면의 모양은 원입니다.
④ 뿔 모양의 입체도형입니다.
⑤ 옆면의 모양은 삼각형입니다.

서술형·논술형 문제 ✐
09 원기둥의 전개도가 <u>아닌</u> 이유를 쓰시오. [6점]
중요!

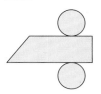

이유

10 직사각형 모양의 종이를 한 변을 기준으로 돌려 만든 입체도형의 밑면의 지름은 몇 cm입니까?

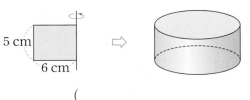

(   )

11 축구공을 위, 앞, 옆에서 본 모양을 각각 그려 보시오.

위에서 본 모양	앞에서 본 모양	옆에서 본 모양

12 다음 중 수가 다른 하나는 어느 것입니까? (   )
중요!
① 원기둥의 밑면의 수   ② 원기둥의 옆면의 수
③ 원뿔의 밑면의 수   ④ 원뿔의 옆면의 수
⑤ 원뿔의 꼭짓점의 수

13 원뿔에서 모선은 모두 몇 개입니까? (   )
① 1개   ② 2개   ③ 5개
④ 10개   ⑤ 무수히 많습니다.

14 원기둥, 원뿔, 구 중에서 다음 모양에서 찾을 수 있는 입체도형의 이름을 모두 쓰시오.

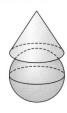

(   )

15 원기둥과 원뿔의 높이의 합을 구하시오.

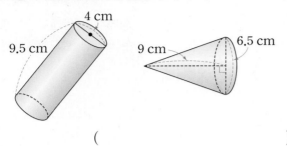

( )

16 다음은 여러 가지 도형으로 만든 모양입니다. 원기둥은 원뿔보다 몇 개 더 많이 사용되었습니까?

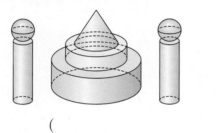

( )

17 원뿔과 각뿔을 비교한 것입니다. 틀린 것을 찾아 기호를 쓰고, 바르게 고쳐 보시오. [8점]

중요!

> ㉠ 원뿔과 각뿔은 옆면의 모양이 같습니다.
> ㉡ 원뿔과 각뿔의 밑면의 수는 1개입니다.
> ㉢ 원뿔의 밑면의 모양은 원이고, 각뿔의 밑면의 모양은 다각형입니다.

답 _____

바르게 고치기 _____

18 반원 모양의 종이를 다음과 같이 돌려서 입체도형을 만들었습니다. 만든 입체도형의 중심에서 겉면의 한 점을 이은 선분의 길이는 몇 cm입니까? [6점]

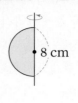

( )

19 다음 원기둥의 옆면의 넓이가 90 cm²일 때 원기둥의 높이는 몇 cm입니까? (원주율: 3) [10점]

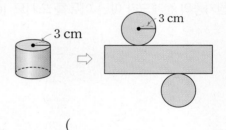

( )

20 다음 원뿔에서 삼각형 ㄱㄴㄷ의 둘레가 36 cm일 때 삼각형 ㄱㄴㄷ의 넓이는 몇 cm²인지 풀이 과정을 쓰고 답을 구하시오. [10점]

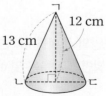

풀이 _____

_____

_____

_____

답 _____

01 원뿔 모양의 물건은 어느 것입니까? (   )

 ① ② ③

 ④ ⑤

02 직사각형 모양의 종이를 한 변을 기준으로 돌리면 어떤 입체도형이 됩니까?

(   )

03 원기둥의 높이는 몇 cm입니까?

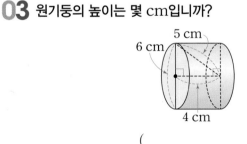

5 cm
6 cm
4 cm

(   )

04 다음 원뿔의 높이를 나타내시오.

05 다음 구의 지름은 몇 cm입니까?

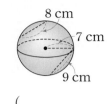

8 cm
7 cm
9 cm

(   )

06 다음은 어떤 입체도형에 대한 설명입니까?

• 앞에서 본 모양은 이등변삼각형입니다.
• 직각삼각형을 한 변으로 기준으로 돌려 만든 입체도형입니다.

(   )

07 원기둥에 대한 설명으로 틀린 것은 어느 것입니까?

중요!

(   )

① 밑면은 2개입니다.
② 밑면의 모양은 원입니다.
③ 옆면은 굽은 면으로 둘러싸여 있습니다.
④ 밑면의 둘레는 원기둥의 높이와 같습니다.
⑤ 두 밑면에 수직인 선분의 길이를 높이라고 합니다.

08 원기둥의 전개도를 완성하시오.

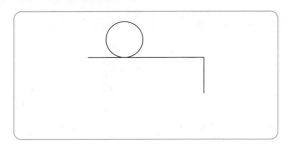

09 빈칸에 알맞은 수나 말을 써넣으시오.

입체도형	밑면의 수(개)	밑면의 모양
원기둥		
원뿔		

[10~11] 원기둥과 전개도를 보고 물음에 답하시오.

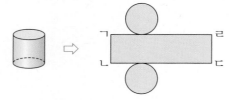

10 선분 ㄱㄹ의 길이는 밑면의 무엇과 같습니까?

( )

11 원기둥의 높이와 길이가 같은 선분을 모두 찾아 쓰
중요! 시오.

( )

12 다음은 여러가지 도형으로 만든 모양입니다. 원기둥, 원뿔, 구는 각각 몇 개입니까?

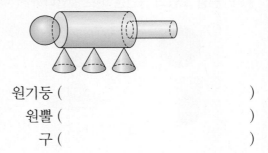

원기둥 ( )
원뿔 ( )
구 ( )

서술형·논술형 문제✎

13 유진이가 케이크를 만들기 위해 준비한 빵 모양이 원기 둥인지 아닌지 쓰고, 그렇게 생각한 이유를 쓰시오.
[6점]

이 빵으로 예쁜 케이크를 만들어야지.

답 _____

이유 _____

_____

14 원뿔 가의 높이는 원뿔 나의 모선의 길이의 몇 배입 니까?

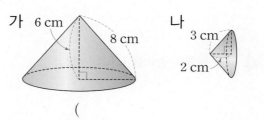

가 6 cm 8 cm 나 3 cm 2 cm

( )

15 원기둥, 원뿔, 구 중 밑면이 <u>없는</u> 것은 무엇입니까?

(   )

16 원뿔과 구의 공통점을 찾아 기호를 쓰시오.

┌─────────────────────────────────────┐
│ ㉠ 위에서 본 모양   ㉡ 옆면의 수   │
│ ㉢ 앞에서 본 모양   ㉣ 꼭짓점의 수   │
└─────────────────────────────────────┘

(   )

서술형·논술형 문제✏

17 두 구의 반지름의 합은 몇 cm인지 풀이 과정을 쓰고 답을 구하시오. [6점]

 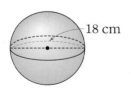

풀이 _____

_____

_____

답 _____

서술형·논술형 문제✏

18 원기둥의 옆면의 넓이는 몇 cm²인지 풀이 과정을 쓰고 답을 구하시오. (원주율: 3.14) [10점]

풀이 _____

_____

_____

답 _____

19 원뿔에서 삼각형 ㄱㄴㄷ의 둘레는 몇 cm입니까? [8점]

중요!

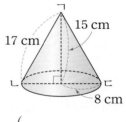

(   )

20 다음 원기둥의 전개도에서 색칠한 직사각형의 가로는 세로의 2배입니다. 이 원기둥의 밑면의 반지름은 몇 cm입니까? (원주율: 3.1) [10점]

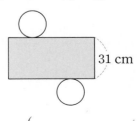

(   )

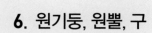

1 원뿔을 앞에서 본 모양의 둘레는 몇 cm인지 풀이 과정을 완성하고 답을 구하시오. [6점]

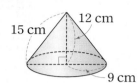

[풀이] 원뿔을 앞에서 본 모양은 (원 , 이등변삼각형)
입니다.
이때 앞에서 본 모양의 밑변의 길이는

□ × □ = □ (cm)이므로

앞에서 본 모양의 둘레는

□ + □ + □ = □ (cm)입니다.

[답] _____

2 원기둥을 펼쳐 전개도를 그렸을 때 옆면의 가로의 길이가 더 긴 것을 찾아 기호를 쓰려고 합니다. 풀이 과정을 쓰고 답을 구하시오. (원주율 3.14) [8점]

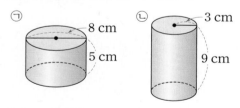

[풀이] _____

_____

_____

_____

[답] _____

3 입체도형을 보고 물음에 답하시오. [총 12점]

원기둥만 지나갈 수 있습니다.

원뿔만 지나갈 수 있습니다.

가   나

(1) ㄹ 도형이 한 말입니다. 알맞은 말에 ○표 하고 빈 곳에 알맞게 써넣으시오. [6점]

나는 가 문을 통과할 수 (있습니다 , 없습니다).

왜냐하면 _____

_____

_____

(2) 가 문을 통과할 수 있는 입체도형은 모두 몇 개입니까? [3점]

(_____)

(3) 나 문을 통과할 수 있는 입체도형을 찾아 기호를 쓰시오. [3점]

(_____)

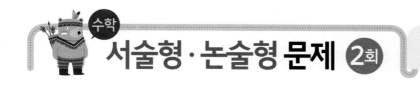
1 다음 원뿔에서 밑면의 지름과 모선의 길이의 합은 몇 cm인지 풀이 과정을 쓰고 답을 구하시오. [6점]

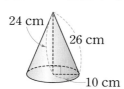

풀이 _____

_____

_____

답 _____

2 유성이와 친구들이 반원 모양의 종이를 지름을 기준으로 돌려서 구를 만들었습니다. 가장 작은 구를 만든 사람은 누구인지 풀이 과정을 쓰고 답을 구하시오. [8점]

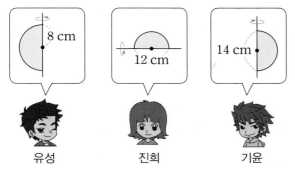

풀이 _____

_____

_____

_____

답 _____

3 대화를 읽고 물음에 답하시오. (원주율: 3.1) [총 16점]

(1) 전개도에서 두 밑면의 둘레의 합은 몇 cm인지 식을 쓰고 답을 구하시오. [6점]

식 _____

답 _____

(2) 전개도에서 옆면의 둘레는 몇 cm인지 식을 쓰고 답을 구하시오. [6점]

식 _____

답 _____

(3) 전개도의 둘레는 몇 cm입니까? [4점]

(_____)

* 배점이 표시되어 있지 않은 문제는 문제당 4점입니다.

정답 ◐ 꼼꼼 풀이집 24쪽

관련 단원 : 1. 분수의 나눗셈

01 ☐ 안에 알맞은 수를 써넣으시오.

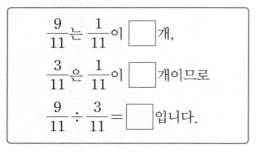

$\dfrac{9}{11}$는 $\dfrac{1}{11}$이 ☐ 개,

$\dfrac{3}{11}$은 $\dfrac{1}{11}$이 ☐ 개이므로

$\dfrac{9}{11} \div \dfrac{3}{11} =$ ☐ 입니다.

관련 단원 : 4. 비례식과 비례배분

02 다음 중 비례식을 찾아 기호를 쓰시오.

ㄱ $\dfrac{3}{4} = \dfrac{9}{12}$ ㄴ $7 : 2 = 21 : 6$

ㄷ $4 \times 4 = 10 + 6$ ㄹ $1 : 3 = 3 : 1$

( )

관련 단원 : 6. 원기둥, 원뿔, 구

03 원기둥에서 각 부분의 이름을 ☐ 안에 써넣으시오.

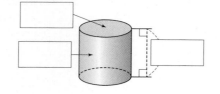

관련 단원 : 3. 공간과 입체

04 쌓기나무로 쌓은 모양을 보고 위에서 본 모양의 각 자리에 쌓은 쌓기나무의 개수를 그림에 써넣으시오.

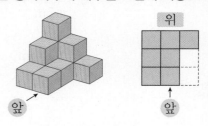

관련 단원 : 2. 소수의 나눗셈

05 $22.4 \div 0.2$와 몫이 같은 나눗셈은 어느 것입니까?

( )

① $224 \div 0.2$ ② $22.4 \div 2$

③ $2240 \div 2$ ④ $224 \div 2$

⑤ $2.24 \div 0.2$

관련 단원 : 5. 원의 넓이

06 원주를 구하시오. (원주율: 3)

8 cm

( )

관련 단원 : 1. 분수의 나눗셈

07 대분수를 진분수로 나눈 몫을 구하시오.

$\dfrac{4}{9}$ $\dfrac{13}{8}$ $3\dfrac{5}{6}$ $\dfrac{10}{7}$

( )

관련 단원 : 4. 비례식과 비례배분

08 간단한 자연수의 비로 나타내시오.

(1) $0.74 : 1.27$ ➡ ( )

(2) $\dfrac{4}{5} : \dfrac{7}{9}$ ➡ ( )

관련 단원 : 5. 원의 넓이

09 원의 넓이는 몇 cm²입니까? (원주율: 3.14)

( )

관련 단원 : 2. 소수의 나눗셈

10 계산 결과를 비교하여 ○ 안에 >, =, <를 알맞게 써넣으시오.

$$84 \div 1.75 \bigcirc 126 \div 2.8$$

관련 단원 : 6. 원기둥, 원뿔, 구

11 다음 원뿔에서 밑면의 지름과 모선의 길이의 합은 몇 cm입니까?

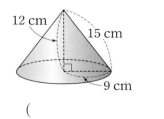

( )

서술형·논술형 문제 ✏ 관련 단원 : 1. 분수의 나눗셈

12 $14 \div \dfrac{7}{8}$ 을 계산하는 과정입니다. ㉠, ㉡에 알맞은 수의 합을 구하는 풀이 과정을 쓰고 답을 구하시오. [6점]

$$14 \div \frac{7}{8} = (14 \div ㉠) \times ㉡ = 2 \times 8 = 16$$

풀이 _____

_____

_____

답 _____

관련 단원 : 3. 공간과 입체

13 쌓기나무로 쌓은 모양을 위, 앞, 옆에서 본 모양입니다. 똑같은 모양으로 쌓는 데 필요한 쌓기나무는 몇 개입니까?

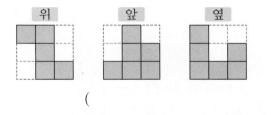

( )

관련 단원 : 2. 소수의 나눗셈

14 몫의 소수 11째 자리 숫자를 구하시오.

$$26.7 \div 9$$

( )

관련 단원 : 5. 원의 넓이

15 넓이가 49.6 cm²인 원의 원주를 구하시오.

(원주율: 3.1)

(   )

관련 단원 : 6. 원기둥, 원뿔, 구

16 원기둥의 전개도를 보고 밑면의 반지름은 몇 cm인지 구하시오. (원주율:3.14)

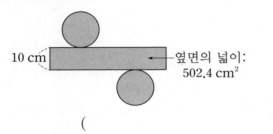

10 cm

옆면의 넓이: 502.4 cm²

(   )

서술형·논술형 문제 ✏️ 관련 단원 : 2. 소수의 나눗셈

17 밀가루 32.5 kg을 한 봉지에 3 kg씩 담으면 몇 봉지에 담을 수 있고, 남는 밀가루는 몇 kg인지 구하려고 합니다. 풀이 과정을 쓰고 답을 구하시오. [10점]

풀이 _____

_____

_____

_____

답 _____ , _____

관련 단원 : 3. 공간과 입체

18 쌓기나무 9개로 쌓은 모양입니다. 앞에서 본 모양이 다른 것을 찾아 기호를 쓰시오. [6점]

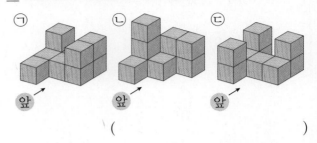

ㄱ   ㄴ   ㄷ

앞   앞   앞

(   )

관련 단원 : 1. 분수의 나눗셈

19 가로가 $\dfrac{5}{9}$ m이고 넓이가 $\dfrac{1}{6}$ m²인 직사각형이 있습니다. 이 직사각형의 둘레는 몇 m입니까? [8점]

(   )

서술형·논술형 문제 ✏️ 관련 단원 : 4. 비례식과 비례배분

20 지윤이는 7시간, 윤하는 5시간 동안 일을 하고 일한 시간만큼 돈을 받았습니다. 지윤이와 윤하가 받은 돈이 26400원일 때 윤하가 받은 돈은 얼마인지 풀이 과정을 쓰고 답을 구하시오. [10점]

풀이 _____

_____

_____

_____

답 _____

* 배점이 표시되어 있지 않은 문제는 문제당 4점입니다.

정답 ◐ 꼼꼼 풀이집 25쪽

관련 단원 : 4. 비례식과 비례배분

01 두 비의 비율이 같도록 ☐ 안에 알맞은 수를 써넣으시오.

$$7:5 \qquad 91:\boxed{}$$

관련 단원 : 6. 원기둥, 원뿔, 구

02 원뿔을 모두 고르시오. (   )

 ①
 ②
 ③
 ④
 ⑤

관련 단원 : 2. 소수의 나눗셈

03 ☐ 안에 알맞은 수를 써넣으시오.

$$1.47 \div 0.07 = \boxed{}$$

$$14.7 \div 0.07 = \boxed{}$$

$$147 \div 0.07 = \boxed{}$$

관련 단원 : 3. 공간과 입체

04 주어진 모양에 쌓기나무를 1개 더 붙여서 만든 모양에 ◯표 하시오.

(   ) (   )

관련 단원 : 5. 원의 넓이

05 오른쪽 그림을 보고 원주는 지름의 약 몇 배인지 ☐ 안에 알맞은 수를 써넣으시오.

원주는 원의 지름의 ☐ 배보다 길고

원의 지름의 ☐ 배보다 짧습니다.

관련 단원 : 1. 분수의 나눗셈

06 나눗셈식을 곱셈식으로 나타내어 계산해 보시오.

(1) $\dfrac{5}{7} \div \dfrac{10}{13}$

(2) $\dfrac{6}{11} \div \dfrac{2}{15}$

관련 단원 : 3. 공간과 입체

07 쌓기나무로 쌓은 모양을 보고 위에서 본 모양에 수를 썼습니다. 앞과 옆에서 본 모양을 각각 그려 보시오.

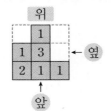

위   앞   옆

관련 단원 : 2. 소수의 나눗셈

08 보기 와 같은 방법으로 계산하시오.

보기

$$41.4 \div 2.3 = \frac{414}{10} \div \frac{23}{10} = 414 \div 23 = 18$$

$96.2 \div 3.7$ _____

관련 단원 : 6. 원기둥, 원뿔, 구

09 구에서 각 부분의 이름을 ☐ 안에 써넣으시오.

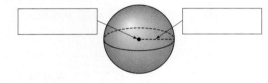

관련 단원 : 5. 원의 넓이

10 길이가 11 cm인 실의 한쪽 끝을 고정하고 다른 쪽 끝을 잡고 한 바퀴 돌려 그릴 수 있는 가장 큰 원을 그렸습니다. 그린 원의 원주는 몇 cm입니까? (원주율: 3.1)

(   )

관련 단원 : 4. 비례식과 비례배분

11 비례식에서 ☐ 안에 알맞은 소수를 써넣으시오.

$$0.6 : \boxed{} = 4 : 9$$

관련 단원 : 1. 분수의 나눗셈

12 계산 결과가 가장 작은 것을 찾아 기호를 쓰시오.

$$\textcircled{\small ㄱ}\ 16 \div \frac{4}{7} \qquad \textcircled{\small ㄴ}\ 9 \div \frac{3}{8} \qquad \textcircled{\small ㄷ}\ 12 \div \frac{2}{9}$$

(   )

관련 단원 : 3. 공간과 입체

13 쌓기나무로 쌓은 모양을 층별로 나타낸 모양입니다. 앞에서 본 모양을 그려 보시오.

서술형·논술형 문제   관련 단원 : 1. 분수의 나눗셈

14 분수의 나눗셈을 **잘못** 계산한 것입니다. 계산이 잘못된 이유를 쓰고, 바르게 계산하시오. [6점]

$$2\frac{5}{8} \div \frac{3}{4} = 2\frac{5}{\cancel{8}_{2}} \times \frac{\cancel{4}^{1}}{3} = 2\frac{5}{6}$$

이유 _____

바르게 고치기 _____

관련 단원 : 2. 소수의 나눗셈

15 □ 안에 들어갈 수 있는 가장 작은 자연수를 구하시오.

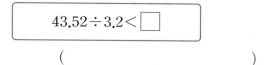

$$43.52 \div 3.2 < \square$$

( )

관련 단원 : 6. 원기둥, 원뿔, 구

16 원뿔을 앞에서 본 모양의 둘레는 몇 cm입니까?

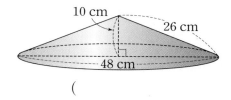

10 cm
26 cm
48 cm

( )

관련 단원 : 4. 비례식과 비례배분

17 직사각형과 정사각형의 넓이의 비를 간단한 자연수의 비로 나타내려고 합니다. 풀이 과정을 쓰고 답을 구하시오. [6점]

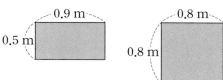

0.9 m
0.5 m
0.8 m
0.8 m

풀이 _____

_____

_____

답 _____

관련 단원 : 4. 비례식과 비례배분

18 맞물려 돌아가는 두 톱니바퀴 ㉮, ㉯가 있습니다. ㉮가 7바퀴 도는 동안 ㉯는 9바퀴 돕니다. ㉯가 126바퀴 도는 동안 ㉮는 몇 바퀴 돌게 됩니까? [8점]

( )

관련 단원 : 3. 공간과 입체

19 쌓기나무 4개로 만들 수 있는 서로 다른 모양은 모두 몇 가지입니까? [10점]

( )

관련 단원 : 5. 원의 넓이

20 도형의 넓이는 몇 cm²인지 풀이 과정을 쓰고 답을 구하시오. (원주율: 3) [10점]

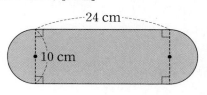

24 cm
10 cm

풀이 _____

_____

_____

답 _____

● 석굴암(국보 제24호)

우리 불교 건축의 백미인 석굴암은 내부 반지름 12자(1자=29.7 cm)를 기본으로 너비와 높이가 이루어져 있습니다.

돌로 쌓은 돔 형태의 천장에는 2 m가 넘는 30개의 끼임돌이 비녀처럼 박혀 있는데, 그 간격이 1 mm의 오차도 없다고 합니다. 이 말인즉슨 원의 둘레를 정확히 알고 측정할 수 있었다는 것이겠죠.

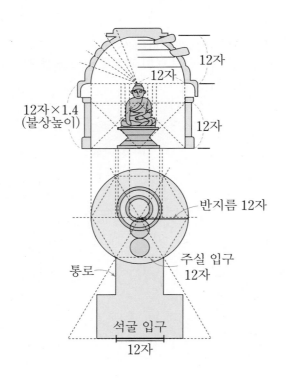

석굴암을 만들기 위해 360개가 넘는 대형 화강암 돌들을 독창적인 방법으로 조립하였는데, 이렇게 완성된 석굴암은 다른 지역의 자연 석굴과 달리 세계에서 유일한 인공 석굴이며 단순한 조각물의 배열이 아닌 정밀한 짜임식 건축물입니다.

이 뿐만 아니라 석굴암은 지하로부터 물이 솟아나와 굴의 바닥 아래로 흐르면서 굴 내부의 온도와 습도를 자연적으로 조절했던 것으로 추측됩니다. 모진 세월을 버틴 석굴암은 일제 때부터 보수공사를 하면서 오히려 누수 현상, 습기, 이끼 등이 생겨 오늘날까지 이 문제를 도저히 해결하지 못하고 있습니다.

통풍과 습기가 자연 조절되던 원래의 구조를 잃어버렸으니 오늘날의 첨단과학기술도 1200년전 신라인들의 과학기술수준을 따라가지 못한다고 할 수 있습니다.

사회

6·2

✏️ 11종 검정 교과서 공통 핵심 개념을 알아볼까?

1. ❶ 지구, 대륙 그리고 국가들 116쪽

세계지도나 지구본에서 찾기 어려운 정보를 얻을 수 있어.

디지털 영상 지도

디지털 영상 지도는 확대와 축소가 자유롭고, 최신 정보가 빠르게 반영되어 정확도가 높습니다.

1. ❷ 세계의 다양한 삶의 모습 122쪽

열대 기후 지역에서는 바나나 등을 대규모로 재배해요.

세계 여러 나라 사람들의 생활 모습

사람들의 생활 모습은 기후, 지형 등 자연환경과 풍습, 종교 등 인문환경의 영향을 받습니다.

1. ❸ 우리나라와 가까운 나라들 128쪽

한·중·일 모두 젓가락을 사용하네.

우리나라와 이웃 나라 사람들의 생활 모습

지리적으로 가까이 있어 오래전부터 활발하게 교류한 우리나라와 중국, 일본은 비슷한 부분이 많습니다.

2. ❶ 한반도의 미래와 통일 134쪽

나도 독도를 지키는 일을 하고 싶어.

우리도 얼른 커서 독도 경비대원이 되자!

우리 땅 독도

독도는 우리나라의 동쪽 끝에 있는 섬으로, 우리나라는 옛날부터 독도를 지키려고 많은 노력을 했습니다.

2. ❷ 지구촌의 평화와 발전 140쪽

모금한 돈은 지구촌 갈등으로 어려움을 겪는 친구들을 위해서 써야지.

지구촌 평화와 발전을 위해 우리가 할 수 있는 일

우리는 지구촌 갈등 문제를 알리는 캠페인을 하거나, 피해자들을 위한 모금 활동 등에 참여할 수 있습니다.

2. ❸ 지속가능한 지구촌 146쪽

지구를 생각해서 일회용품 사용을 줄여야 하지 않겠니?

지구촌 환경문제를 해결하기 위한 노력

환경문제는 지구촌 모든 사람의 문제이므로 서로 협력하며 해결하려는 노력이 필요합니다.

1. ❶ 지구, 대륙 그리고 국가들

◈ 다양한 공간 자료

지구본	• 세계 여러 지역 간 거리와 면적을 비교적 정확하게 파악할 수 있음. • 한눈에 보기 어렵고, 휴대가 불편함.
세계지도	• 세계 여러 나라의 위치와 영역을 한눈에 살펴볼 수 있음. • 땅과 바다의 모양이나 크기가 실제와 다르게 표현됨.
디지털 영상 지도	• 최신 정보가 빠르게 반영되어 정확도가 높음. • 인터넷을 연결해야 다양한 기능을 사용할 수 있음.

◈ 세계의 여러 대양과 대륙

◐ 세계의 대양과 대륙

① 세계의 대양

태평양	가장 큰 바다로, 아시아, 오세아니아, 아메리카 대륙의 사이에 있음.
대서양	두 번째로 큰 바다로, 아메리카, 유럽, 아프리카 대륙 사이에 위치함.
인도양	세 번째로 큰 바다로, 아프리카, 아시아, 오세아니아 대륙의 사이에 있음.
남극해	남극 대륙을 둘러싸고 있는 바다임.
북극해	북극 주변에 있는 바다로, 아시아, 유럽, 북아메리카 대륙에 둘러싸여 있음.

└▶ 대부분 얼음에 덮여 있습니다.

② 세계의 대륙 → 그린란드보다 면적이 넓으면 대륙으로 분류하며, 남극을 포함해 7대륙으로 구분하기도 합니다.

아시아	가장 넓은 대륙으로, 우리나라가 속해 있음.
아프리카	아시아 다음으로 면적이 넓고, 북반구와 남반구에 걸쳐 있음.
유럽	다른 대륙에 비해 면적은 좁지만 많은 나라가 있음.
오세아니아	태평양과 인도양 사이에 위치한 면적이 가장 좁은 대륙임.
북아메리카	태평양과 대서양, 북극해와 접해 있고 세계에서 가장 큰 섬인 그린란드를 포함함.
남아메리카	대부분이 남반구에 속해 있으며, 아마존강이 페루, 브라질 등으로 흐름.

◈ 각 대륙에 속한 나라

아시아	중국, 일본, 인도, 사우디아라비아 등
아프리카	이집트, 케냐, 탄자니아 등
유럽	영국, 독일, 프랑스, 에스파냐 등
오세아니아	오스트레일리아, 뉴질랜드, 키리바시 등
북아메리카	캐나다, 미국, 멕시코, 쿠바 등
남아메리카	브라질, 에콰도르, 칠레, 페루 등

◈ 세계 여러 나라의 면적과 모양

① 세계 여러 나라의 면적

• 세계에서 영토 면적이 가장 넓은 나라는 러시아이며, 가장 좁은 나라는 바티칸 시국입니다.
• 우리나라 영토의 면적은 약 22만 km²입니다.

② 세계 여러 나라의 모양 예 → 국경선, 해안선, 영토의 길이 등에 따라 다양합니다.

해안선이 복잡한 나라	노르웨이, 인도네시아, 일본 등
국경선이 단조로운 나라	사우디아라비아, 이집트, 미국 등

01 지구본에는 세계 여러 나라의 위치와 영토 모양이 실제와 (비슷하게 / 다르게) 나타납니다.

02 세계지도는 둥근 지구를 [   ]으로 나타내어 세계를 한눈에 볼 수 있습니다.

03 항공 사진과 위성 영상 정보를 이용해 만든 지도를 (디지털 영상 지도 / 백지도) 라고 합니다.

04 지구를 구성하는 요소 중 넓은 면적을 차지하는 큰 바다를 무엇이라고 합니까?

05 남극 대륙을 둘러싸고 있는 대양의 이름은 무엇입니까?

06 세계 여러 대륙 중에서 가장 큰 대륙은 우리나라가 속해 있는 [   ] 입니다.

07 아시아 다음으로 면적이 넓은 대륙은 (유럽 / 아프리카) 대륙입니다.

08 영국, 독일, 프랑스 등이 속해 있는 대륙은 어디입니까?

09 바티칸 시국은 세계에서 영토의 면적이 가장 (넓은 / 좁은) 나라입니다.

10 노르웨이는 해안선이 (복잡한 / 단조로운) 나라에 속합니다.

사 회

정답 ⭕ 꼼꼼 풀이집 27쪽

* 배점이 표시되어 있지 않은 문제는 문제당 **4점**입니다.

01 지구본에 대한 설명으로 알맞은 것은 어느 것입니까?   [6점] (   )   ^{11종 공통}

① 가지고 다니기 편리하다.
② 실제 지구의 모습과 비슷하다.
③ 둥근 지구를 평면으로 나타낸 것이다.
④ 세계 여러 나라의 위치를 한눈에 볼 수 있다.
⑤ 세계 여러 나라의 위치, 영토 등의 지리 정보가 세계지도보다 정확하지 않다.

[02~03] 다음은 세계 여러 나라의 위치와 영역을 볼 수 있는 세계지도입니다.

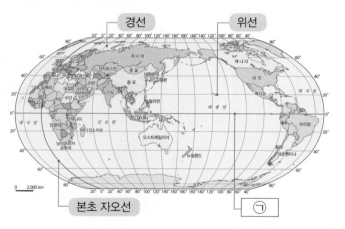

경선   위선

본초 자오선   ㉠

02 위 ㉠에 들어갈 말로, 위선의 기준이 되는 위도 0°의 선을 무엇이라고 하는지 쓰시오.   ^{11종 공통}

(   )

03 위 세계지도를 보고 알맞게 말한 어린이를 쓰시오.   ^{11종 공통}

> 하율: 실제 지구처럼 둥글게 생겼어.
> 민성: 위선과 경선에 쓰여 있는 숫자를 위도와 경도라고 해.
> 현우: 본초 자오선을 기준으로 북쪽의 위도를 북위, 남쪽의 위도를 남위라고 해.

(   )

[04~05] 다음은 디지털 영상 지도입니다.

✏️ **서술형·논술형 문제**

04 위 공간 자료의 특징을 쓰시오. [8점]   ^{11종 공통}
중요!

최신 정보가 [①   ] 반영되어 정확도가 높지만, [②   ]을 연결해야 다양한 기능을 사용할 수 있다.

05 위 ㉠과 관련 있는 기능으로 알맞은 것은 어느 것입니까? (   )   ^{11종 공통}

① 내 위치를 검색할 수 있다.
② 지도를 확대, 축소할 수 있다.
③ 지도를 위성 지도로 바꿔 볼 수 있다.
④ 자동차, 대중교통 등의 경로를 찾을 수 있다.
⑤ 어떤 장소의 실제 모습을 여러 각도에서 살펴볼 수 있다.

06 세계의 대양 중 가장 큰 바다는 어디입니까? (   )   ^{11종 공통}

① 북극해   ② 남극해
③ 대서양   ④ 인도양
⑤ 태평양

07 다음에서 설명하는 대양을 쓰시오.

11종 공통

- 아시아, 유럽, 북아메리카에 둘러싸여 있습니다.
- 북극 주변에 있으며 대부분 얼음에 덮여 있습니다.

(   )

08 다음에서 설명하는 것은 무엇인지 쓰시오.

11종 공통

- 바다로 둘러싸인 큰 땅덩어리를 말합니다.
- 세계에서 가장 큰 섬인 그린란드보다 면적이 넓습니다.

(   )

09 아시아에 대한 설명으로 알맞은 것을 두 가지 고르시오.

11종 공통

[6점] (,   )

① 대륙 중 가장 작다.
② 남극해와 접해 있다.
③ 우리나라가 속해 있는 대륙이다.
④ 아프리카 다음으로 큰 대륙이다.
⑤ 세계 육지 면적의 약 30%를 차지한다.

10 다른 대륙에 비해 면적은 좁은 편이지만 많은 나라가 있는 대륙을 보기 에서 찾아 기호를 쓰시오.

11종 공통

보기
ㄱ 유럽   ㄴ 아시아
ㄷ 북아메리카   ㄹ 남아메리카

(   )

11 오른쪽 대륙에 속해 있는 나라는 어디입니까? (   )

11종 공통

① 영국
② 미국
③ 이집트
④ 에스파냐
⑤ 오스트레일리아

북아메리카

12 다음 나라들이 속해 있는 대륙을 쓰시오.

11종 공통

- 칠레   • 브라질   • 에콰도르

(   )

13 다음 밑줄 친 부분에 해당하는 나라는 어디입니까?

11종 공통

[6점] (   )

어떤 나라는 북반구에 있고, <u>어떤 나라는 남반구에 있습니다.</u>

① 일본   ② 중국
③ 독일   ④ 뉴질랜드
⑤ 대한민국

서술형·논술형 문제

14 다음 대륙의 특징을 한 가지만 쓰시오. [8점]

중요!

11종 공통

_____

_____

사회 • 119

15 다음 지도에 표시된 나라에 대한 정보에서 ㉠에 들어갈 알맞은 말을 쓰시오.

나라 이름	탄자니아
속한 대륙	㉠
주변에 있는 대양	인도양
주변에 있는 나라	케냐, 우간다 등

( )

16 세계 여러 나라의 면적에 대한 설명으로 알맞은 것에 ○표를 하시오.

(1) 세계 여러 나라는 영토의 면적이 서로 다릅니다. ( )

(2) 세계에서 영토의 면적이 가장 넓은 나라는 캐나다입니다. ( )

천재교육, 천재교과서, 교학사, 금성출판사, 김영사, 동아출판, 미래엔, 비상교과서, 비상교육, 지학사

17 세계에서 영토의 면적이 가장 좁은 나라는 어디입니까? ( )

① 인도 ② 러시아
③ 브라질 ④ 카자흐스탄
⑤ 바티칸 시국

11종 공통

18 우리나라 영토의 면적에 대한 설명으로 알맞은 것을 두 가지 고르시오. [6점] (,)

① 세계에서 10번째로 넓다.
② 영토의 면적은 약 22만 ㎢이다.
③ 러시아 다음으로 영토의 면적이 가장 넓다.
④ 아시아 대륙에서 영토의 면적이 가장 넓다.
⑤ 라오스, 가이아나 등과 영토의 면적이 비슷하다.

서술형·논술형 문제
천재교과서, 교학사, 금성출판사, 김영사, 동아출판, 미래엔, 비상교과서, 비상교육, 아이스크림 미디어, 지학사

19 다음 지도를 보고 알 수 있는 칠레 영토 모양의 특징을 쓰시오. [8점]

_____

_____

천재교과서, 교학사, 김영사, 동아출판, 미래엔, 비상교과서, 비상교육, 지학사

20 영토의 모양이 장화 모양과 닮은 다음 ㉠ 나라는 어디입니까? ( )

① 소말리아 ② 이탈리아
③ 탄자니아 ④ 아이슬란드
⑤ 사우디아라비아

정답 ◐ 꼼꼼 풀이집 27쪽

천재교과서, 교학사, 금성출판사, 김영사, 동아출판,
미래엔, 비상교과서, 비상교육, 지학사

1 다음은 공간 자료의 특징을 비교한 표입니다. [총 10점]

11종 공통

㉠	장점	실제 지구의 모습과 비슷함.
	단점	전 세계의 모습을 한눈에 보기 어려움.
세계지도	장점	㉡
	단점	땅과 바다의 모양이나 크기가 실제와 다르게 표현됨.

(1) 위 ㉠에 들어갈 알맞은 공간 자료를 쓰시오. [3점]

( )

(2) 위 ㉡에 들어갈 세계지도의 장점을 쓰시오. [7점]

_____

_____

2 다음은 대륙과 대양의 위치와 범위를 살펴볼 수 있는 세계지도입니다. [총 10점]

11종 공통

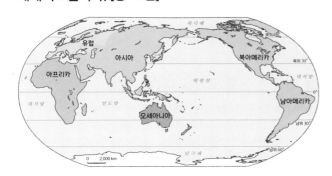

(1) 세계 여러 대륙 중에서 가장 큰 대륙을 위 지도에서 찾아 쓰시오. [3점]

( )

(2) 태평양은 어떤 대륙 사이에 있는지 쓰시오. [7점]

_____

_____

3 다음은 세계 여러 나라의 영토 면적을 나타낸 지도입니다. [총 10점]

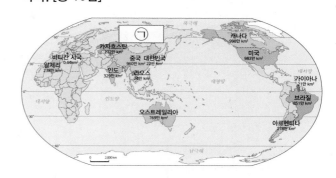

(1) 위 ㉠에 들어갈, 세계에서 영토의 면적이 가장 넓은 나라는 어디인지 쓰시오. [3점]

( )

(2) 위 (1)번 답의 영토 모양의 특징을 쓰시오. [7점]

_____

_____

천재교과서, 김영사, 미래엔, 동아출판, 비상교과서

4 나라별 영토 모양의 특징과 관련하여 다음 두 나라의 차이점을 쓰시오. [8점]

_____

_____

1. ❷ 세계의 다양한 삶의 모습

◉ 세계의 기후

① 세계의 기후와 그 특징

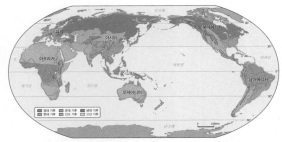

[출처: 다르케 세계지도, 2015. / 구드 세계지도, 2017.]
◎ 세계의 기후 분포

열대 기후	일 년 내내 기온이 높고 연 강수량이 많음.
건조 기후	일 년 동안의 강수량이 500mm보다 적음.
온대 기후	사계절이 뚜렷하고 기온이 온화하며 강수량이 풍부한 편임.
냉대 기후	사계절이 나타나며 온대 기후보다 겨울이 길고 추움.
고산 기후	주변의 고도가 낮은 지역보다 기온이 낮음. → 고도가 높은 지역에서 나타납니다.
한대 기후	일 년 내내 평균 기온이 매우 낮음.

② 세계의 기후가 다르게 나타나는 까닭: 위도, 나라의 위치나 지형 등이 다르기 때문입니다. → 저위도 지역에서 고위도 지역으로 갈수록 태양열이 분산되어 기온이 낮아집니다.

◉ 기후에 따른 사람들의 생활 모습

열대 기후	• 화전 농업으로 얌, 카사바 등을 재배함. • 바나나, 커피 등을 대규모로 재배함.
건조 기후	• 사막 지역: 강이나 오아시스 주변에서 농사를 지음. • 초원 지역: 유목 생활을 하며 살아감.
온대 기후	• 다양한 농업이 발달했음. • 인구가 많고 여러 산업이 발달했음.
냉대 기후	침엽수림이 널리 분포해 목재를 생산하고 종이를 만드는 산업이 발달함.
고산 기후	선선한 기후를 바탕으로 관광 산업이 발달함.
한대 기후	• 순록을 키우며 유목 생활을 함. • 천연자원이 풍부해 자원 개발이 활발함.

◉ 세계 여러 나라 사람들의 다양한 생활 모습

① 다양한 생활 모습 (예) → 인도인이 주로 믿는 힌두교에서는 바느질하지 않은 옷을 깨끗하다고 여기기 때문입니다.

의생활	• 힌두교를 믿는 인도인들은 바느질을 하지 않은 긴 천으로 이루어진 사리를 입음. • 낮과 밤의 기온 차가 큰 멕시코에서는 체온 유지를 위해 판초를 입고, 햇볕을 가려 주는 솜브레로를 씀.
식생활	• 타이는 벼농사를 널리 짓기 때문에 팟타이 등 쌀로 만든 음식이 발달함. • 멕시코는 옥수수 생산량이 많아 타코 등 옥수수로 만든 음식이 발달함.
주생활	• 열대 기후 지역에서는 더위와 해충을 막기 위해 고상 가옥을 지음. • 몽골의 초원 지역에서는 이동 생활을 위해 조립과 해체가 간편한 게르에서 생활함.

◎ 인도의 사리   ◎ 몽골의 게르

② 사람들의 생활 모습이 다양한 까닭: 사람들의 생활 모습은 기후, 지형 등 자연환경과 풍습, 종교와 같은 인문환경의 영향을 받기 때문입니다.

◉ 다양한 생활 모습을 대하는 태도

① 서로 다른 생활 모습 (예)

시에스타	낮이 길고 더운 남부 유럽에서는 점심 식사 후 낮잠을 자거나 휴식을 취함.
이슬람교를 믿는 사람들	하루에 다섯 번 기도하고, 라마단 기간 동안에는 낮에 물과 음식을 먹지 않음.
인도의 식사 문화	힌두교의 영향을 받아 소고기를 먹지 않고, 오른손으로 밥을 먹음.

② 서로 다른 생활 모습을 대할 때 지녀야 할 태도: 서로 다른 생활 모습을 이해하고 존중하려는 태도가 필요합니다.

01 한 지역에서 여러 해에 걸쳐 일정하게 나타나는 평균적인 날씨를 무엇이라고 합니까?

02 일 년 내내 햇빛을 집중적으로 받는 (적도 / 극지방) 부근은 기온이 높습니다.

03 연 강수량이 500mm를 넘지 못할 정도로 비가 내리지 않는 기후는 (열대 / 건조) 기후입니다.

04 열대 기후 지역에서 주로 재배하는 작물을 한 가지만 쓰시오.

05 건조 기후 지역 중 (사막 / 초원)에 사는 사람들은 가축에게 먹일 물과 풀을 찾아 이동하며 살아가는 유목 생활을 합니다.

06 냉대 기후 지역에서는 기후의 영향으로 뾰족한 잎을 가진 [   ]가 숲을 이룹니다.

07 낮과 밤의 기온차가 큰 고산 기후 지역에서는 체온 유지를 위해 (판초 / 사리)를 입습니다.

08 벼농사를 널리 짓는 (타이 / 멕시코)에서는 쌀로 만든 음식이 발달했습니다.

09 사람들의 생활 모습에 영향을 주는 인문환경을 한 가지만 쓰시오.

10 인도에서는 힌두교의 영향을 받아 소고기를 먹지 않고, (왼 / 오른)손으로 밥을 먹습니다.

사
회

* 배점이 표시되어 있지 않은 문제는 문제당 4점입니다.

01 세계의 기후를 나타낸 다음 지도를 보고 알 수 있는 점에 ○표를 하시오.

11종 공통

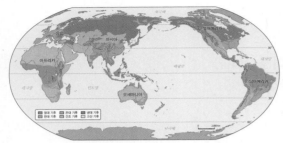

◎ 세계의 기후 분포

(1) 나라의 위치에 따라 기후가 다르게 나타납니다.
( )

(2) 적도 부근은 한대 기후가 나타나고, 극지방 부근은 열대 기후가 나타납니다.
( )

02 다음 설명과 관련 있는 기후는 어느 것입니까? ( )

11종 공통

> 일 년 내내 평균 기온이 매우 낮은 기후로, 고위도 지역에서 주로 나타나며 북극과 남극 주변에 분포합니다.

① 건조 기후
② 고산 기후
③ 열대 기후
④ 온대 기후
⑤ 한대 기후

03 각 기후의 특징을 찾아 줄로 바르게 이으시오.

11종 공통

(1) 열대 기후 • • ㉠ 사계절이 비교적 뚜렷함.

(2) 온대 기후 • • ㉡ 일 년 내내 기온이 높고 강수량이 많음.

04 열대 기후 지역에 사는 사람들의 생활 모습으로 알맞지 않은 것은 어느 것입니까? ( )

11종 공통

①
◎ 화전 농업

②
◎ 바나나 재배

③
◎ 생태 관광 산업

④
◎ 순록 유목

서술형·논술형 문제 ✎

05 건조 기후가 나타나는 초원 지역에 사는 사람들의 생활 모습을 쓰시오. [8점]

중요!

11종 공통

물과 풀을 찾아 ① [ ]과 함께 이동하는

② [ ] 생활을 하며 살아간다.

06 온대 기후 지역에 대한 설명으로 알맞은 것을 두 가지 고르시오. [6점] (,)

11종 공통

① 인구가 많다.
② 농사를 짓기 어렵다.
③ 다양한 산업이 발달했다.
④ 일 년 내내 봄과 같은 선선한 기후가 유지된다.
⑤ 적도를 중심으로 한 저위도 지역에 주로 나타난다.

07 냉대 기후 지역의 생활 모습으로 알맞은 것은 어느 것입니까? (   )

① 밀과 대추야자를 기른다.

② 포도, 오렌지 등을 재배한다.

③ 이동 생활에 유리한 집을 지어 생활한다.

④ 강이나 오아시스 주변에서 농사를 짓는다.

⑤ 목재를 생산하고 종이를 만드는 산업이 발달했다.

08 고산 기후 지역의 특징으로 알맞은 것을 보기 에서 찾아 기호를 쓰시오. [6점]

> **보기**
> ㉠ 고도가 낮은 지역에서 나타납니다.
> ㉡ 기온이 매우 낮아 농사를 짓기 어렵습니다.
> ㉢ 알파카 같은 가축을 길러 고기와 털을 얻기도 합니다.

(   )

09 한대 기후 지역에서 볼 수 있는 집의 모습으로 알맞은 것에 ○표를 하시오.

(1)
❄ 이글루
(   )

(2)
❄ 흙벽돌집
(   )

⭐ **서술형·논술형 문제** ✏️

10 다음 질문에 대한 알맞은 대답을 쓰시오. [8점]
중요!

> 인도의 전통 의상인 사리가 길고 넓은 천 한 장으로 만들어진 까닭은 무엇입니까?

_____

_____

11 오른쪽과 같이 얇게 구운 옥수수빵에 채소와 고기를 넣어 먹는 멕시코의 음식은 무엇입니까?

(   )

① 케밥   ② 타코

③ 항이   ④ 팟타이

⑤ 나시고렝

12 다음 밑줄 친 부분에 들어갈 내용으로 알맞은 것은 어느 것입니까? [6점] (   )

> 열대 기후 지역에서는 _____ 땅에서 띄워 집을 짓습니다.

① 이동 생활을 위해

② 강수량이 적기 때문에

③ 멀리 사냥을 나가기 위해

④ 더위와 해충을 피하기 위해

⑤ 모래바람이 자주 불기 때문에

13 다음과 같은 집에서 생활하는 사람들은 누구입니까?

(   )

① 몽골의 유목민

② 벼농사를 짓는 사람들

③ 힌두교를 믿는 사람들

④ 고산 기후 지역의 사람들

⑤ 지중해 주변 지역 사람들

사회

14 다음 질문에 대해 알맞게 말한 어린이를 쓰시오.

11종 공통

> 세계 여러 나라 사람들의 생활 모습이 다양한 까닭은 무엇입니까?

나라마다 기후, 지형 등이 달라서야.
◎ 예린

나라마다 종교가 똑같기 때문이야.
◎ 선우

(   )

15 다음 ㉠에 들어갈 알맞은 검색어를 쓰시오. [6점]

천재교과서, 김영사, 동아출판, 미래엔, 비상교육

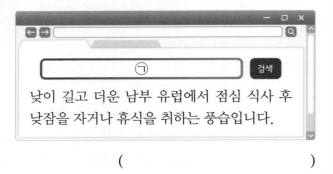

낮이 길고 더운 남부 유럽에서 점심 식사 후 낮잠을 자거나 휴식을 취하는 풍습입니다.

(   )

16 다음 ☐ 안에 들어갈 알맞은 종교는 어느 것입니까?

11종 공통

(   )

> ☐를 믿는 사람들은 돼지고기를 먹지 않으며, 라마단 기간 동안에는 낮에 물과 음식을 먹지 않습니다.

① 불교   ② 유교   ③ 힌두교
④ 유대교   ⑤ 이슬람교

서술형·논술형 문제

17 세계 여러 나라 사람들의 생활 모습을 대할 때 가져야 할 태도를 쓰시오. [8점]

중요!

11종 공통

_____

_____

18 타이에서 가장 더운 시기에 서로에게 물을 뿌리며 축제를 즐기는 까닭을 보기에서 찾아 기호를 쓰시오.

김영사, 동아출판, 비상교과서, 비상교육, 아이스크림 미디어

보기
㉠ 수확이 끝난 것을 축하하려고
㉡ 낮이 가장 긴 날을 기념하려고
㉢ 농사를 위한 비가 많이 오기를 기원하려고

(   )

19 세계 여러 나라 사람들의 생활 모습을 조사할 때, 조사 계획서에 들어갈 수 없는 것은 무엇입니까? (   )

11종 공통

① 조사 주제
② 역할 분담
③ 조사할 내용
④ 자료 수집 방법
⑤ 조사 이후 알게 된 점

20 다음은 세계 여러 나라 사람들의 생활 모습 조사 과정 중 어느 과정에 해당합니까? (   )

11종 공통

우리는 책을 보면서 사우디아라비아의 지형과 기후를 찾고 있어.

① 소개 자료 만들기
② 조사 보고서 작성하기
③ 조사 보고서 발표하기
④ 자료를 수집하고 분석하기
⑤ 모둠 내 역할 분담 의논하기

서술형·논술형 **문제**

11종 공통

1 다음은 중위도 지역에 주로 나타나는 기후입니다.

[총 10점]

(1) 위 지도는 어떤 기후의 분포를 나타낸 지도인지 쓰시오. [3점]

(   ) 기후

(2) 위 (1)번 답의 지역에서 볼 수 있는 사람들의 생활 모습을 한 가지만 쓰시오. [7점]

_____

_____

천재교육, 김영사, 비상교과서, 비상교육

2 다음은 세계 여러 나라의 의생활을 보여 주는 사진입니다.

[총 10점]

(1) 위 ㉠, ㉡ 중 고산 기후 지역에서 주로 입는 옷을 찾아 기호를 쓰시오. [3점]

(   )

(2) 고산 기후 지역에서 위 (1)번 답의 옷을 입는 까닭을 쓰시오. [7점]

_____

_____

천재교육

3 타이에서 다음과 같은 음식이 발달한 까닭을 쓰시오.

[8점]

◐ 팟타이

_____

_____

11종 공통

4 다음은 인도 사람들의 식사 문화를 나타낸 그림입니다.

[총 10점]

(1) 위 그림을 보고 (   ) 안의 알맞은 말에 ○표를 하시오. [3점]

> 인도 사람들은 소고기를 먹지 않고 (왼손 / 오른손)으로 밥을 먹습니다.

(2) 인도 사람들이 소고기를 먹지 않는 까닭을 쓰시오. [7점]

_____

_____

1. ❸ 우리나라와 가까운 나라들

❀ 이웃 나라의 자연환경과 인문환경

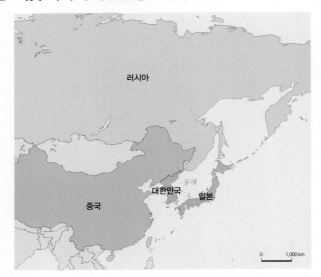

① 중국

자연환경	• 다양한 지형과 기후가 나타남. • 동쪽은 평야, 서쪽은 고원과 산지가 분포함.
인문환경	자원이 풍부하고 여러 가지 산업이 발달했으며, 동부 지역에 대도시가 분포함.

② 일본

자연환경	• 네 개의 큰 섬으로 이루어진 섬나라임. • 산지가 많고, 화산과 지진 활동이 활발함.
인문환경	• 태평양 연안에 공업이 발달했음. • 온천 등의 관광 산업이 성장했음.

③ 러시아 → 세계에서 영토가 가장 넓습니다.

자연환경	• 서부에는 평원, 동부에는 산지가 많음. • 고위도에 위치해 연평균 기온이 낮음.
인문환경	풍부한 자원을 바탕으로 한 산업이 발달함.

❀ 우리나라와 이웃 나라 사람들의 생활 모습

① 우리나라와 중국, 일본은 식사를 할 때 젓가락을 사용하고, 한자의 영향을 받았으며, 불교문화를 찾아볼 수 있습니다.

② 러시아의 식사 도구나 문자는 유럽의 나라들과 비슷합니다. → 대부분의 인구가 유럽과 가까운 서부 지역에 분포하고 있기 때문입니다.

❀ 우리나라와 이웃 나라의 교류 모습

경제적 교류	문화적 교류
 ⬡ 우리나라와 이웃 나라의 전력망 연결	 [출처: 교육부, 2021.] ⬡ 국내 외국인 유학생 비율(2020년)
• 물건을 수입하고 수출함. • 에너지망을 구축함.	• 이웃 나라로 유학을 감. • 문화 교류 행사를 개최함.
인적 교류	**정치적 교류**
우리 국민과 결혼하여 우리나라에 거주하는 사람 62,104명 / 14,595명 / 1,664명 중국 1위 / 일본 3위 / 러시아 10위 [출처: 통계청, 2021.] ⬡ 국내 국적별 결혼 이민자 수 (2020년)	⬡ 한·중·일 보건 장관 회의
• 이웃 나라 사람과 결혼함. • 일자리를 구하러 이웃 나라로 이동함.	우리나라와 이웃 나라의 대표들이 모여 정상 회담을 함.

❀ 우리나라와 관계 깊은 나라

미국	• 우리나라와 활발한 무역을 하고 있음. • 경제 분야뿐만 아니라 정치나 문화 분야에서도 긴밀한 나라임.
사우디 아라비아	우리나라가 원유를 수입하는 대표적인 나라임.
베트남	우리나라와 인적, 문화적 교류가 활발함.

❀ 우리나라와 세계 여러 나라와의 관계

① 다양한 방면에서 서로 교류하고 협력하며 상호 의존 관계를 맺고 있습니다. → 나라마다 환경이 달라 서로 필요한 도움을 주고받을 수 있기 때문입니다.

② 나라 간에 활발하게 교류하며 서로에게 미치는 영향이 더욱 커지고 있습니다.

01 우리나라는 서쪽의 ⬜⬜⬜, 동쪽의 일본, 북쪽의 러시아와 국경을 마주하고 있습니다.

✎

02 중국의 동쪽에는 대도시, 서쪽에는 (산지 / 평야)가 분포합니다.

✎

03 일본은 (세 / 네) 개의 큰 섬과 3,000개가 넘는 작은 섬들로 이루어져 있습니다.

✎

04 러시아는 위도가 높아 (열대 / 냉대) 기후가 널리 나타납니다.

✎

05 우리나라와 중국, 일본의 문자는 ⬜⬜⬜의 영향을 받아 한자어로 된 단어가 많습니다.

✎

06 우리나라와 중국, 일본은 식사를 할 때 (젓가락 / 포크)을/를 주로 사용합니다.

✎

07 러시아의 생활 모습은 ⬜⬜⬜ 대륙과 비슷한 점이 많습니다.

✎

08 우리나라와 이웃 나라가 서로 물건을 수입하고 수출하는 것은 (경제적 / 인적) 교류에 해당합니다.

✎

09 우리나라가 원유를 수입하는 대표적인 나라는 (베트남 / 사우디아라비아)입니다.

✎

10 나라마다 ⬜⬜⬜이 달라 서로 필요한 도움을 주고받을 수 있기 때문에 우리나라는 세계 여러 나라와 상호 의존 관계를 맺고 있습니다.

✎

사

회

* 배점이 표시되어 있지 않은 문제는 문제당 **4점**입니다.

11종 공통

01 다음 ㉠~㉢에 들어갈 말을 알맞게 짝 지은 것은 어느 것입니까? (   )

> 우리나라는 ㉠ 쪽의 중국, ㉡ 쪽의 일본, ㉢ 쪽으로는 러시아와 국경을 마주하고 있습니다.

	㉠	㉡	㉢
①	동	북	남
②	동	서	북
③	서	동	북
④	서	남	동
⑤	북	서	남

11종 공통

02 중국에 대한 설명으로 알맞은 것은 어느 것입니까?

[6점] (   )

① 자원이 부족한 나라이다.
② 세계에서 영토가 가장 넓다.
③ 서부 지역에 주요 항구와 대도시가 있다.
④ 지역마다 다양한 지형과 기후가 나타난다.
⑤ 서쪽에서 동쪽으로 갈수록 지형이 높아진다.

11종 공통

03 다음과 같은 자연환경이 나타나는 이웃 나라를 쓰시오.

> • 네 개의 큰 섬과 3,000개가 넘는 작은 섬들로 이루어져 있습니다.
> • 국토에 산지가 많고 지진 활동이 잦습니다.

(   )

서술형·논술형 **문제** ✏️

11종 공통

중요!

04 다음 질문에 대한 알맞은 답을 쓰시오. [8점]

> 태평양 연안을 따라 일본의 주요 공업 지역이 발달한 까닭은 무엇입니까?

제품의 수출과 ① [   ] 수입에 유리하고

② [   ] 이 풍부하기 때문이다.

11종 공통

05 다음 러시아의 지도에서 아시아와 유럽을 구분하는 경계가 되는 산맥을 찾아 쓰시오.

(   )산맥

11종 공통

06 다음 보기 에서 러시아에 대한 설명으로 알맞은 것은 몇 개입니까? [6점] (   )

> **보기**
> ㉠ 열대 기후가 주로 나타납니다.
> ㉡ 동부에는 평원이 넓게 자리합니다.
> ㉢ 대부분의 인구가 서부 지역에 모여 있습니다.
> ㉣ 풍부한 천연자원을 바탕으로 한 산업이 발달했습니다.

① 1개   ② 2개
③ 3개   ④ 4개
⑤ 없음.

07 우리나라, 중국, 일본의 문화 가운데 비슷한 점으로 알맞지 <u>않은</u> 것은 어느 것입니까? (   )

① 빵을 주식으로 한다.
② 한자어로 된 단어가 많다.
③ 식사할 때 젓가락을 사용한다.
④ 한자의 영향을 받은 문자를 사용한다.
⑤ 불교문화의 영향으로 만들어진 절이 있다.

08 러시아 문자에 대해 알맞게 말한 어린이를 쓰시오.

> 동욱: 한자어가 대부분이야.
> 보미: 영어와 같이 대문자와 소문자가 있어.
> 민혜: 중국의 한자와 한자의 일부를 변형해 만든 가나를 사용해.

(   )

09 다음과 같은 식사 도구를 사용하는 나라는 어디입니까?
(   )

> 뜨겁고 기름진 음식이 미끄러지지 않게 하기 위해 뭉툭하고 길이가 긴 젓가락을 사용합니다.

① 일본   ② 중국   ③ 미국
④ 러시아   ⑤ 대한민국

10 다음 중 러시아의 전통의상으로 알맞은 것을 찾아 기호를 쓰시오.

ㄱ 치파오   ㄴ 사라판   ㄷ 기모노

(   )

11 다음 사례와 관련 있는 교류 분야로 알맞은 것은 어느 것입니까? (   )

> 슈퍼마켓에서 다른 나라의 상품을 구입할 수 있습니다.

① 인적 교류   ② 문화적 교류
③ 경제적 교류   ④ 종교적 교류
⑤ 교육적 교류

서술형·논술형 **문제** ✏️

12 다음은 우리나라와 이웃 나라의 교류 사례입니다.
중요!
[총 10점]

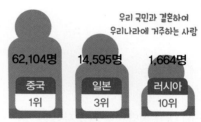

우리 국민과 결혼하여
우리나라에 거주하는 사람

| 62,104명 | 14,595명 | 1,664명 |
| 중국 1위 | 일본 3위 | 러시아 10위 |

◎ 국내 국적별 결혼 이민자 수(2020년)

(1) 다음 (   ) 안의 알맞은 말에 ○표를 하시오.
[3점]

> 위 자료는 우리나라와 이웃 나라의 (인적 / 경제적) 교류를 나타낸 그래프입니다.

(2) 위 (1)과 답과 같은 분야에서의 교류 사례를 한 가지만 더 쓰시오. [7점]

_____

_____

13 우리나라와 이웃 나라의 정치 교류 모습을 담고 있는 신문 기사의 제목으로 알맞은 것에 ○표를 하시오.

(1)
> 일본 내 한국인
> 유학생 수 증가

(2)
> 한·일 정상
> 회담 개최

(   )   (   )

사회

14 다음 어린이가 말하고 있는 공동의 문제는 무엇인지 보기 에서 찾아 기호를 쓰시오.

천재교육

> 우리나라와 이웃 나라의 공동의 문제 해결을 위해 우리나라는 중국의 사막 지역에 나무를 심고 있어요.

보기

㉠ 역사 왜곡 문제
㉡ 전염병 확산 문제
㉢ 황사와 미세 먼지 문제

(   )

15 미국에 대한 설명으로 알맞지 <u>않은</u> 것은 어느 것입니까?

11종 공통

(   )

① 옥수수, 밀 생산량이 많다.
② 다양한 지형과 기후가 나타난다.
③ 수많은 산업이 골고루 발달했다.
④ 세계에서 영토의 면적이 가장 넓다.
⑤ 우리나라와 다양한 물자와 서비스를 주고받는다.

16 다음 ☐ 안에 들어갈 알맞은 말은 어느 것입니까?

천재교육, 천재교과서, 교학사, 금성출판사, 김영사,
동아출판, 미래엔, 비상교과서, 비상교육, 지학사

(   )

> 사우디아라비아는 우리나라와 관계 깊은 나라로, 우리나라가 ☐☐☐을/를 수입하는 대표적인 나라입니다.

① 밀   ② 과일   ③ 원유
④ 반도체   ⑤ 자동차

17 베트남에 대한 설명으로 알맞은 것을 두 가지 고르시오.

천재교육, 천재교과서, 교학사, 금성출판사, 김영사, 동아출판,
비상교과서, 비상교육, 아이스크림 미디어, 지학사

[6점] (,   )

① 경공업이 발달했다.
② 대체로 춥고 건조하다.
③ 북아메리카 대륙에 위치해 있다.
④ 북부와 남부에 넓은 평야가 발달했다.
⑤ 우리나라와 교류가 거의 이루어지지 않는다.

18 다음에서 설명하는 나라는 어디입니까? (   )

천재교육, 천재교과서, 금성출판사, 미래엔, 비상교과서, 비상교육, 지학사

> • 우리나라가 처음으로 자유무역협정(FTA)을 맺은 나라입니다.
> • 우리나라에 구리, 과일 등을 수출합니다.

① 인도   ② 칠레   ③ 독일
④ 캐나다   ⑤ 에티오피아

서술형·논술형 문제 ✏️

11종 공통

19 다음 그림과 같이 우리나라가 세계 여러 나라들과 다양한 방면에서 교류하는 까닭을 쓰시오. [8점]

중요!

_____

_____

20 다음에서 설명하는 것은 무엇인지 쓰시오.

천재교육, 동아출판

> • 대한민국과 관련된 것들이 해외에서 인기를 얻는 문화 현상입니다.
> • 대중가요(K-Pop)를 비롯하여 게임, 캐릭터, 음식 등 다양한 분야에서 사랑을 받고 있습니다.

(   )

서술형·논술형 문제

1. ❸ 우리나라와 가까운 나라들

정답 ➡ 꼼꼼 풀이집 30쪽

1 다음은 우리나라와 이웃 나라를 나타낸 지도입니다.

11종 공통

[총 10점]

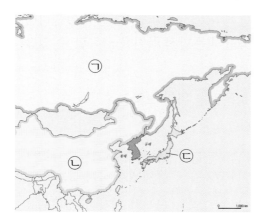

(1) 위 ㉠, ㉡, ㉢ 나라의 이름을 각각 쓰시오. [3점]

㉠ (   )

㉡ (   )

㉢ (   )

(2) 위 ㉡ 나라의 인문환경의 특징을 쓰시오. [7점]

_____

_____

2 다음은 러시아에 대해 두 어린이가 나눈 대화입니다. 밑줄 친 부분에 들어갈 알맞은 내용을 쓰시오. [8점]

천재교육, 교학사, 금성출판사, 김영사, 동아출판, 미래엔, 비상교과서

> 진주: 러시아는 세계에서 가장 넓은 나라로 영토가 아시아와 유럽 대륙에 걸쳐져 있어.
>
> 우빈: 러시아는 영토의 대부분이 아시아에 속하는데, 유럽과 비슷한 생활 모습이 나타나는 까닭은 무엇일까?
>
> 진주: _____

_____

_____

3 다음과 같은 우리나라와 이웃 나라 간 교류의 특징을 쓰시오. [8점]

11종 공통

❂ 우리나라와 이웃 나라의 전력망 연결

❂ 한·중·일 보건 장관 회의

_____

_____

천재교육, 천재교과서, 교학사, 금성출판사, 김영사, 동아출판,
비상교과서, 비상교육, 아이스크림 미디어, 지학사

4 다음은 우리나라와 관계 깊은 나라입니다. [총 10점]

❂ 베트남

(1) 위 나라의 자연환경에 대한 설명으로 알맞은 것을 보기 에서 찾아 기호를 쓰시오. [3점]

> **보기**
> ㉠ 서쪽에 로키산맥이 있습니다.
> ㉡ 주로 열대 기후와 온대 기후가 나타납니다.

(   )

(2) 위 나라에서 발달한 산업을 쓰시오. [7점]

_____

_____

사회

◉ 독도의 위치와 중요성

① 독도의 위치와 자연환경

위치	• 우리나라 영토의 동쪽 끝에 있음. • 대략 북위 37°, 동경 132°에 있음.
자연환경	• 화산 활동으로 생긴 화산섬으로, 독특한 지형과 모습을 지님. • 두 개의 큰 섬과 작은 바위섬들로 이루어짐.

◈ 탕건봉

◈ 코끼리 바위

② 독도의 중요성

└▶ 예 섬기린초, 독도 사철나무, 괭이갈매기

• 여러 종류의 동식물이 서식함. ➡ 천연기념물 제336호로 지정해 보호하고 있음.
• 독도 주변 바다는 다양한 자원이 많고, 조경 수역을 형성하여 여러 해양 생물이 살기 좋은 환경임.

◉ 독도에 대한 옛 기록

『신증동국여지승람』「팔도총도」(1531년)	동해에 울릉도와 독도(우산도) 두 섬을 함께 그렸음.
「대일본전도」(1877년)	일본이 공식적으로 만든 지도로, 일본 영토를 자세히 그렸지만 독도는 없음.

◉ 독도를 지키기 위한 노력

옛날	• 신라 시대에 이사부가 우산국을 정복했음. • 조선 시대에 안용복이 독도 주변의 일본 어부들을 쫓아내고 독도가 우리나라 땅임을 확인받았음.
오늘날	• 정부에서는 독도와 관련한 각종 법령을 시행하고 여러 가지 시설물을 설치, 운영함. • 민간단체는 독도를 잘못 소개한 정보나 자료를 찾아 수정을 요구함.

└▶ 예 사이버 외교 사절단 반크

◉ 남북통일이 필요한 까닭

└▶ 남북 분단이 지속되면서 오랜 세월 동안 가족과 만나지 못한 사람들을 말합니다.

① 이산가족의 아픔을 치유할 수 있습니다.
② 분단에 의한 국방비를 줄일 수 있습니다.
③ 남북간의 문화적 차이를 극복할 수 있습니다.

◉ 남북통일을 위한 노력

① 정치적 노력

7·4 남북 공동 성명 (1972년)	남북 정치 교류의 시작으로, 최초로 통일에 관하여 합의하고 발표했음.
6·15 남북 공동 선언 (2000년)	남북한 정상이 만나 남북 간 교류 활성화와 통일 방안에 관해 발표했음.

② 경제적 노력

금강산 관광 (1998년)	2008년까지 10여 년 동안 금강산 관광이 운영되었음.
개성 공업 지구 운영 (2005년)	남한의 자본과 북한의 노동력이 결합한 경제 협력 사례로 2016년까지 운영되었음.

③ 사회·문화적 노력

첫 남북 이산가족 상봉 (1985년)	서울과 평양에서 첫 남북 이산가족이 만난 이후 2018년까지 28차례 직접 혹은 화상으로 만났음.
남북 평화 협력 합동 공연 (2018년)	남북한 예술단이 함께 한반도의 평화를 기원하는 공연을 했음.

◈ 7·4 남북 공동 성명

◈ 개성 공업 지구 운영

◉ 통일 한국의 모습

└▶ 남북한의 군사적 충돌을 막기 위해 군사 시설이나 인원을 배치하지 않은 지역입니다.

① 비무장 지대를 평화롭게 이용합니다.
② 전쟁에 대한 두려움이 사라져 평화로워집니다.
③ 국토의 자원을 효율적으로 활용해 경제가 성장합니다.

01 독도는 우리나라 영토의 (동 / 서)쪽 끝에 있는 섬입니다.

02 독도에 서식하는 동식물을 한 가지만 쓰시오.

03 우리나라는 독도를 [   ] 제336호로 지정해 보호하고 있습니다.

04 1877년 (일본 / 조선)이 공식적으로 만든 「대일본전도」에는 독도가 나타나 있지 않습니다.

05 조선 시대에 [   ]이 독도 주변에서 어업을 하는 일본 어부들을 쫓아내고 독도가 우리나라 땅임을 확인받았다는 기록이 있습니다.

06 남북 분단이 지속되면서 오랜 세월 동안 가족과 만나지 못하고 있는 사람들은 누구입니까?

07 남북통일이 되면 분단에 의한 국방비와 경제적 비용을 (늘릴 / 줄일) 수 있습니다.

08 남북 정치 교류의 시작이 된 (6·15 / 7·4) 남북 공동 성명에서는 최초로 통일에 관하여 합의하고 발표했습니다.

09 2005년부터 2016년까지 운영되었던 [   ] 공업 지구는 남한의 자본과 기술력에 북한의 노동력이 결합한 경제 협력 사례입니다.

10 남북한의 군사적 충돌을 막기 위해 군사 시설이나 인원을 배치하지 않은 지역을 무엇이라고 합니까?

사
회

단원평가

2. ❶ 한반도의 미래와 통일

정답 �‍ 꼼꼼 풀이집 31쪽

* 배점이 표시되어 있지 않은 문제는 문제당 **4점**입니다.

11종 공통

01 다음에서 설명하는 섬을 쓰시오.

　우리나라의 동쪽 끝에 있는 섬으로, 두 개의 큰 섬과 그 주위에 크고 작은 바위섬 89개로 이루어져 있습니다.

(　　　　　　　)

11종 공통

02 독도에 대한 설명으로 알맞은 것은 어느 것입니까?
(　　　)

① 지진 활동으로 만들어진 섬이다.
② 남해의 한가운데에 자리잡고 있다.
③ 북위 132°, 동경 37°에 위치해 있다.
④ 다양한 생물이 살기 어려운 환경이다.
⑤ 행정구역상 경상북도 울릉군 울릉읍에 속한다.

아이스크림 미디어, 지학사

03 독도를 나타내는 말로 알맞지 <u>않은</u> 것을 두 가지 고르시오. [6점] (　　，　　)

① 독섬　　　　　② 우도
③ 무릉　　　　　④ 우산도
⑤ 가지도

11종 공통

04 독도의 자연환경에 대해 <u>잘못</u> 말한 어린이를 쓰시오.

　정아: 남해의 영향으로 기온이 온화해.
　호중: 섬기린초, 독도 사철나무 등을 볼 수 있어.
　진성: 주변 바다에는 메탄 하이드레이트, 해양 심층수 등이 묻혀 있어.

(　　　　　　　)

11종 공통

05 다음 독도에서 볼 수 있는 지형 중 탕건봉을 찾아 기호를 쓰시오.

㉠ 　　㉡

(　　　　　　　)

서술형·논술형 문제 ✏

06 다음은 지도의 특징을 독도와 관련하여 쓰시오. [8점]

중요!

◉ 「신증동국여지승람」 「팔도총도」

현존하는 우리나라 옛 지도 중 ①[　　　]

가 그려진 가장 ②[　　　] 지도이다.

07 다음에서 설명하는 옛 기록은 무엇입니까? (   )

> 일본 정부가 울릉도(죽도)와 독도(일도)가 일본 영토가 아니라고 지시를 내렸던 기록입니다.

① 「대일본전도」
② 「태정관 지령」
③ 「삼국접양지도」
④ 『세종실록』「지리지」
⑤ 「대한 제국 칙령 제41호」

08 안용복에 대한 설명으로 알맞은 것은 어느 것입니까?

[6점] (   )

① 독도 최초의 주민이다.
② 신라 시대에 우산국을 정복했다.
③ 영문으로 '한국 해양 지도'를 제작해 배포했다.
④ 6·25 전쟁 당시 독도를 불법 침범하는 일본 세력을 막아냈다.
⑤ 조선 시대에 일본에 가서 독도가 우리나라 땅임을 확인받았다.

09 오늘날 독도를 지키기 위해 정부에서 하는 일로 알맞지 않은 것은 어느 것입니까? [6점] (   )

① 독도와 관련한 각종 법령을 시행한다.
② 독도에 우리나라 국민이 살지 못하도록 한다.
③ 독도에 거주하는 사람들을 위한 시설을 설치한다.
④ 독도에 경찰이 머무르게 하여 독도를 지키도록 한다.
⑤ 독도 누리집을 만들어 독도에 관한 정확한 자료를 제공한다.

서술형·논술형 **문제** ✏

10 사이버 외교 사절단 반크에서 독도를 지키기 위해 하는 일을 한 가지만 쓰시오. [8점]

중요!

_____

_____

11 독도와 관련하여 우리가 할 수 있는 일을 바르게 말한 어린이를 쓰시오.

> 승엽: 독도를 알리기 위한 홍보 포스터를 만들 수 있어요.
> 의윤: 어른들이 독도를 지키기 위해 노력하고 있기 때문에 우리는 관심을 갖지 않아도 돼요.

(   )

12 남한과 북한이 분단된 시기는 언제인지 보기 에서 찾아 기호를 쓰시오.

> **보기**
> ㉠ 광복 이후   ㉡ 4·19 혁명 이후

(   )

13 다음과 관련 있는 남북 분단의 문제점은 무엇입니까?

(   )

> 저는 평양에서 태어났어요. 6·25 전쟁이 일어나 남쪽으로 피난 올 때 동생과 손을 놓쳐 서로 헤어졌지요. 죽기 전의 소원이 있다면 동생을 만나 함께 고향에 가 보는 거예요.

① 전쟁에 대한 불안감이 커지고 있다.
② 세계 평화에 부정적 영향을 미친다.
③ 이산가족이 서로 만나지 못하고 있다.
④ 남북한 문화의 차이가 더욱 벌어지고 있다.
⑤ 남북한 모두 막대한 국방비를 부담하고 있다.

사
회

14 다음은 남북통일의 필요성을 나타낸 그림입니다. 남한과 북한 중 ㉠, ㉡에 들어갈 알맞은 말을 각각 쓰시오.

㉠ (   ) ㉡ (   )

15 남북통일이 되었을 때 좋은 점을 보기 에서 찾아 기호를 쓰시오.

보기
㉠ 국방비가 늘어나서 세금을 많이 걷게 됩니다.
㉡ 비행기를 이용해 외국과 교류할 수 있게 됩니다.
㉢ 국토의 자원을 효율적으로 이용할 수 있게 됩니다.

(   )

16 다음 중 남북통일을 위한 정치적 노력으로 알맞은 것은 어느 것입니까? [6점] (   )

①
남북 이산가족 상봉

②
경의선 및 동해선 철도·도로 연결 착공식

③
6·15 남북 공동 선언

④
금강산 관광

서술형·논술형 문제

17 다음 사건의 의의를 쓰시오. [8점]

7·4 남북 공동 성명

_____
_____

18 다음은 남북통일을 위해 어떤 분야에서 노력하는 모습입니까? (   )

2018년에 개최된 평창 동계 올림픽에서 남북한 선수들이 함께 입장했습니다.

① 경제적 노력   ② 문화적 노력
③ 정치적 노력   ④ 종교적 노력
⑤ 언어적 노력

천재교육, 천재교과서, 교학사, 금성출판사, 김영사, 동아출판, 미래엔, 비상교육

19 비무장 지대에 대한 설명으로 알맞은 것에 ○표를 하시오.

(1) 군사 시설이 배치된 지역입니다. (   )
(2) 자연 그대로의 생태 환경을 지니고 있습니다. (   )

20 통일 한국의 모습으로 알맞은 것은 어느 것입니까? (   )

① 전통문화가 사라진다.
② 전쟁에 대한 두려움이 커진다.
③ 남북 간의 문화적 차이가 커진다.
④ 헤어진 가족들이 서로 만날 수 있다.
⑤ 육로를 이용해 미국까지 갈 수 있다.

11종 공통

1 다음은 독도에서 볼 수 있는 자연환경입니다. [총 10점]

ㄱ
ㄴ

(1) 위 ㉠, ㉡ 중 천장굴을 찾아 기호를 쓰시오. [3점]

(   )

(2) 독도에서 위와 같은 독특한 지형을 볼 수 있는 까닭을 쓰시오. [7점]

_____

_____

11종 공통

3 다음과 같은 상황이 나타나게 된 까닭을 쓰시오. [8점]

◐ 남한과 북한에서 사용하는 말이 다름.

_____

_____

11종 공통

2 다음은 독도를 지키기 위한 노력입니다. [총 10점]

◐ 독도에 설치된 등대

(1) 위와 같이 독도의 주민들을 위한 시설을 설치하는 것은 정부와 민간단체 중 누가 하는 노력입니까? [3점]

(   )

(2) 위 (1)번 답이 독도를 지키기 위해 하는 일을 한 가지만 더 쓰시오. [7점]

_____

_____

11종 공통

4 다음은 남한과 북한이 한 일입니다. [총 10점]

◐ 남북 기본 합의서 채택

◐ 남북 평화 협력 합동 공연

(1) 다음 (   ) 안의 알맞은 말에 ○표를 하시오. [3점]

남한과 북한은 (통일 / 분단)을 이루기 위해 다양한 노력을 하고 있습니다.

(2) 위 (1)번 답을 이루기 위한 남북한의 노력을 한 가지만 더 쓰시오. [7점]

_____

_____

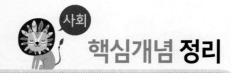

2. ❷ 지구촌의 평화와 발전

◉ **지구촌 갈등** → 역사적으로 오랫동안 갈등이 반복되었고, 각 나라가 자신의 이익을 가장 먼저 생각하기 때문에 발생합니다.

이스라엘-팔레스타인 분쟁	• 1948년, 유대인이 조상들이 살던 곳이라며 팔레스타인 지역에 이스라엘을 건국했음. • 팔레스타인 사람들이 영토를 되찾기 위해 저항하며 분쟁이 발생했음.
시리아 내전	• 대통령의 독재 정치와 종교 문제 때문에 내전이 발생했음. • 10년 넘게 계속되는 내전으로 도시는 폐허가 되었고, 수많은 난민이 발생했음.
에티오피아 내전	• 민족 간 종교와 언어 차이, 경제적·정치적 차별 등으로 인해 내전이 발생했음. • 에티오피아 내 서로 다른 민족 사이에 크고 작은 충돌이 나타나고 있음.
카슈미르 분리 분쟁	• 1947년, 주민 대부분이 이슬람교를 믿는 카슈미르 지역이 힌두교를 믿는 사람이 많은 인도에 편입되면서 분쟁이 발생했음. • 카슈미르 지역을 둘러싸고 파키스탄과 인도의 심각한 갈등이 계속되고 있음.

◉ **지구촌 갈등을 평화롭게 해결하는 방법**

① 지구촌 갈등 해결을 위해 모두가 노력해야 하는 까닭

> • 어느 한 국가의 노력만으로는 해결할 수 없기 때문에
> • 갈등 상황이 주변 지역으로 번져 지구촌 전체의 문제가 될 수도 있기 때문에

② 지구촌 갈등을 평화롭게 해결하기 위한 방법: 국제법 제정, 지구촌이 공존할 수 있는 방법 연구 등

③ 지구촌 갈등 해결을 위해 우리가 할 수 있는 일 **예**

◉ 지구촌 갈등 문제에 대한 뉴스나 기사 찾아보기

◉ 지구촌 갈등 문제를 알리는 활동 참여하기

◉ **지구촌의 평화와 발전을 위한 국제기구의 노력**

① 국제기구: 여러 나라가 모여 지구촌의 평화와 협력을 위해 활동하는 단체

② 국제 연합(UN) → 지구촌 갈등 문제를 해결하려고 노력하고 있습니다.

설립	1945년에 지구촌의 평화 유지와 전쟁 방지 등을 위해 만들어졌음.
국제 연합(UN)의 다양한 기구들	국제 연합 난민 기구(UNHCR), 세계 식량 계획(WFP), 국제 연합 아동 기금(UNICEF), 국제 노동 기구(ILO) 등

◉ **지구촌의 평화와 발전을 위한 비정부 기구의 노력**

① 비정부 기구: 뜻이 비슷한 개인들이 모여 활동하는 단체

② 다양한 비정부 기구의 활동 → 평화 유지, 환경 보전, 빈곤 퇴치, 성 평등 등을 위해 여러 가지 활동을 합니다.

국경 없는 의사회	세이브 더 칠드런	국제 앰네스티
고통받는 사람들에게 의료 서비스를 제공함.	어린이의 생존과 보호를 위해 지원을 함.	인권을 탄압받는 사람들의 인권을 보호함.

◉ **지구촌의 평화와 발전을 위한 국가와 개인의 노력**

① 우리나라의 노력 **예**

외교 활동	민주화 시위를 무력으로 진압한 미얀마 군대 및 경찰과 협력을 끊겠다고 발표했음.
평화 조약 가입	핵 확산 금지 조약(NPT), 생물 무기 금지 협약(BWC) 등의 국제 조약에 가입했음.
평화 유지 활동 참여	국제 연합(UN)의 요청으로 레바논에 평화 유지군인 동명부대를 파견했음.

② 개인의 노력 **예**

이태석	학교를 만드는 등 빈곤과 기아로 고통받는 남수단 사람들을 위해 헌신했음.
조디 윌리엄스	지뢰 금지 국제 운동(ICBL) 단체를 만들고 123개 나라로부터 더 이상 지뢰를 사용하지 않겠다는 약속을 받아 노벨 평화상을 수상했음.

천재교육, 천재교과서, 금성출판사

01 이스라엘–팔레스타인 분쟁은 (유대인 / 몽골인)이 팔레스타인 지역에 이스라엘을 건국하면서 발생했습니다.

02 시리아 내전은 10년 넘게 지속되어 도시는 폐허가 되었고 수많은 [   ]이/가 발생했습니다.

03 80여 개의 민족으로 이루어진 (일본 / 에티오피아)에서 민족 간 종교와 경제적·정치적 차별 등으로 인해 내전이 발생했습니다.

04 카슈미르 지역은 주민 대부분이 이슬람교를 믿는데, 힌두교를 믿는 사람이 많은 (인도 / 베트남)에 편입되면서 분쟁이 발생했습니다.

05 지구촌 갈등 문제는 한 국가의 노력만으로 해결할 수 (있습니다 / 없습니다).

06 여러 나라가 모여 지구촌의 평화와 협력을 위해 활동하는 단체는 (국제기구 / 비정부 기구)입니다.

07 1945년 지구촌의 평화 유지와 전쟁 방지 등을 위해 만들어진 국제기구는 무엇입니까?

08 비정부 기구는 뜻이 비슷한 (국가 / 개인)들이 모여 활동하는 단체입니다.

09 전쟁, 재해 등으로 고통받는 사람들에게 종교, 민족 등과 관계없이 의료 서비스를 제공하는 비정부 기구는 무엇입니까?

10 이태석은 빈곤과 기아로 고통받는 (남수단 / 동티모르) 사람들을 위해 헌신했습니다.

* 배점이 표시되어 있지 않은 문제는 문제당 4점입니다.

천재교육, 금성출판사, 김영사, 동아출판, 미래엔, 비상교육

01 시리아 내전이 일어난 까닭으로 알맞은 것은 어느 것입니까? (   )

① 후투족을 차별하는 정책을 실시해서
② 대통령의 독재 정치와 종교 문제 때문에
③ 포클랜드 제도의 소유권을 가져오기 위해서
④ 쿠릴 열도의 영유권을 두고 분쟁이 발생해서
⑤ 중국과 라오스가 메콩강 상류에 댐을 설치해 물의 양을 조절해서

[02~03] 다음은 팔레스타인 지역에서 일어나는 갈등을 나타낸 지도입니다.

11종 공통

02 위 지도의 ㉠에 들어갈 나라를 보기 에서 찾아 쓰시오.

보기
• 중국   • 러시아   • 이스라엘

(   )

서술형·논술형 문제 ✎   11종 공통

03 위 **02**번 답의 나라가 건국된 배경을 쓰시오. [8점]

1948년, ①   이 조상들이 살던 곳이라며

②   지역에 나라를 건국했다.

천재교육, 금성출판사, 김영사, 동아출판, 미래엔, 비상교과서, 지학사

04 다음은 카슈미르 분리 분쟁에 대한 설명입니다. ㉠, ㉡에 들어갈 알맞은 종교를 쓰시오.

주민 대부분이 ㉠ 를 믿는 카슈미르 지역이 같은 종교를 믿는 사람이 많은 파키스탄이 아닌 ㉡ 를 믿는 사람이 많은 인도에 편입되면서 분쟁이 발생했습니다.

㉠ (   ) ㉡ (   )

천재교과서, 동아출판

05 다음 르완다 내전에 대한 글을 통해 알 수 있는 내용은 어느 것입니까? (   )

르완다를 지배한 벨기에가 비슷한 문화를 공유하던 투치족과 후투족 중 후투족을 차별하는 정책을 실시하면서 갈등이 발생했고, 이는 르완다가 독립한 이후에 내전으로 이어졌습니다.

① 종교 문제로 인해 르완다 내전이 발생했다.
② 르완다 내전으로 인해 르완다의 경제가 발전했다.
③ 후투족과 투치족은 이전에는 전혀 교류가 없었다.
④ 르완다 내전은 강대국들의 식민 지배와 관련이 있다.
⑤ 르완다는 태평양과 대서양을 있는 중요한 위치에 있어 분쟁이 발생했다.

11종 공통

06 지구촌 갈등이 사라지지 않는 까닭으로 알맞은 것에 ◯ 표를 하시오.

(1) 역사적으로 오랫동안 갈등이 반복되었기 때문입니다.   (   )

(2) 각 나라가 다른 나라의 이익을 먼저 생각해서 행동하기 때문입니다.   (   )

07 지구촌 갈등을 해결하기 위해 위해 모두가 노력해야 하는 까닭을 바르게 말한 어린이를 쓰시오.

> 태연: 지구촌 갈등 문제는 한 국가만 노력하면 해결할 수 있기 때문이야.
> 재원: 지구촌 갈등 상황은 주변 지역으로 번져 지구촌 전체의 문제가 될 수도 있기 때문이야.

(   )

08 지구촌 갈등을 평화롭게 해결하기 위한 방법으로 알맞은 것을 두 가지 고르시오. [6점] (,   )

① 자기 나라의 이익만 추구한다.
② 지구촌이 공존할 수 있는 방법을 생각한다.
③ 세계 여러 나라가 지켜야 할 국제법을 제정한다.
④ 갈등을 겪고 있는 나라나 민족이 끝까지 싸운다.
⑤ 갈등에 얽힌 강대국들의 의견에 무조건 따른다.

09 지구촌 갈등을 해결하기 위해 우리가 할 수 있는 일에 ◯표를 하시오.

(1)
◉ 평화 조약 가입하기

(2)
◉ 누리 소통망 서비스(SNS)에 관련된 글 쓰기

(   )   (   )

10 국제기구에 대한 설명으로 알맞은 것을 두 가지 고르시오. [6점] (,   )

① 개인이 조직할 수 있다.
② 여러 나라가 모여 만든다.
③ 국제 연합(UN)과는 전혀 관계가 없다.
④ 지구촌 갈등을 일으키는 주요 원인이다.
⑤ 지구촌 갈등을 해결하기 위해 노력하고 있다.

11 다음에서 설명하는 국제기구를 보기 에서 찾아 기호를 쓰시오.

> 전 세계 어린이들이 안전하고 깨끗한 환경에서 교육받고 성장하도록 여러 가지 지원을 합니다.

보기
㉠ 세계 무역 기구(WTO)
㉡ 국제 연합 아동 기금(UNICEF)

(   )

천재교과서, 교학사, 금성출판사, 비상교육

12 다음 기구에 대한 설명은 무엇인지 바르게 줄로 이으시오.

(1) 국제 노동 기구 •

• ㉠ 난민들이 안전하게 정착할 수 있도록 도움.

(2) 국제 연합 난민 기구 •

• ㉡ 전 세계의 노동 문제를 다룸.

서술형·논술형 문제

13 다음은 비정부 기구에 대한 설명입니다. [총 10점]

> 뜻이 비슷한 ㉠ 들이 모여 활동하는 단체로 평화 유지, 환경 보전, 빈곤 퇴치 등을 위해 여러 가지 활동을 합니다. 비정부 기구에는 해비타트, ㉡ 그린피스 등이 있습니다.

(1) 위 ㉠에 들어갈 말은 개인과 나라 중 무엇인지 쓰시오. [3점]

(   )

(2) 위 밑줄 친 ㉡ 기구에서 하는 일을 쓰시오. [7점]

_____

_____

천재교과서, 교학사, 금성출판사, 김영사, 동아출판,
미래엔, 비상교과서, 아이스크림 미디어, 지학사

14 다음에서 설명하는 비정부 기구는 어느 것입니까?
( )

> 부당하게 인권을 탄압받는 사람들의 인권을
> 보호하기 위한 활동을 하는 단체입니다.

① 해비타트   ② 그린피스
③ 국제 앰네스티   ④ 국경 없는 의사회
⑤ 핵무기 폐기 국제 운동

11종 공통

15 세이브 더 칠드런에 대한 설명으로 알맞은 것에 ○표를
하시오.

(1) 가난, 전쟁, 자연재해 등으로 터전을 잃어버린
    사람들에게 집을 지어 줍니다. ( )
(2) 모든 어린이의 생존과 보호를 위해 교육, 의료
    등의 분야에서 다양한 지원을 합니다. ( )

11종 공통

16 다음 ( ) 안의 알맞은 말에 ○표를 하시오.

> 국경 없는 의사회는 전쟁, 재해, 전염병 등으로
> 고통받는 사람들에게 (의료 / 교통) 서비스를
> 제공하는 비정부 기구입니다.

서술형·논술형 문제 ✎
11종 공통

17 다음은 지구촌 평화와 발전에 대한 아이들의 대화입니다.
선미의 대답으로 알맞은 내용을 쓰시오. [10점]

> 선미: 지구촌의 평화와 발전을 위해서는 다양한
>   주체들이 함께 노력해야 해.
> 진영: 우리나라가 하는 노력에는 무엇이 있을까?
> 선미: _____

_____

_____

[18~19] 다음은 지구촌 평화와 발전을 위해 노력한 어떤
인물에 관한 신문 기사입니다.

> 사회 운동가   ㉠
> 원래 교사였던   ㉠   은/는 1991년에 지뢰 금지 국제
> 운동(ICBL)을 만들어 123개 나라로부터   ㉡
> 약속을 받아 냈다. 이 일로 1997년 노벨 평화상까지 수상
> 했다.

천재교육, 천재교과서, 금성출판사

18 위 ㉠에 들어갈 인물은 누구입니까? ( )

① 반기문   ② 넬슨 만델라
③ 마하트마 간디   ④ 조디 윌리엄스
⑤ 말랄라 유사프자이

천재교육, 천재교과서, 금성출판사

19 위 밑줄 친 ㉡에 들어갈 내용으로 알맞은 것은 어느 것
입니까? ( )

① 남수단을 독립시킨다는
② 시리아의 내전을 종결시키겠다는
③ 더 이상 지뢰를 사용하지 않겠다는
④ 레바논에 동명부대를 파견하겠다는
⑤ 남아프리카 공화국의 인종 차별 정책을 폐지하
    겠다는

11종 공통

20 다음 퀴즈에서 설명하는 사람을 쓰시오.

> 나는 누구일까요?
>
> | 힌트 ① | 힌트 ② | 힌트 ③ |
> |---|---|---|
> | 의사이자 가톨릭교 신부임. | 남수단의 '툰즈'에 병원을 지었음. | 학교를 만들어 학생들을 교육했음. |

( )

서술형·논술형 문제

1 다음은 에티오피아의 지도입니다. [총 10점]

천재교육

에티오피아

0   200 km

— 국경선
---- 민족 경계선

(1) 다음은 위 지도를 보고 알 수 있는 점입니다. ( ) 안의 알맞은 말에 ○표를 하시오. [3점]

> 에티오피아는 (여러 / 한) 민족으로 이루어져 있습니다.

(2) 위 (1)번과 같은 상황으로 인해 에티오피아에서 나타난 갈등을 쓰시오. [7점]

_____

_____

2 다음은 친구에게 보내는 편지입니다. [총 10점]

천재교육, 금성출판사, 김영사, 동아출판, 미래엔

> 친구에게
>
> …… 나는 지구촌 갈등에 대해 알아보고 있어. ㉠ 에서는 대통령의 독재 정치와 종교 문제 때문에 내전이 발생했대. 이렇게 다양한 지구촌 갈등 소식을 들으면서 나는 너무 안타까웠어. 그래서 ㉡ 지구촌 갈등 해결을 위해 내가 할 수 있는 일을 찾고 있어.

(1) 위 ㉠에 들어갈 나라는 독일과 시리아 중 어디인지 쓰시오. [3점]

( )

(2) 위 편지에서 밑줄 친 ㉡에 해당하는 일을 한 가지만 쓰시오. [7점]

_____

_____

3 다음은 어느 국제기구에 대해 정리한 표입니다. [총 10점]

11종 공통

만든 시기	1945년에 설립함.
하는 일	지구촌의 평화와 협력을 위해 활동함.
다양한 기구	국제 원자력 기구(IAEA), 세계 식량 계획(WFP) 등

(1) 위와 관련된 국제기구를 쓰시오. [3점]

( )

(2) 위 밑줄 친 기구가 하는 일을 쓰시오. [7점]

_____

_____

4 다음은 다양한 비정부 기구에 대한 아이들의 대화입니다. [총 10점]

11종 공통

○ 수민

> 국경 없는 의사회는 종교, 민족 등과 관계없이 의료 서비스를 제공해.

○ 용현

> 세이브 더 칠드런은 모든 어린이의 생존과 보호를 위해 다양한 지원을 해.

○ 민서

> 국제 앰네스티는 전쟁, 자연재해 등으로 터전을 잃어버린 사람들에게 집을 지어 줘.

(1) 비정부 기구의 활동에 대해 <u>잘못</u> 말한 어린이를 쓰시오. [3점]

( )

(2) 위 (1)번 답 어린이의 말을 바르게 고쳐 쓰시오. [7점]

_____

_____

2. ❸ 지속가능한 지구촌

🔷 지구촌의 환경문제

열대 우림 파괴	무분별한 개발로 여러 동식물의 보금자리이자 지구에 산소를 공급하는 열대 우림이 파괴됨.
지구 온난화	온실가스가 지나치게 배출되어 지구의 평균 기온이 상승해 빙하가 녹아 해수면이 높아지고 있음.
쓰레기 문제	잘 썩지 않는 플라스틱 쓰레기가 생태계를 파괴시키고 있음.
초미세 먼지 증가	공장이나 자동차에서 오염 물질이 배출되어 사람들이 호흡기 질환과 같은 질병에 걸림.

🔹 파괴되고 있는 아마존 열대 우림

[출처: ©David Greizer / Shutterstock]
🔹 무너져 내리는 빙하

🔷 환경문제 해결을 위한 노력

개인	• 환경을 생각하는 소비를 함. • 일상생활에서 자원과 에너지를 절약함. 예) 일회용품 사용 줄이기
기업	• 친환경 소재나 기술을 개발함. • 제품의 생산·이동·폐기 과정에서 불필요한 자원과 에너지가 낭비되지 않도록 노력함. 예) 비닐 포장 없는 제품 만들기
시민 단체	환경 운동을 하고, 기업이나 정부의 활동이 환경에 나쁜 영향을 끼치지 않는지 감시함.
정부	환경과 관련된 법과 제도를 만들어서 개인과 기업이 실천하도록 함. 예) 과대 포장 단속
세계	환경문제를 해결하고자 서로 협력하여 대응책을 세우고 실천함. 예) 2015년 파리 협정

┗→ 전 세계 195개 나라가 온실가스의 배출을 줄이는 협정에 동의했습니다.

🔷 지속가능한 미래를 위한 과제

① 지속가능한 미래의 뜻: 지구촌 사람들이 현재뿐만 아니라 미래 세대의 환경과 발전을 위해 책임감 있게 행동했을 때 다가올 미래

② 지속가능한 미래를 위한 과제

친환경적 생산과 소비 방식의 확산	• 친환경적 생산: 환경을 생각하며 물건을 생산하고 판매함. →친환경 에너지를 활용해 물건을 만들고, 친환경 농산물을 생산합니다. • 친환경적 소비: 환경을 생각하며 소비함.
빈곤과 기아 퇴치	• 원인: 열악한 환경, 자연재해, 식량 분배의 불균형 등으로 빈곤과 기아가 발생함. • 해결 노력: 교육 환경을 개선하고, 식량, 물건 등의 구호 물품을 보냄.
문화적 편견과 차별 해소	• 원인: 어느 한쪽의 문화만 옳다고 생각하기 때문임. →다른 문화를 이해하고 존중해야 합니다. • 해결 노력: 다양성을 존중하는 교육을 실시하고, 취업, 교육 등 여러 방면에서 다문화 인구를 지원함.

🔷 세계시민

① 세계시민의 뜻: 지구촌 문제가 우리의 문제임을 알고 이를 해결하고자 협력하는 자세를 지닌 사람

② 세계시민으로서 우리가 할 수 있는 일

🔹 잘 안 입는 옷 기부하기

🔹 장바구니 사용하기

🔹 급식 남기지 않기

🔹 가까운 데서 생산된 과일 사기
┗→ 과일이 가까운 데서 생산됐으면 배송하는 데 이산화 탄소가 덜 배출됩니다.

01 무분별한 개발로 인해 여러 동식물이 사는 보금자리이자 지구에 산소를 공급하는 (사막 / 열대 우림)이 파괴되고 있습니다.

02 지구의 평균 기온이 상승하는 현상은 무엇입니까?

03 초미세 먼지로 인한 피해는 무엇입니까?

04 환경문제를 해결하기 위해서는 일회용품 사용을 (줄여야 / 늘려야)합니다.

05 환경문제 해결을 위해 친환경 소재나 기술을 개발하는 곳은 (기업 / 시민 단체) 입니다.

06 2015년 파리 협정에서 전 세계 195개 나라가 (온실가스 / 메탄 하이드레이트)를 줄이자는 협정에 동의했습니다.

07 지속가능한 미래를 위한 과제에는 무엇이 있습니까?

08 문화적 편견과 차별을 해소하기 위해서는 다른 문화를 (존중 / 무시)하는 태도가 필요합니다.

09 지구촌 문제가 우리의 문제임을 알고 이를 해결하고자 협력하는 자세를 지닌 사람을 (세계시민 / 지역 주민)이라고 합니다.

10 세계시민으로서 우리는 급식을 (남겨야 / 남기지 않아야) 합니다.

* 배점이 표시되어 있지 않은 문제는 문제당 4점입니다.

01 지구촌에서 나타나는 환경문제와 거리가 먼 것은 어느 것입니까? (   )

11종 공통

① 지구 온난화
② 문화적 편견
③ 동식물 멸종 문제
④ 초미세 먼지 증가
⑤ 과도한 쓰레기 배출

[02~03] 다음은 지구 온난화와 관련된 기사입니다.

> 지구의 평균 기온은 지난 100년 동안 꾸준히 상승했습니다. 이는 공장이나 자동차 등에서 이산화탄소와 같은 ⃝ㄱ 가 지나치게 배출되었기 때문입니다. 지구 온난화로ㅡㅡㅡㅡ⃝ㄴㅡㅡㅡㅡ, 일부 해안 지역은 바닷물이 들이닥쳐 사람들이 살 땅을 잃고 있습니다.

02 다음을 참고해 위 ⃝ㄱ에 들어갈 알맞은 말을 쓰시오.

11종 공통

> 지구에서 우주로 나가려는 열에너지를 흡수하여 지구의 기온을 높이는 가스

(   )

03 위 ⃝ㄴ에 들어갈 알맞은 내용과 관련 있는 사진에 ○표를 하시오.

11종 공통

(1)

◎ 태평양에 쓰레기 섬이 생김.
(   )

(2)

◎ 빙하가 녹아 해수면이 높아짐.
(   )

[04~05] 다음은 파괴되고 있는 열대 우림의 모습입니다.

04 위와 같은 문제가 발생하는 원인을 보기에서 찾아 기호를 쓰시오.

11종 공통

> 보기
> ⃝ㄱ 초미세 먼지가 증가했기 때문입니다.
> ⃝ㄴ 무분별하게 지역 개발을 하기 때문입니다.
> ⃝ㄷ 사람들이 쓰레기를 함부로 버리기 때문입니다.

(   )

서술형·논술형 문제✎

05 위와 같은 문제가 해결되지 않고 계속될 때 일어날 수 있는 일을 쓰시오. [8점]

중요!

11종 공통

동식물의 ① [   ] 가 사라져 동식물이
ㅡㅡㅡㅡㅡㅡㅡㅡㅡㅡㅡㅡㅡㅡㅡㅡㅡㅡㅡㅡㅡㅡㅡ
감소하고 지구에서 발생하는 ② [   ] 가 줄어
ㅡㅡㅡㅡㅡㅡㅡㅡㅡㅡㅡㅡㅡㅡㅡㅡㅡㅡㅡㅡㅡㅡㅡ
들 것이다.

천재교육, 천재교과서, 금성출판사, 김영사, 동아출판, 미래엔,
비상교과서, 비상교육, 아이스크림 미디어, 지학사

06 초미세 먼지의 증가로 인한 피해를 두 가지 고르시오.

(,   )

① 쓰레기가 증가한다.
② 종교 갈등이 발생한다.
③ 바깥 활동을 하기 어렵다.
④ 여러 가지 질병에 걸린다.
⑤ 다른 문화에 대한 편견이 늘어난다.

07 다음 어린이의 말을 통해 알 수 있는 환경문제로 알맞은 것에 ○표를 하시오.

> 아빠와 둘이서 먹을 배달 음식을 시키니 플라스틱 그릇 7개와 여러 장의 비닐, 일회용 수저 등이 나왔습니다.

(1) 온라인 배송, 배달 문화로 쓰레기 배출량이 늘었습니다. ( )

(2) 지구 온난화로 지구촌 곳곳에서 기상 이변이 일어나고 있습니다. ( )

08 사막화가 일어나는 원인을 두 가지 고르시오.

천재교과서, 금성출판사, 김영사, 미래엔, 아이스크림 미디어, 지학사

(,)

① 황사
② 가뭄
③ 인구 감소
④ 과도한 개발
⑤ 해수면 상승

09 ^{중요!} 환경문제 해결을 위해 일상에서 실천할 수 있는 일을 두 가지 고르시오. (,)

① 친환경 제품을 산다.
② 일회용품 사용을 줄인다.
③ 가까운 거리도 택시를 탄다.
④ 쓰레기를 분리배출하지 않는다.
⑤ 전자 제품의 플러그를 항상 꽂아 둔다.

10 환경문제를 해결하기 위해 시민 단체가 하는 노력에 대해 바르게 말한 어린이를 쓰시오.

> 용성: 정부의 활동이 환경에 나쁜 영향을 끼치지 않는지 감시해.
> 민서: 환경과 관련된 법과 제도를 만들어 개인과 기업이 이를 실천하도록 만들어.

( )

11 환경문제 해결을 위한 기업의 노력으로 알맞지 <u>않은</u> 것은 어느 것입니까? [6점] ( )

① 비닐 포장 없는 제품 만들기
② 에너지 고효율 가전제품 만들기
③ 비닐 대신 종이로 만든 포장재 사용하기
④ 재사용 가능한 보랭 가방에 담아 배송하기
⑤ 가전제품의 에너지 소비 효율 등급 기준 높이기

[12~13] 다음은 지구촌 환경문제를 해결하기 위한 세계의 노력과 관련된 사진입니다.

● 2015년 파리 협정

12 위 사진을 보고 바르게 말한 어린이를 쓰시오.

> 해림: 지구촌의 환경문제를 해결하기 위해 나라 간 협력이 필요해.
> 진영: 지구촌의 환경문제는 지구촌 전체의 문제가 아니라 한 지역의 문제야.

( )

서술형·논술형 문제 ✏️

천재교육, 교학사, 금성출판사, 동아출판, 미래엔, 비상교과서, 비상교육, 아이스크림 미디어

13 위 협정의 내용을 한 가지만 쓰시오. [10점]

_____

_____

천재교육, 천재교과서, 금성출판사, 동아출판,
비상교과서, 비상교육, 아이스크림 미디어

14 국제 연합이 제시한 지속가능 발전 목표가 <u>아닌</u> 것은 어느 것입니까? ( )

① 빈곤 퇴치 　　　　② 기아 종식
③ 성 불평등 　　　　④ 양질의 교육
⑤ 깨끗한 물과 위생

11종 공통

15 다음에서 환경을 생각하는 생산 활동을 하는 기업 대표를 쓰시오.

> □□ 기업 대표: 자원과 에너지를 최대한으로 많이 사용해서 상품을 생산해요.
> ○○ 기업 대표: 버려진 자원으로 만든 재생 용지만을 이용해서 상품을 만들어요.

( )

서술형·논술형 문제 ✎
11종 공통

16 다음과 같은 소비 습관이 환경문제 해결에 어떤 도움을 주는지 쓰시오. [10점]

> 소비자 △△씨는 제로 웨이스트 숍(Zero Waste Shop)을 자주 이용합니다. 여기서 파는 모든 물건은 포장이 없어서 직접 용기를 들고 와 필요한 만큼만 사 갑니다. △△씨는 친환경 세제와 물비누를 필요한 만큼만 병에 담아 샀습니다.

_____

_____

11종 공통

17 빈곤 문제를 겪고 있는 어린이의 모습에 모두 ○표를 하시오.

(1) 생계 때문에 일을 해야 하는 어린이 ( )
(2) 놀고 싶어서 학교에 가지 않는 어린이 ( )
(3) 자연재해로 식량 부족을 겪는 어린이 ( )

11종 공통

18 빈곤과 기아로 고통받는 사람들을 위해 지구촌 사람들이 하는 노력을 두 가지 고르시오. [6점] (,)

① 친환경적 생산을 한다.
② '지구촌 불끄기 행사'에 참여한다.
③ 모금 활동으로 물과 식량 등을 지원한다.
④ 교육을 받을 수 있도록 학교를 지어 준다.
⑤ 문화적 편견과 차별을 없애기 위한 캠페인을 한다.

11종 공통

19 다음과 같은 일을 하는 까닭은 무엇입니까? ( )

> • 지구촌 다문화 체험 행사
> • 다문화 인구를 위한 지원

① 지구 온난화를 막기 위해
② 열대 우림을 보호하기 위해
③ 초미세 먼지를 줄이기 위해
④ 쓰레기 배출량을 감소시키기 위해
⑤ 문화적 편견과 차별을 해소하기 위해

11종 공통

20 세계시민으로서 바르지 <u>못한</u> 자세를 가진 어린이는 누구입니까? ( )
중요!

①

유행 지난 옷은 버리고 새로 사야겠어.

②

이산화 탄소를 적게 배출한 가까운 데서 생산된 과일을 사야지.

③

물은 필요한 만큼만 사용해야지.

④

남기지 말고 다 먹어야지.

천재교육, 천재교과서, 금성출판사, 김영사, 동아출판, 미래엔,
비상교과서, 비상교육, 아이스크림 미디어, 지학사

1 다음은 지구촌 환경문제와 관련된 설명입니다. [총 10점]

> 공장이나 자동차에서 배출되는 오염 물질 때문에 공기 중에서 [ ]의 농도가 증가하고 있습니다. [ ]는 미세 먼지보다 작은 입자의 먼지로, 사람 몸속에 들어와 호흡기 질환 등 여러 가지 질병을 불러옵니다.
>
> ➡ 공장에서 내뿜는 오염 물질

(1) 위 [ ] 안에 공통으로 들어갈 말을 쓰시오. [3점]

(　　　　　　　)

(2) 위 문제를 해결하기 위해 우리가 할 수 있는 일을 쓰시오. [7점]

_____

_____

11종 공통

3 다음은 지속가능한 미래를 위한 과제를 나타낸 그림입니다. [총 10점]

제가 믿는 종교를 이야기하면 무섭다고 저를 피해요.

아시아인이라는 이유로 놀림받고 따돌림을 당해요.

(1) 위 그림과 관련된 문제를 보기에서 찾아 ○표를 하시오. [3점]

> **보기**
> • 빈곤과 기아　　• 문화적 편견과 차별

(2) 위와 같은 문제가 일어나는 원인을 쓰시오. [7점]

_____

_____

11종 공통

2 다음은 환경문제 해결을 위한 노력입니다. [총 10점]

개인	자원과 에너지 절약하기, 환경 정책 따르기
㉠	환경 관련 법과 제도 만들기
기업	㉡
세계	환경문제 해결을 위해 서로 협력하고 대응책 마련하기

(1) 위 ㉠에 들어갈 주체는 정부와 시민 단체 중 무엇인지 쓰시오. [3점]

(　　　　　　　)

(2) 위 ㉡에 들어갈 알맞은 내용을 쓰시오. [7점]

_____

_____

11종 공통

4 다음은 지속가능한 미래를 위해 할 수 있는 일을 적은 실천 목록입니다. [총 10점]

실천 목록	
㉠	쓰레기를 분리하여 배출한다.
㉡	지구촌 다문화 행사에 참여한다.
㉢	에어컨을 가장 낮은 온도로 낮추어 사용한다.
㉣	가전제품을 사용하지 않을 때는 플러그를 뽑는다.

(1) 위 ㉠~㉣ 중 알맞지 **않은** 내용의 기호를 쓰시오. [3점]

(　　　　　　　)

(2) 위 (1)번 답의 내용을 바르게 고쳐 쓰시오. [7점]

_____

_____

사
회

* 배점이 표시되어 있지 않은 문제는 문제당 4점입니다.

정답 ◉ 꼼꼼 풀이집 36쪽

관련 단원: 1. ❶ 지구, 대륙 그리고 국가들

01 다음 ☐ 안에 들어갈 알맞은 공간 자료를 보기 에서 찾아 기호를 쓰시오.

> ☐
> • 세계 여러 나라의 위치와 영역을 한눈에 살펴볼 수 있습니다.
> • 둥근 지구를 평면으로 나타내어 실제 모습과 다른 점이 있습니다.

> 보기
> ㉠ 지구본   ㉡ 세계지도

( )

서술형·논술형 문제 ✏ 관련 단원: 1. ❶ 지구, 대륙 그리고 국가들

02 다음은 대양과 대륙을 나타낸 지도입니다. [총 10점]

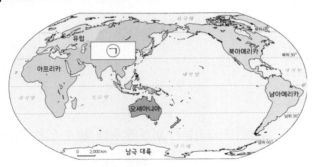

(1) 위 ㉠에 들어갈 대륙의 이름을 쓰시오. [3점]

( )

(2) 위 (1)번 답의 특징을 쓰시오. [7점]

_____

_____

관련 단원: 1. ❶ 지구, 대륙 그리고 국가들

03 영토의 모양이 남북으로 길게 뻗어 있는 나라는 어디입니까? ( )

① 칠레   ② 러시아   ③ 탄자니아
④ 아이슬란드   ⑤ 사우디아라비아

관련 단원: 1. ❷ 세계의 다양한 삶의 모습

04 다음 보기 에서 세계의 기후에 대해 알맞게 설명한 것을 모두 고른 것은 어느 것입니까? [6점] ( )

> 보기
> ㉠ 지역별로 다양한 기후가 나타납니다.
> ㉡ 극지방 부근은 한대 기후가 나타납니다.
> ㉢ 위도는 기후에 영향을 미치지 않습니다.
> ㉣ 적도 지방에서 극지방으로 갈수록 기온이 점차 높아집니다.

① ㉠, ㉡   ② ㉠, ㉢   ③ ㉡, ㉢
④ ㉡, ㉣   ⑤ ㉢, ㉣

관련 단원: 1. ❷ 세계의 다양한 삶의 모습

05 지중해 주변 지역에서 주로 발달한 농업과 관련 있는 사진은 어느 것입니까? ( )

①
◎ 벼농사

②
◎ 화전 농업

③
◎ 올리브 재배

④
◎ 열대작물 재배

관련 단원: 1. ❷ 세계의 다양한 삶의 모습

06 다음에서 설명하는 전통 복장으로 알맞은 것은 어느 것입니까? ( )

> • 인도 여성들이 입는 전통 복장입니다.
> • 힌두교의 영향을 받아 한 장의 천으로 만듭니다.

① 판초   ② 사리   ③ 논라
④ 우샨카   ⑤ 솜브레로

서술형·논술형 문제 ✏ 관련 단원: 1. ❷ 세계의 다양한 삶의 모습
07 초원 지역에 사는 사람들이 다음과 같은 집을 지어 생활하는 까닭을 쓰시오. [8점]

◐ 게르

_____

_____

관련 단원: 1. ❸ 우리나라와 가까운 나라들
08 일본에 대한 설명으로 알맞지 <u>않은</u> 것은 어느 것입니까?
( )

① 섬나라이다.
② 지진 활동이 활발하다.
③ 우리나라의 동쪽에 있다.
④ 국토의 대부분이 산지이다.
⑤ 비와 눈이 거의 내리지 않는다.

관련 단원: 1. ❸ 우리나라와 가까운 나라들
09 우리나라와 이웃 나라가 문화적으로 교류하는 사례를 보기 에서 찾아 기호를 쓰시오.

> **보기**
> ㉠ 일본에서 만든 드라마를 봅니다.
> ㉡ 중국에서 수입한 물품을 상점에서 판매합니다.
> ㉢ 우리나라와 러시아의 대통령이 정상 회담에서 다양한 문제를 논의했습니다.

( )

관련 단원: 1. ❸ 우리나라와 가까운 나라들
10 다음에서 설명하는 나라는 어디입니까? ( )

> • 대체로 덥고 습한 기후가 나타납니다.
> • 아시아 동남쪽에 있고, 영토가 남북으로 깁니다.

① 영국 ② 미국
③ 인도 ④ 브라질
⑤ 베트남

관련 단원: 2. ❶ 한반도의 미래와 통일
11 독도에서 가장 가까운 섬은 어느 것입니까? ( )

① 오키섬 ② 제주도
③ 울릉도 ④ 거제도
⑤ 백령도

관련 단원: 2. ❶ 한반도의 미래와 통일
12 「대일본전도」에 대한 설명으로 알맞은 것은 어느 것입니까? [6점] ( )

① 독도가 그려져 있다.
② 독도를 일본의 영토로 표시했다.
③ 일본이 공식적으로 만든 지도이다.
④ 일본의 주변 섬들은 그리지 않았다.
⑤ 우리나라의 옛 지도 중 독도가 그려진 가장 오래된 지도이다.

관련 단원: 2. ❶ 한반도의 미래와 통일
13 통일이 되면 좋은 점을 알맞게 말한 어린이를 쓰시오.

이산가족이 늘어나게 돼. 소미

전쟁에 대한 두려움이 사라져. 도윤

( )

관련 단원: 2. ❶ 한반도의 미래와 통일

14 남북한이 교류와 협력을 확대하기 위해 연결한 철도를 두 가지 고르시오. (　　,　　)

① 경의선　　　　　② 전라선
③ 경부선　　　　　④ 동해선
⑤ 장항선

관련 단원: 2. ❷ 지구촌의 평화와 발전

15 다음에서 설명하는 나라는 어디입니까? (　　　)

> 대통령의 독재 정치와 종교 문제로 인해 내전이 발생하여 10년 넘게 계속되고 있습니다.

① 인도　　　　　② 시리아
③ 우루과이　　　④ 네덜란드
⑤ 오스트레일리아

관련 단원: 2. ❷ 지구촌의 평화와 발전

16 다음 단체들의 공통점으로 알맞은 것에 ○표를 하시오.

> • 국경 없는 의사회　　• 세이브 더 칠드런

(1) 지구촌의 평화와 협력을 위해 여러 나라가 모여 만든 단체입니다. (　　　)
(2) 지구촌의 평화와 협력을 위해 뜻이 비슷한 개인이 모여 활동하는 단체입니다. (　　　)

관련 단원: 2. ❷ 지구촌의 평화와 발전

17 빈곤과 기아로 고통받는 남수단 사람들을 위해 학교를 만드는 등의 노력을 한 인물은 누구입니까? (　　　)

① 이태석　　　　　② 넬슨 만델라
③ 조디 윌리엄스　　④ 에글렌타인 제브
⑤ 말랄라 유사프자이

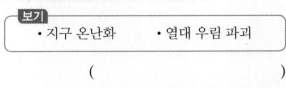

관련 단원: 2. ❸ 지속가능한 지구촌

18 다음은 환경문제 중 하나를 정리한 표입니다. [총 10점]

의미	지구의 평균 기온이 상승하는 현상
원인	온실가스가 지나치게 배출되었음.
피해	㉠

(1) 위와 관련된 지구촌 환경문제를 보기에서 찾아 쓰시오. [3점]

> 보기
> • 지구 온난화　　• 열대 우림 파괴

(　　　　　　　　　　)

(2) 위 ㉠에 들어갈 알맞은 내용을 쓰시오. [7점]

_____

_____

관련 단원: 2. ❸ 지속가능한 지구촌

19 다음 문제를 해결하기 위한 노력을 알맞게 줄로 이으시오.

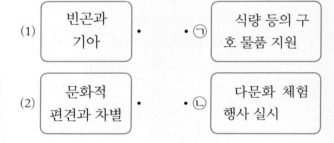

(1) 빈곤과 기아　　　•　　•㉠ 식량 등의 구호 물품 지원

(2) 문화적 편견과 차별　　•　　•㉡ 다문화 체험 행사 실시

관련 단원: 2. ❸ 지속가능한 지구촌

20 지속가능한 미래를 위해 우리가 할 수 있는 일을 <u>잘못</u> 알고 있는 어린이는 누구입니까? (　　　)

① 원권: 장바구니를 이용하는 것이 좋아.
② 현아: 잘 안 입는 옷은 기부할 수 있어.
③ 영민: 쓰레기를 올바르게 분리배출해야 해.
④ 진영: 급식은 다 먹지 않고 남기는 게 좋아.
⑤ 세영: 과일은 가까운 곳에서 생산된 것을 사야 해.

과학

6·2

✏ 9종 검정 교과서 공통 핵심 개념을 알아볼까?

1 전기의 이용 156쪽

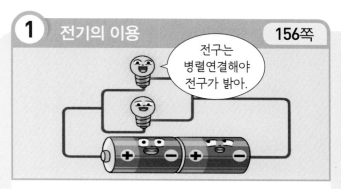

전구는 병렬연결해야 전구가 밝아.

■ 전구의 밝기
• 같은 수의 전구를 직렬연결할 때보다 병렬연결할 때 전구의 밝기가 더 밝습니다.

2 계절의 변화 162쪽

자전축

태양을 중심으로 공전해.

자전축이 모두 같은 방향으로 기울어졌어.

■ 계절이 변하는 까닭
• 지구는 자전축이 기울어진 채 태양 주위를 공전하기 때문에 계절이 변합니다.

3 연소와 소화 168쪽

물질이 연소하려면 산소를 계속 공급해줘야 해.

■ 연소의 조건
• 물질이 연소하려면 탈 물질과 산소가 필요하고, 온도가 발화점 이상이 되어야 합니다.

4 우리 몸의 구조와 기능 174쪽

여러 기관이 각각의 기능을 잘 수행해야 해.

우리 몸은 어떻게 움직여?

■ 우리 몸의 여러 기관
• 우리 몸에는 운동 기관, 소화 기관, 호흡 기관, 순환 기관, 배설 기관, 감각 기관, 신경계 등이 있습니다.

5 에너지와 생활 180쪽

나는 사과를 먹고 에너지를 얻어야지.

식물의 화학 에너지는 태양의 빛에너지로부터 전환되었어.

■ 에너지 전환
• 에너지의 형태가 바뀌는 것으로, 대부분의 에너지는 태양의 빛에너지로부터 에너지의 형태가 전환된 것입니다.

1. 전기의 이용

◉ **전기 회로**: 전지, 전선, 전구 등 전기 부품을 서로 연결해 전기가 흐르도록 한 것

◉ 전기 회로: 스위치를 닫았을 때

◉ **전기 회로에서 전구에 불이 켜지는 조건**
① 전지, 전선, 전구가 끊기지 않게 연결합니다.
② 전구는 전지의 (+)극과 전지의 (−)극에 각각 연결합니다.
③ 전기 부품의 전기가 잘 흐르는 물질끼리 연결합니다.

◉ **전구의 연결 방법**
① 전구의 직렬연결: 전기 회로에서 전구 두 개 이상을 한 줄로 연결하는 방법
② 전구의 병렬연결: 전기 회로에서 전구 두 개 이상을 여러 개의 줄에 나누어 한 개씩 연결하는 방법
③ 전구를 병렬연결한 전기 회로의 전구가 전구를 직렬연결한 전기 회로의 전구보다 더 밝습니다.

전구의 직렬연결	전구의 병렬연결
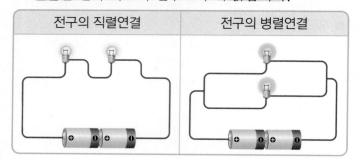	

◉ **전기가 흐르는 전선 주위에서 나침반 바늘의 움직임**
① 전선에 전기가 흐를 때: 나침반 바늘이 움직입니다.
② 전기가 흐르는 전선 주위에서 나침반 바늘이 움직이는 까닭: 전기가 흐르는 전선 주위에 자석의 성질이 나타나기 때문입니다.

◉ **전자석**
① 전자석: 전기가 흐르는 전선 주위에 자석의 성질이 나타나는 것을 이용해 만든 자석

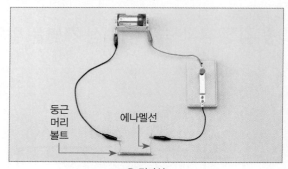

둥근
머리
볼트   에나멜선

◉ 전자석

② 전자석의 성질
• 전자석은 전기가 흐를 때에만 자석의 성질이 나타납니다.
• 전자석은 전기가 흐르는 방향이 바뀌면 전자석의 극도 바뀝니다.
• 전자석은 서로 다른 극끼리 연결하는 전지의 수를 다르게 하여 전자석의 세기를 조절할 수 있습니다.
③ 우리 생활에서 전자석을 이용하는 예: 전자석 기중기, 자기 부상 열차, 선풍기, 스피커, 전기 자동차, 세탁기, 머리말리개 등

◉ **전기를 안전하게 사용하는 방법** → 전기를 안전하게 사용하지 않으면 감전되거나 화재가 일어날 수 있습니다.

◉ 물 묻은 손으로 전기 제품을 만지지 않음.   ◉ 플러그를 뽑을 때에는 전선을 잡아당기지 않음.   ◉ 전선으로 장난치지 않음.

◉ **전기를 절약하는 방법**
① 사용하지 않는 전등은 끕니다.
② 에어컨을 켤 때에는 문을 닫습니다.
③ 냉장고 문을 자주 여닫지 않습니다.
④ 컴퓨터나 텔레비전을 사용하는 시간을 줄입니다.

01 전기 회로에 전기를 흐르게 하는 전기 부품은 (전구 / 전지)입니다.

02 전구에 불이 켜지려면 전지, 전구, 전선이 (끊어지게 / 끊기지 않게) 연결되고,
전구가 전지의 (+)극과 (−)극에 각각 연결되어 있어야 합니다.

03 여러 가지 전기 부품을 연결하여 전기가 흐르도록 한 것을 [   ](이)라고
합니다.

04 다른 모든 조건이 같은 경우 전구를 (직렬 / 병렬)로 연결한 전기 회로의 전구가
더 밝습니다.

05 전기 회로에서 전구 한 개의 불이 꺼졌을 때 나머지 전구의 불이 꺼지지 않는
것은 전구를 (직렬 / 병렬)로 연결했을 때입니다.

06 전기가 흐르는 전선 주위에 자석의 성질이 나타나는 것을 이용해 만든 자석을
[   ](이)라고 합니다.

07 전자석은 (항상 / 전기가 흐를 때만) 자석의 성질이 나타납니다.

08 자석의 세기를 조절할 수 있는 것은 (전자석 / 영구자석)입니다.

09 플러그를 뽑을 때는 플러그의 [   ] 부분을 잡고 뽑습니다.

10 전기를 절약하려면 컴퓨터와 텔레비전을 사용하는 시간을 [   ].

* 배점이 표시되어 있지 않은 문제는 문제당 4점입니다.

01 오른쪽 전기 부품에서 전기가 잘 흐르지 않는 것을 골라 기호를 쓰시오.

9종 공통

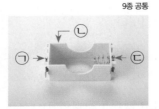

(   )

서술형·논술형 문제 ✎

02 다음은 전기 부품의 모습입니다. [총 12점]

9종 공통

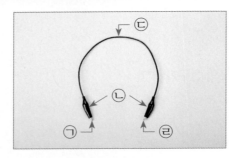

(1) 위의 전기 부품의 이름을 쓰시오. [4점]

(   )

(2) 위의 전기 부품의 ㉠~㉢을 전기가 잘 흐르는 물질과 전기가 잘 흐르지 않는 물질로 분류하여 쓰시오. [8점]

㉠, ㉢은 ① [   ] 이고,

㉡, ㉢은 ② [   ] 이다.

03 다음 중 전구에 불이 켜지는 전기 회로의 기호를 쓰시오.

9종 공통

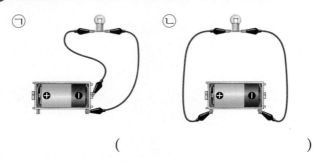

(   )

04 다음 중 전구에 불이 켜지는 것은 어느 것입니까?

9종 공통

(   )

① 전지와 전선만 연결한다.
② 전구와 전선만 연결한다.
③ 전구는 전지의 (−)극에만 연결한다.
④ 전구는 전지의 (+)극에만 연결한다.
⑤ 전지, 전선, 전구가 끊기지 않게 연결한다.

05 다음 중 여러 가지 전기 부품을 연결하여 전기가 흐르도록 한 것을 무엇이라고 합니까? (   )

9종 공통

① 전구   ② 전지   ③ 전선
④ 스위치   ⑤ 전기 회로

06 다음 보기 에서 전기 회로에 불이 켜지는 조건으로 옳지 않은 것을 골라 기호를 쓰시오.

9종 공통

보기
㉠ 전지, 전구, 전선이 끊기지 않게 연결되어 있어야 합니다.
㉡ 전구가 전지의 (+)극과 전지의 (−)극 중 하나에만 연결되어 있어야 합니다.
㉢ 전지, 전구, 전선의 전기가 잘 흐르는 부분끼리 끊임없이 연결되어 있어야 합니다.

(   )

07 다음은 전구의 연결 방법에 대한 설명입니다. (   ) 안의 알맞은 말에 ○표를 하시오.

9종 공통

전구의 밝기가 더 밝은 전기 회로는 전구 두 개가 각각 (한 줄에 / 다른 줄에 나누어 한 개씩) 연결되어 있는 전기 회로입니다.

08 다음 전기 회로에서 스위치를 닫았을 때 전구의 밝기가 더 어두운 전기 회로를 두 가지 고르시오. [6점]

(,   )

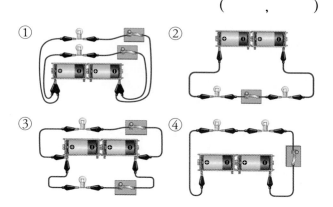

09 다음은 전구의 연결 방법에 대한 설명입니다. ㉠과 ㉡에 들어갈 알맞은 말을 각각 쓰시오.

- 전구의 ㉠ 연결: 전기 회로에서 전구 두 개 이상을 한 줄로 연결하는 방법
- 전구의 ㉡ 연결: 전기 회로에서 전구 두 개 이상을 여러 개의 줄에 나누어 한 개씩 연결하는 방법

㉠ (   ) ㉡ (   )

10 다음 전구의 연결 방법과 전지의 사용 기간을 줄로 바르게 이으시오.

(1) 전구의 직렬연결 ㆍ   ㆍ㉠ 전지를 더 오래 사용할 수 있음.

(2) 전구의 병렬연결 ㆍ   ㆍ㉡ 전지를 더 오래 사용할 수 없음.

11 다음은 전구의 연결 방법에 대한 설명입니다. ☐ 안에 들어갈 알맞은 말을 쓰시오.

전구의 병렬연결에서 전구 한 개의 불이 꺼지면 나머지 전구의 불이 ☐ .

(   )

서술형·논술형 **문제**✐

12 다음의 전자석은 어떤 성질을 이용해 만든 자석인지 쓰시오. [8점]

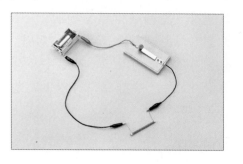

_____

_____

13 위의 **12**번 전자석에 자석의 성질이 나타나게 하는 방법으로 옳은 것은 어느 것입니까? (   )

중요!

① 전자석을 물에 넣는다.
② 전자석에 충격을 가한다.
③ 전기 회로의 스위치를 닫는다.
④ 전자석 주변에 나침반을 놓는다.
⑤ 전기 회로에 연결된 전지의 극을 반대로 연결한다.

14 전자석을 만든 뒤 전자석에 짧은 빵 끈을 대어 볼 때 다음 보기 에서 전자석에 붙는 짧은 빵 끈의 수가 가장 많은 경우를 골라 기호를 쓰시오.

9종 공통

보기

㉠ 전지를 연결하지 않았을 때
㉡ 전지를 한 개만 연결했을 때
㉢ 전지 두 개를 서로 다른 극끼리 한 줄로 연결했을 때

(   )

15 다음 중 위의 **14**번 답으로 보아 알 수 있는 점으로 옳은 것은 어느 것입니까? [6점] (   )

중요!

9종 공통

① 전자석은 극이 일정하다.
② 전자석은 세기가 일정하다.
③ 전자석은 세기를 조절할 수 있다.
④ 전자석은 전지의 크기가 클수록 세기가 세진다.
⑤ 전자석은 전류가 흐르지 않아도 철로 된 물체가 붙는다.

16 다음은 전자석의 성질에 대한 설명입니다. ☐ 안에 들어갈 알맞은 말을 쓰시오.

9종 공통

전자석은 ☐의 연결 방향에 따라 자석의 극이 바뀝니다.

(   )

17 다음 중 전기를 안전하게 사용한 친구의 이름을 쓰시오.

천재교육, 천재교과서, 금성, 미래엔, 비상, 지학사

진호: 전선으로 장난을 쳤어.
승희: 전선을 잡아당겨 플러그를 뽑았어.
민석: 사용하지 않는 전기 제품의 플러그를 뽑아 놓았어.

(   )

천재교육, 천재교과서, 금성, 미래엔, 비상, 지학사

18 다음은 전기를 안전하게 사용하지 않는 모습입니다. 전기를 안전하게 사용하려면 어떻게 해야 하는지 쓰시오.

[8점]

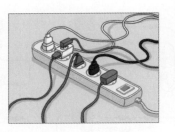

_____

_____

19 오른쪽은 시우가 집에서 에어컨을 사용하고 있는 모습입니다. 전기를 절약하기 위해 해야 할 행동으로 옳은 것은 어느 것입니까?

9종 공통

(   )

① 문을 닫는다.
② 창문도 함께 연다.
③ 문을 반쯤만 연다.
④ 에어컨을 더 세게 켠다.
⑤ 문을 열어 둔 채로 선풍기를 더 튼다.

20 다음 중 전기를 절약하는 방법으로 옳은 것을 두 가지 고르시오. (,   )

9종 공통

① 사용하지 않는 선풍기는 끈다.
② 사용하지 않는 전등도 켜 둔다.
③ 컴퓨터를 사용하는 시간을 줄인다.
④ 에어컨을 켤 때에는 문을 열어 둔다.
⑤ 텔레비전을 사용하는 시간을 늘린다.

1 오른쪽과 같이 전지, 전선, 전구를 연결하였습니다. [총 12점]

9종 공통

(1) 위와 같이 연결하면 전구에 불이 켜지는지, 켜지지 않는지 쓰시오. [4점]

(   )

(2) 위의 (1)번 답과 같은 결과가 나타나는 까닭을 쓰시오. [8점]

_____

_____

2 다음은 전구 두 개를 서로 다른 방법으로 연결한 전기 회로입니다. [총 12점]

9종 공통

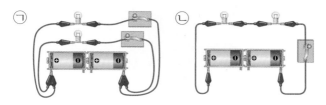

(1) 위에서 스위치를 닫았을 때 전구의 밝기가 더 밝은 것의 기호를 쓰시오. [4점]

(   )

(2) 위의 전기 회로에서 전구 끼우개에 연결된 전구 한 개를 빼내고 스위치를 닫았을 때 나머지 전구는 어떻게 되는지 각각 쓰시오. [8점]

_____

_____

3 다음은 전자석의 끝부분을 시침바늘에 가까이 가져간 뒤 스위치를 닫은 모습입니다. [총 12점]

9종 공통

ⓞ 전지를 한 개만 연결했을 때   ⓞ 전지 두 개를 서로 다른 극끼리 한 줄로 연결했을 때

(1) 위에서 전자석에 붙은 시침바늘의 개수를 >, =, <를 이용하여 비교하시오. [4점]

ⓒ (   ) ⓛ

(2) 위의 실험 결과를 통해 알 수 있는 전자석의 성질을 쓰시오. [8점]

_____

_____

4 다음은 전기를 사용하는 모습입니다. [총 12점]

천재교육, 천재교과서, 금성, 미래엔, 비상, 지학사

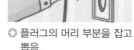

ⓞ 플러그의 머리 부분을 잡고 뽑음.   ⓞ 물 묻은 손으로 전기 제품을 만짐.

(1) 위에서 전기를 안전하지 않게 사용하는 모습의 기호를 쓰시오. [4점]

(   )

(2) 위 (1)번 답에서 전기를 안전하게 사용하려면 어떻게 해야 하는지 쓰시오. [8점]

_____

_____

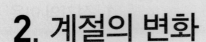 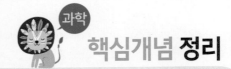

2. 계절의 변화

핵심개념 정리

● **하루 동안 태양 고도, 그림자 길이, 기온의 관계**

① 태양 고도: 태양이 지표면과 이루는 각

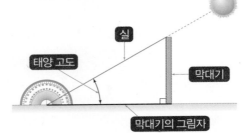

② 태양의 남중 고도: 태양이 남중했을 때의 고도
→ 하루 중 태양이 정남쪽에 위치하면 태양이 남중했다고 합니다.

③ 하루 동안 태양 고도, 그림자 길이, 기온의 관계: 태양 고도가 높아지면 그림자 길이가 짧아지고, 기온은 높아집니다.

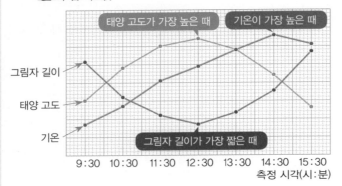

● **계절별 태양의 남중 고도와 낮의 길이 비교하기**

① 계절별 태양의 위치 변화: 여름에 태양의 남중 고도가 가장 높고, 겨울에 가장 낮습니다.

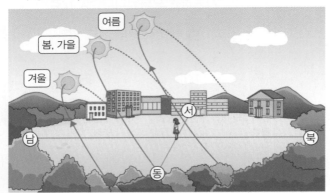

② 계절별 태양의 남중 고도와 낮의 길이 비교

여름	태양의 남중 고도가 가장 높고, 낮의 길이가 가장 긺.
겨울	태양의 남중 고도가 가장 낮고, 낮의 길이가 가장 짧음.

③ 계절별 태양의 남중 고도와 낮의 길이의 관계: 태양의 남중 고도가 높아지면 낮의 길이가 길어지고, 태양의 남중 고도가 낮아지면 낮의 길이가 짧아집니다.

● **계절에 따라 기온이 달라지는 까닭** → 계절에 따라 태양의 남중 고도가 달라지기 때문입니다.

① 태양의 남중 고도에 따른 기온 변화 비교하기: 전등과 태양 전지판이 이루는 각이 클 때 프로펠러 바람의 세기가 더 셉니다.

천재교육

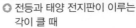

| ◎ 전등과 태양 전지판이 이루는 각이 클 때 | ◎ 전등과 태양 전지판이 이루는 각이 작을 때 |

② 태양의 남중 고도가 높을 때 기온이 높은 까닭: 태양의 남중 고도가 높아지면 일정한 면적의 지표면에 도달하는 태양 에너지양이 많아지기 때문입니다.

● **계절의 변화가 생기는 까닭**

① 자전축 기울기를 달리하여 태양의 남중 고도 측정하기

• 지구본의 자전축이 수직인 채 공전할 때

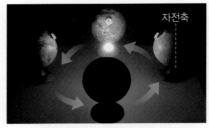

◎ 태양의 남중 고도는 변하지 않음.

• 지구본의 자전축이 기울어진 채 공전할 때

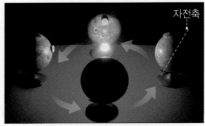

◎ 태양의 남중 고도가 변함.

② 계절이 변하는 까닭: 지구의 자전축이 공전 궤도면에 대해 기울어진 채 태양 주위를 공전하기 때문입니다.

정답 ➡ 꼼꼼 풀이집 38쪽

01 태양이 지표면과 이루는 각을 [   ](이)라고 합니다.

02 태양이 정남쪽에 위치했을 때 태양 고도가 가장 높고, 이때를 태양이 (남중 / 북중)했다고 합니다.

03 태양 고도가 높아지면 그림자 길이는 (길어 / 짧아)지고, 기온은 대체로 (낮아 / 높아)집니다.

04 태양의 남중 고도가 높고, 기온이 가장 높은 계절은 [   ]입니다.

05 태양의 남중 고도가 높아지면 낮의 길이는 (길어 / 짧아)집니다.

06 전등과 태양 전지판이 이루는 각이 (클 / 작을) 때 프로펠러의 바람 세기가 더 세집니다.

07 태양의 남중 고도가 높아지면 일정한 면적의 지표면이 받는 태양 에너지양은 [   ].

08 태양의 남중 고도가 낮아 같은 면적의 지표면에 도달하는 태양 에너지양이 적고 낮의 길이가 짧아 기온이 낮은 계절은 (겨울 / 여름)입니다.

09 계절의 변화가 생기는 까닭은 지구의 자전축이 [   ] 채 태양 주위를 공전하기 때문입니다.

10 북반구에서는 여름에 태양의 남중 고도가 (낮 / 높)습니다.

과학

* 배점이 표시되어 있지 않은 문제는 문제당 4점입니다.

[01~02] 다음은 태양 고도를 측정하는 모습입니다. 물음에 답하시오.

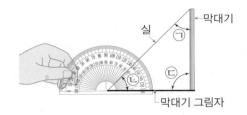

9종 공통

01 다음은 태양 고도를 측정하는 방법에 대한 설명입니다. ㈎, ㈏에 들어갈 말을 바르게 짝지은 것은 어느 것입니까? (   )

실을 연결한 막대기를 지표면에 ㈎ (으)로 세우고 ㈏ 끝과 막대기의 실이 이루는 각을 측정합니다.

	㈎	㈏		㈎	㈏
①	가로	각도기	②	가로	그림자
③	수직	각도기	④	수직	그림자
⑤	수평	그림자			

9종 공통

02 위 ㉠~㉢ 중에서 태양 고도인 것을 골라 기호를 쓰시오.

(   )

9종 공통

03 태양이 남중했을 때의 고도를 무엇이라고 하는지 쓰시오.

(   )

9종 공통

04 다음 중 태양 고도 측정기에서 막대기의 길이가 더 길어졌을 때 그림자 길이와 태양 고도의 변화로 옳은 것을 두 가지 고르시오. (,   )

① 태양 고도가 더 낮아진다.
② 태양 고도가 더 높아진다.
③ 태양 고도는 변화가 없다.
④ 그림자 길이가 더 길어진다.
⑤ 그림자 길이가 더 짧아진다.

9종 공통

05 다음 보기 에서 태양이 남중했을 때에 대한 설명으로 옳은 것을 골라 기호를 쓰시오.

보기
㉠ 태양 고도가 하루 중 가장 낮습니다.
㉡ 태양이 남중했을 때 그림자는 정북쪽을 향합니다.
㉢ 태양이 남중했을 때 그림자 길이는 하루 중 가장 깁니다.

(   )

[06~08] 다음은 하루 동안 태양 고도와 기온 변화 그래프입니다. 물음에 답하시오.

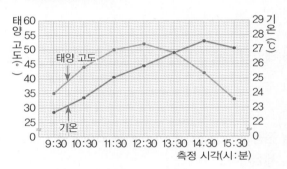

9종 공통

06 위 그래프에서 태양 고도가 가장 높은 시각과 기온이 가장 높은 시각을 각각 쓰시오.

태양 고도가 가장 높은 시각	㉠
기온이 가장 높은 시각	㉡

서술형·논술형 문제 9종 공통

07 위 그래프를 보고 알게 된 점을 쓰시오. [8점]

태양 고도가 높아지면 기온도 [①   ] .

하지만 태양 고도가 가장 높은 때와 기온이 가장 높은 때는 [②   ] .

08 다음은 앞 7번 답과 같이 생각한 까닭을 정리한 것입니다. ( ) 안의 알맞은 말에 ○표를 하시오.

> 태양 고도가 높아질수록 지표면은 더 (많이 / 조금) 데워집니다. 하지만 지표면이 데워져 공기의 온도가 높아지는 데에는 시간이 더 걸립니다.

09 다음은 태양 고도와 그림자 길이, 기온의 관계에 대한 설명입니다. ㉠, ㉡에 들어갈 알맞은 말을 각각 쓰시오.

> 태양 고도가 ㉠ 지면 그림자 길이는 짧아지고, 기온은 ㉡ 집니다.

㉠ (   ) ㉡ (   )

[10~11] 다음은 계절별 태양의 위치 변화 모습입니다. 물음에 답하시오.

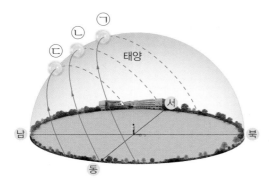

10 위에서 겨울철 태양의 위치 변화를 골라 기호를 쓰시오.

(   )

11 다음 중 위에서 태양의 남중 고도가 가장 높은 계절의 기호와 계절의 이름을 바르게 짝지은 것은 어느 것입니까? (   )

① ㉠, 겨울   ② ㉠, 여름
③ ㉡, 겨울   ④ ㉡, 여름
⑤ ㉢, 여름

서술형·논술형 **문제** ✎

12 다음은 월별 태양의 남중 고도 그래프입니다. [총 12점]

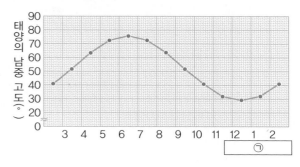

(1) 위에서 ㉠에 들어갈 알맞은 말을 쓰시오. [4점]

(   )

(2) 위 그래프를 통해 알게 된 점을 쓰시오. [8점]

_____

_____

13 다음 보기 에서 여름과 겨울의 낮의 길이를 바르게 비교한 것을 골라 기호를 쓰시오.

> **보기**
> ㉠ 여름과 겨울의 낮의 길이는 같습니다.
> ㉡ 겨울보다 여름이 낮의 길이가 더 깁니다.
> ㉢ 여름보다 겨울이 낮의 길이가 더 깁니다.
> ㉣ 여름과 겨울의 낮의 길이는 비교할 수 없습니다.

(   )

14 다음 중 계절별 태양의 남중 고도와 낮의 길이에 대한 설명으로 옳은 것을 두 가지 고르시오.

중요!   (,   )

① 태양의 남중 고도가 높아지면 낮의 길이가 길어진다.
② 태양의 남중 고도가 높아지면 낮의 길이가 짧아진다.
③ 태양의 남중 고도가 낮아지면 낮의 길이가 길어진다.
④ 태양의 남중 고도가 낮아지면 낮의 길이가 짧아진다.
⑤ 태양의 남중 고도와 낮의 길이는 관계가 없다.

과학

15 오른쪽은 태양의 남중 고도에 따른 태양 에너지양을 비교하는 실험의 모습입니다. 전등과 태양 전지판이 각각 자연에서 의미하는 것을 바르게 짝지은 것은 어느 것입니까? (   )

천재교육

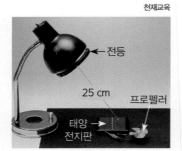

← 전등

25 cm

프로펠러

태양 전지판

	전등	태양 전지판		전등	태양 전지판
①	태양	기온	②	태양	지표면
③	태양	대기	④	지구	지표면
⑤	지구	태양			

서술형·논술형 **문제**

천재교육

16 다음은 태양의 남중 고도에 따른 태양 에너지양을 비교하는 실험의 모습입니다. [총 12점]

프로펠러   프로펠러

◉ 전등과 태양 전지판이 이루는 각이 클 때

◉ 전등과 태양 전지판이 이루는 각이 작을 때

(1) 위 실험 결과 프로펠러 바람의 세기가 더 센 것을 골라 기호를 쓰시오. [4점]

(   )

(2) 위 실험의 결과로 알게 된 점을 쓰시오. [8점]

_____

_____

17 다음은 태양의 남중 고도가 높을 때 기온이 높은 까닭에 대한 설명입니다. (   ) 안의 알맞은 말에 ○표를 하시오.

중요!

9종 공통

태양의 남중 고도가 높아지면 일정한 면적의 지표면에 도달하는 태양 에너지양이 (많아 / 적어)지기 때문입니다.

[18~19] 다음은 계절이 변화하는 원인을 알아보는 실험의 모습입니다. 물음에 답하시오.

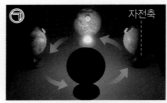
◉ 지구본의 자전축이 수직인 채 공전할 때

자전축

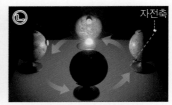
◉ 지구본의 자전축이 기울어진 채 공전할 때

자전축

9종 공통

18 위 실험에서 같게 해야 할 조건을 두 가지 쓰시오.

(,   )

9종 공통

19 위 실험 결과 지구본의 각 위치에서 태양의 남중 고도가 변하는 것과 변하지 않는 것을 골라 각각 기호를 쓰시오.

지구본의 각 위치에 따라 태양의 남중 고도가 변하는 것	(1)
지구본의 각 위치에 따라 태양의 남중 고도가 변하지 않는 것	(2)

9종 공통

20 다음에서 우리나라(사람이 있는 곳)가 겨울일 때의 지구의 위치와 여름일 때의 지구의 위치를 각각 골라 기호를 쓰시오.

ㄱ 자전축   태양   사람 ㄴ 자전축

사람

(1) 우리나라가 겨울인 지구의 위치 :

(   )

(2) 우리나라가 여름인 지구의 위치 :

(   )

1 다음은 오전 9시 무렵에 측정한 태양 고도를 나타낸 것입니다. [총 12점]   9종 공통

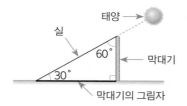

(1) 위에서 태양 고도는 얼마인지 쓰시오. [4점]

(   )°

(2) 위에서 한 시간이 지난 뒤에 막대기의 그림자 길이와 태양 고도는 어떻게 될지 쓰시오. [8점]

_____

_____

2 다음은 하루 동안 태양 고도, 그림자 길이, 기온의 그래프입니다. [총 12점]   9종 공통

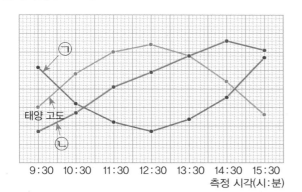

(1) 위에서 ㉠, ㉡은 무엇인지 각각 쓰시오. [4점]

㉠ (   ) ㉡ (   )

(2) 위 그래프를 보고 태양 고도와 그림자 길이, 기온의 관계를 쓰시오. [8점]

_____

_____

3 다음은 여름과 겨울에 태양이 남중했을 때의 모습을 나타낸 것입니다. [총 12점]   9종 공통

㉠  ㉡

(1) 위에서 여름에 태양이 남중한 모습인 것을 골라 기호를 쓰시오. [4점]

(   )

(2) 계절에 따라 기온이 달라지는 까닭은 무엇인지 쓰시오. [8점]

_____

_____

4 다음은 지구본의 자전축이 기울어진 채 전등 주위를 공전할 때 태양의 남중 고도를 측정하는 실험의 모습입니다. [총 12점]   9종 공통

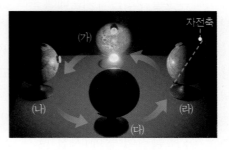

(1) 위 지구본의 (가)~(라) 위치에서 태양의 남중 고도는 같은지 다른지 쓰시오. [4점]

(   )

(2) 위 (1)번 답을 통해 알게 된 점을 쓰시오. [8점]

_____

_____

과학

3. 연소와 소화

● 초와 알코올이 탈 때 나타나는 공통적인 현상

① 물질이 빛과 열을 내면서 탑니다. → 불꽃 주변이 밝고 따뜻해집니다.

② 물질의 양이 변하고 무게가 줄어듭니다. → 시간이 지날수록 초의 길이와 알코올의 양이 줄어듭니다.

● 물질이 탈 때 필요한 기체

① 초에 불을 붙이고 아크릴 통으로 덮은 후 촛불 관찰하기

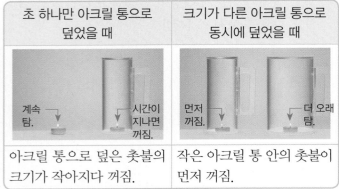

초 하나만 아크릴 통으로 덮었을 때	크기가 다른 아크릴 통으로 동시에 덮었을 때
계속 탐. → 시간이 지나면 꺼짐.	먼저 꺼짐. → 더 오래 탐.
아크릴 통으로 덮은 촛불의 크기가 작아지다 꺼짐.	작은 아크릴 통 안의 촛불이 먼저 꺼짐.
→ 초가 잘 타려면 공기가 필요합니다.	→ 공기의 양에 따라 초가 타는 시간이 달라집니다.

② 초가 타기 전과 탄 후에 아크릴 통 안의 공기 중 산소 비율 측정하기: 초가 타기 전보다 탄 후에 아크릴 통 안의 산소 비율이 줄었습니다. ➡ 물질이 타기 위해 공기 중의 산소가 필요합니다.

● 불을 직접 붙이지 않고 물질 태우기

① 성냥 머리 부분을 구리판의 가운데에 올려놓고 가열할 때: 성냥 머리 부분에 불이 붙습니다.

➡ 불을 붙이지 않아도 물질이 탈 수 있습니다.

② 성냥 머리 부분과 향을 구리판에 올려놓고 가열할 때: 성냥 머리 부분에 먼저 불이 붙습니다.

➡ 물질마다 불이 붙는 데 걸리는 시간이 다릅니다.

③ 발화점: 어떤 물질이 불에 직접 닿지 않아도 스스로 타기 시작하는 온도

● 연소와 연소의 조건

① 연소: 물질이 산소와 만나 빛과 열을 내는 현상

② 연소의 조건: 탈 물질, 산소, 발화점 이상의 온도

● 물질이 연소한 후 생기는 물질

① 초가 연소한 후 아크릴 통 안의 변화 관찰하기

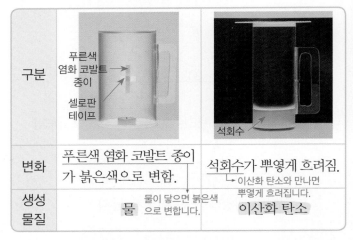

구분	푸른색 염화 코발트 종이 / 셀로판 테이프	석회수
변화	푸른색 염화 코발트 종이가 붉은색으로 변함.	석회수가 뿌옇게 흐려짐. → 이산화 탄소와 만나면 뿌옇게 흐려집니다.
생성 물질	물 (물이 닿으면 붉은색으로 변합니다.)	이산화 탄소

② 연소 후 물질의 무게가 줄어드는 까닭: 연소 후 생성된 물질이 공기 중으로 날아갔기 때문입니다.

● 소화와 소화의 조건

① 소화: 한 가지 이상의 연소 조건을 없애 불을 끄는 것

② 소화 방법: 탈 물질 없애기, 산소 공급 막기, 발화점 미만으로 온도 낮추기

③ 연소 물질에 따른 소화 방법

• 나무, 종이, 섬유: 물이나 소화기로 불을 끕니다.

• 기름, 가스, 전기: 소화기나 마른 모래로 불을 끕니다. → 물을 사용하면 불이 더 크게 번지거나 감전될 위험이 있습니다.

④ 소화기 사용 방법

> **1** "불이야!"를 외치고, 불이 난 곳으로 소화기 옮기기
>
> **2** 손잡이 부분의 안전핀을 뽑기
>
> **3** 바람을 등지고 선 후 불이 난 방향을 향해 손잡이를 힘껏 움켜쥐기
>
> **4** 빗자루로 마당을 쓸듯이 앞에서부터 골고루 소화 물질을 뿌리기

● 화재 안전 대책 → 119에 신고합니다. / 유독 가스를 마시지 않기 위함입니다.

① 방문이나 손잡이가 뜨거우면 문을 열지 않습니다.

② 젖은 수건으로 코와 입을 막고 몸을 낮춰 대피합니다.

③ 아래로 대피할 수 없을 때는 계단을 이용하여 옥상으로 대피합니다.

④ 연기가 방 안으로 들어오지 못하도록 젖은 옷이나 이불로 문틈을 막습니다.

01 초와 알코올이 탈 때 공통적으로 물질은 [＿＿＿]와/과 열을 냅니다.

02 초와 알코올이 탈 때 시간이 지날수록 초의 길이와 알코올의 양이 (줄어듭니다 / 늘어납니다).

03 초에 불을 붙이고 아크릴 통으로 덮었을 때 촛불이 꺼지는 까닭은 [＿＿＿]이/가 공급되지 않기 때문입니다.

04 초 두 개에 불을 붙이고 크기가 다른 아크릴 통으로 동시에 덮었을 때 촛불이 더 빨리 꺼지는 것은 (큰 / 작은) 아크릴 통 안의 촛불입니다.

05 어떤 물질이 불에 직접 닿지 않아도 스스로 타기 시작하는 온도를 무엇이라고 합니까?

06 발화점이 낮은 물질이 발화점이 높은 물질보다 (먼저 / 나중에) 불이 붙기 시작 합니다.

07 연소의 조건 세 가지는 탈 물질, 산소, [＿＿＿]입니다.

08 초를 연소시킨 아크릴 통 안에 석회수를 붓고 흔들었을 때 석회수가 뿌옇게 변하는 것으로 물질이 연소하면 (물 / 이산화 탄소)이/가 생긴다는 것을 알 수 있습니다.

09 연소가 일어날 때 한 가지 이상의 연소 조건을 없애 불을 끄는 것을 (소화 / 발화) 라고 합니다.

10 화재 시 아래층으로 대피할 수 없을 때는 (계단 / 승강기)을/를 이용하여 옥상 으로 대피해야 합니다.

* 배점이 표시되어 있지 않은 문제는 문제당 4점입니다.

01 다음 중 물질이 탈 때 공통적으로 발생하는 것을 두 가지 고르시오. (　　,　　)

9종 공통

① 빛　　　　② 열　　　　③ 물
④ 연기　　　⑤ 소리

02 다음 중 양초 점토 4.8 g으로 만든 큰 초와 1.2 g으로 만든 작은 초에 불을 동시에 붙였을 때의 결과로 옳은 것은 어느 것입니까? (　　　)

미래엔

① 큰 초의 촛불이 먼저 꺼진다.
② 작은 초의 촛불이 먼저 꺼진다.
③ 두 초의 촛불이 동시에 꺼진다.
④ 작은 초의 촛불은 꺼지지 않고 계속 탄다.
⑤ 두 초의 촛불 모두 꺼지지 않고 계속 탄다.

[03~04] 다음은 크기가 다른 아크릴 통으로 촛불을 동시에 덮은 모습입니다. 물음에 답하시오.

03 다음 중 위 실험에서 알 수 있는 점으로 옳은 것은 어느 것입니까? (　　　)

천재교육, 천재교과서, 동아, 지학사

① 탈 물질을 없애면 불이 꺼진다.
② 초가 연소하고 난 후에 물이 생성된다.
③ 초가 연소한 후에 이산화 탄소가 생성된다.
④ 초가 타기 위해서는 공기의 공급이 필요하다.
⑤ 아크릴 통이 작을수록 촛불의 크기가 커진다.

서술형·논술형 문제 ✏

천재교육, 천재교과서, 동아, 지학사

04 위 실험에서 촛불이 나중에 꺼지는 아크릴 통의 기호를 쓰고, 그렇게 생각한 까닭을 쓰시오. [8점]

ⓛ, 아크릴 통의 크기가 ① [　　　] 수록 통 안에

공기 중 ② [　　　] 의 양이 더 많기 때문이다.

05 다음은 크기가 다른 아크릴 통으로 동시에 촛불을 덮은 모습입니다. 촛불이 가장 빨리 꺼지는 것은 어느 것입니까? (　　　)

천재교육, 천재교과서, 동아, 미래엔

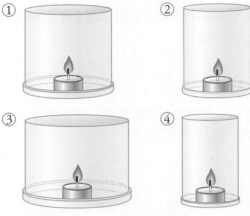

06 다음은 아크릴 통 안에 들어있는 공기 중의 산소 비율을 측정한 기체 검지관의 모습입니다. ㉠, ㉡ 중 초가 타고 난 후의 모습으로 옳은 것을 골라 기호를 쓰시오.

천재교과서, 지학사

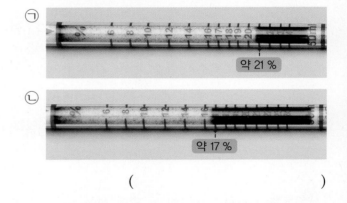

㉠ 약 21 %

㉡ 약 17 %

(　　　　　　　)

07 다음 중 물질이 타는 현상과 관련된 내용으로 옳지 <u>않은</u> 것은 어느 것입니까? (　　　)

9종 공통

① 물질의 양이 줄어든다.
② 물질이 빛과 열을 낸다.
③ 물질이 다른 물질로 변한다.
④ 일정한 온도에서 모든 물질이 타기 시작한다.
⑤ 산소의 양에 따라 물질의 타는 정도가 다르다.

08 다음 중 오른쪽의 성냥 머리 부분과 향을 가열하는 실험에 대한 설명으로 옳은 것은 어느 것입니까? ( )

성냥 머리 부분   향

① 성냥 머리 부분에 먼저 불이 붙는다.
② 향과 성냥 머리 부분의 발화점이 같다.
③ 향에 불을 직접 붙여야만 불이 붙는다.
④ 시간이 지나도 두 물질에 불이 붙지 않는다.
⑤ 어떤 물질을 함께 가열해도 성냥 머리 부분에 먼저 불이 붙는다.

서술형·논술형 **문제** ✎

천재교과서, 지학사

09 위 **08**번 실험에서 향 대신 다른 물질 ㉠을 구리판에 올려놓고 가열했을 때, 성냥 머리 부분보다 ㉠에 먼저 불이 붙었습니다. 이와 같은 결과가 나온 까닭은 무엇인지 쓰시오. [10점]

_____

_____

10 다음 중 연소에 대한 설명으로 옳지 <u>않은</u> 것을 골라 기호를 쓰시오.

9종 공통

중요!

> ㉠ 물질이 산소와 만나 빛과 열을 냅니다.
> ㉡ 꼭 물질에 불을 직접 붙여야만 불이 붙는 것은 아닙니다.
> ㉢ 연소의 조건 중 한 가지가 없어도 물질이 탈 수 있습니다.

( )

11 다음 중 연소 후에 초의 길이가 줄어든 까닭으로 옳은 것은 어느 것입니까? ( )

9종 공통

① 초의 발화점이 변했기 때문이다.
② 탈 물질의 양이 많아졌기 때문이다.
③ 산소의 공급이 줄어들었기 때문이다.
④ 발화점 미만으로 온도가 내려갔기 때문이다.
⑤ 연소한 후 생성된 물이 공기 중으로 날아갔기 때문이다.

12 다음은 모닥불에 부채질을 하는 모습입니다. 나무, 부채질, 불씨는 연소의 조건 중 무엇에 해당하는지 보기 에서 골라 각각 기호를 쓰시오. [6점]

9종 공통

나무   부채질   불씨

보기

> ㉠ 산소   ㉡ 탈 물질
> ㉢ 발화점 이상의 온도

나무	부채질	불씨
(1)	(2)	(3)

13 다음 실험 결과로 확인할 수 있는 초가 연소한 후 생성되는 물질은 무엇인지 쓰시오.

9종 공통

> 촛불이 꺼지고 난 후, 아크릴 통에 석회수를 붓고 살짝 흔들었더니 석회수가 뿌옇게 흐려졌습니다.

석회수

( )

과학

9종 공통

14 다음 중 연소가 일어날 때 한 가지 이상의 연소 조건을 없애 불을 끄는 것을 무엇이라고 합니까? (   )

① 연기   ② 소화   ③ 그을음
④ 발화점   ⑤ 수증기

9종 공통

15 다음 중 소화 방법이 바르지 <u>않은</u> 것은 어느 것입니까?
중요!   (   )

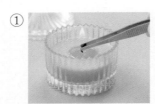
①
➡ 핀셋으로 향초의 심지 잡기: 탈 물질 없애기

②
➡ 알코올 램프의 뚜껑 덮기: 산소 공급 막기

③
➡ 소화전을 이용하여 물 뿌리기: 발화점 미만으로 온도 낮추기

④
➡ 소화제 뿌리기: 탈 물질 없애기

서술형·논술형 문제 ✏
9종 공통

16 다음은 여러 가지 방법으로 촛불을 끄는 모습입니다.
[총 12점]

➡ 촛불에 물 뿌리기

➡ 촛불을 컵으로 덮기

➡ 촛불을 입으로 불기

(1) 위 ㉠~㉢ 중 탈 물질을 없애 촛불을 끄는 경우를 골라 기호를 쓰시오. [4점]

(   )

(2) 위 (1)의 답을 제외한 두 가지는 각각 어떤 방법으로 촛불을 끄는 것인지 쓰시오. [8점]

_____

_____

9종 공통

17 건물 안에 있을 때 화재가 발생한 경우, 계단과 승강기 중 무엇을 이용해서 대피해야 하는지 쓰시오.

(   )

9종 공통

18 다음 중 화재가 발생했을 때 물을 사용하여 불을 끄는 것이 위험한 연소 물질을 두 가지 고르시오.
(,   )

① 나무   ② 전기   ③ 섬유
④ 기름   ⑤ 종이

천재교육, 천재교과서, 금성, 미래엔, 지학사

19 다음은 소화기 사용 방법을 순서에 관계없이 나타낸 것입니다. 순서에 맞게 기호를 쓰시오.

㉠
➡ "불이야!"를 외치고, 불이 난 곳으로 소화기 옮기기

㉡
➡ 호스의 끝부분을 잡고 불이 난 방향을 향해 손잡이 움켜쥐기

㉢
➡ 손잡이 부분의 안전핀 뽑기

㉣
➡ 빗자루로 마당을 쓸듯이 앞에서부터 골고루 소화 물질을 뿌리기

(   ) → (   ) → (   ) → (   )

9종 공통

20 다음 중 화재가 발생했을 때 대처 방법으로 옳지 <u>않은</u> 것은 어느 것입니까? (   )

① 화재가 발생하면 119에 신고한다.
② 승강기 대신 계단을 통해 이동한다.
③ 손잡이가 뜨거우면 문을 열지 않는다.
④ 젖은 수건으로 코와 입을 막고 이동한다.
⑤ 옥상은 안전하지 않으므로 무조건 아래층으로만 이동한다.

1 오른쪽은 초가 연소하기 전과 후의 길이를 비교한 모습입니다. [총 12점]

천재교과서, 김영사, 미래엔, 비상, 지학사

◑ 연소 전   ◑ 연소 후

(1) 위의 연소 후 초의 길이는 연소 전에 비해 어떻게 변하였는지 쓰시오. [4점]

(   )

(2) 위 (1)의 답과 같이 초가 연소하고 난 후에 초의 길이가 변한 까닭을 쓰시오. [8점]

_____

_____

2 다음은 불을 직접 붙이지 않고 물질을 태우는 방법의 예입니다. [총 12점]

천재교육, 천재교과서, 금성, 김영사, 동아, 비상, 아이스크림, 지학사

성냥갑

볼록 렌즈

◑ 성냥갑에 성냥 머리 마찰하기   ◑ 볼록 렌즈로 햇빛을 모아 태우기

(1) 위와 같이 어떤 물질이 불에 직접 닿지 않아도 타기 시작하는 온도를 무엇이라고 하는지 쓰시오. [4점]

(   )

(2) 위 (1)의 답이 어떤 조건일 때 물질이 연소할 수 있는지 연소의 조건과 관련지어 쓰시오. [8점]

_____

_____

3 다음은 초가 연소한 후 생성되는 물질을 확인하기 위한 실험 모습입니다. [총 12점]

9종 공통

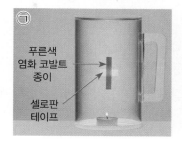

ⓒ

푸른색 염화 코발트 종이

셀로판 테이프

ⓛ

석회수

(1) 위 실험으로 확인할 수 있는 초의 연소 생성물을 각각 쓰시오. [4점]

ⓒ (   )

ⓛ (   )

(2) 위 두 실험에서 초가 연소하고 난 후 관찰할 수 있는 아크릴 통 안의 변화를 쓰시오. [8점]

_____

_____

4 다음은 화재가 발생했을 때 대처 방법을 정리한 것입니다. [총 12점]

9종 공통

> 화재 안전 대책
> ㉠ 방문을 살짝 만져 보아 뜨거우면 문을 열지 않습니다.
> ㉡ 젖은 수건으로 코와 입을 막고 몸을 낮춰 대피합니다.
> ㉢ 아래층으로 대피할 수 없을 때는 옥상으로 대피합니다.
> ㉣ 승강기나 계단 중 더 빠른 것을 이용하여 대피합니다.

(1) 위의 내용 중 화재 안전 대책으로 옳지 않은 것을 골라 기호를 쓰시오. [4점]

(   )

(2) 위 (1)번 답의 내용을 바르게 고쳐 쓰시오. [8점]

_____

_____

4. 우리 몸의 구조와 기능

❂ 운동 기관

① 운동 기관: 몸을 움직이는 뼈와 근육 등

② 뼈와 근육이 하는 일

뼈	• 우리 몸의 형태를 만들고 몸을 지탱함. • 심장, 폐, 뇌 등 몸속 기관을 보호함.
근육	뼈에 연결되어 길이가 줄어들거나 늘어나면서 뼈를 움직임.

❂ 소화 기관

① 소화: 음식물의 영양소를 몸속으로 흡수할 수 있게 음식물을 잘게 쪼개고 분해하는 과정

② 소화 기관과 소화를 도와주는 기관

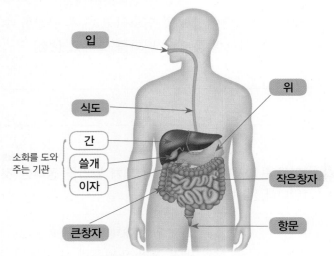

입
위
식도
간
쓸개
이자
소화를 도와주는 기관
작은창자
큰창자
항문

❂ 소화 기관과 소화를 도와주는 기관

③ 소화 기관이 하는 일: 음식물을 잘게 쪼개고 분해하여 영양소와 수분을 흡수하고, 나머지는 항문으로 배출합니다.

④ 음식물이 이동하는 소화 기관의 순서: 입 → 식도 → 위 → 작은창자 → 큰창자 → 항문

❂ 호흡 기관

① 호흡: 숨을 들이마시고 내쉬는 활동

② 호흡 기관: 호흡을 담당하는 코, 기관, 기관지, 폐 등

③ 숨을 들이마시고 내쉴 때 몸속에서의 공기의 이동

구분	공기의 이동
숨을 들이마실 때	코 → 기관 → 기관지 → 폐
숨을 내쉴 때	폐 → 기관지 → 기관 → 코

❂ 순환 기관

① 혈액 순환: 심장에서 나온 혈액이 소화 기관에서 흡수한 영양소와 호흡 기관에서 흡수한 산소 등을 싣고 온몸을 거쳐 다시 심장으로 돌아오는 과정

② 순환 기관: 혈액의 이동에 관여하는 심장, 혈관 등

③ 순환 기관의 생김새와 하는 일

심장	• 자신의 주먹만 한 크기의 둥근 주머니 모양으로 가슴 가운데에서 약간 왼쪽으로 치우쳐 있음. • 펌프 작용으로 혈액을 순환시킴.
혈관	• 굵기가 다양하고 온몸에 복잡하게 퍼져 있음. • 혈액이 이동하는 통로임.

└▸ 혈액은 혈관을 따라 이동하며 우리 몸에 필요한 영양소와 산소를 온몸으로 운반합니다.

❂ 배설 기관

① 배설: 혈액 속의 노폐물을 오줌으로 만들어 몸 밖으로 내보내는 것

② 배설 기관: 배설에 관여하는 콩팥, 방광 등

③ 배설 기관의 생김새와 하는 일

콩팥	• 강낭콩 모양으로 등허리에 좌우 한 쌍이 있음. • 혈액 속의 노폐물을 걸러 오줌으로 만듦.
방광	• 작은 공처럼 생김. • 콩팥에서 걸러 낸 노폐물을 모아 두었다가 몸 밖으로 내보냄.

❂ 자극이 전달되어 반응하는 과정

① 감각 기관: 주변에서 발생한 자극을 받아들이는 눈, 귀, 코, 혀, 피부 등

② 자극이 전달되어 반응하는 과정: 감각 기관 → 자극을 전달하는 신경 → 뇌(행동을 결정하는 신경) → 명령을 전달하는 신경 → 운동 기관

❂ 운동할 때 일어나는 몸의 변화

① 운동할 때 몸에서 일어나는 변화

• 맥박과 호흡이 빨라집니다.

• 체온이 올라가고 땀이 나기도 합니다.

② 몸을 움직이려면 몸속의 여러 기관이 서로 영향을 주고받으며 각각의 기능을 잘 수행해야 합니다.

정답 ❂ 꼼꼼 풀이집 41쪽

01 우리 몸을 움직이는 뼈와 근육을 [ ](이)라고 합니다.

02 우리 몸에 필요한 영양소가 들어 있는 음식물을 잘게 쪼개 몸에 흡수될 수 있는 형태로 분해하는 과정에 관여하는 기관은 (배설 / 소화) 기관입니다.

03 소화되지 않은 음식물 찌꺼기를 배출하는 기관은 [ ]입니다.

04 숨을 들이마시고 내쉬는 활동을 (호흡 / 순환)이라고 합니다.

05 숨을 들이마실 때 코로 들어온 공기는 기관과 (식도 / 기관지)를 거쳐 폐에 도달합니다.

06 심장은 (펌프 / 흡수) 작용으로 혈액을 순환시킵니다.

07 배설은 혈액 속의 노폐물을 [ ](으)로 만들어 몸 밖으로 내보내는 것입니다.

08 감각 기관 중 소리를 듣는 기관은 [ ]입니다.

09 뇌의 명령에 따라 반응하여 자극에 대한 행동을 하는 기관은 (신경 / 운동 기관)입니다.

10 운동을 하면 체온이 [ ], 맥박이 빨라집니다.

과학

* 배점이 표시되어 있지 않은 문제는 문제당 **4점**입니다.

01 다음 우리 몸의 뼈 중 짧은뼈가 이어져 기둥을 이루는 것은 어느 것입니까? (   )
9종 공통

① 팔뼈   ② 갈비뼈
③ 다리뼈   ④ 머리뼈
⑤ 척추뼈

02 다음은 뼈와 근육을 나타낸 모형입니다. ㉠, ㉡은 뼈와 근육 중 어떤 것을 나타내는지 각각 쓰시오.
천재교과서, 동아, 미래엔, 비상, 아이스크림

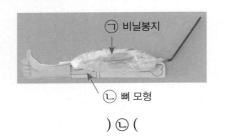

㉠ 비닐봉지
㉡ 뼈 모형

㉠ (   ) ㉡ (   )

03 다음 보기 에서 뼈와 근육에 대한 설명으로 옳지 **않은** 것을 골라 기호를 쓰시오.
9종 공통

보기
㉠ 뼈는 몸의 형태를 만듭니다.
㉡ 근육은 뼈에 연결되어 있지 않습니다.
㉢ 뼈와 근육이 있어서 다양한 자세로 움직일 수 있습니다.

(   )

04 다음에서 설명하는 것은 무엇인지 쓰시오.
9종 공통

우리 몸에 필요한 영양소가 들어 있는 음식물을 잘게 쪼개 몸에 흡수될 수 있는 형태로 분해하는 과정입니다.

(   )

05 다음 중 소화를 도와주는 기관을 두 가지 고르시오.
9종 공통
(,   )

① 폐   ② 이자
③ 쓸개   ④ 항문
⑤ 큰창자

서술형·논술형 문제 ✎

06 다음은 우리 몸속 소화 기관의 모습입니다. ㉠ 기관의 이름과 하는 일을 쓰시오. [8점]
9종 공통

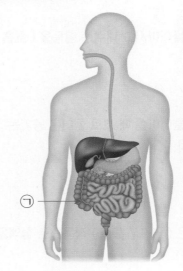

㉠

㉠ 기관은 ① [   ] 이고, 음식물 찌꺼기의 ② [   ] 을/를 흡수하는 일을 한다.

07 다음 중 음식물이 소화되는 과정을 바르게 나타낸 것은 어느 것입니까? (   )
9종 공통

① 입 → 위 → 식도 → 큰창자 → 작은창자 → 항문
② 입 → 위 → 작은창자 → 큰창자 → 식도 → 항문
③ 입 → 식도 → 위 → 큰창자 → 작은창자 → 항문
④ 입 → 식도 → 위 → 작은창자 → 큰창자 → 항문
⑤ 입 → 식도 → 큰창자 → 위 → 작은창자 → 항문

08 다음 보기 에서 호흡에 대한 설명으로 옳은 것을 골라 기호를 쓰시오.

9종 공통

보기

ㄱ 숨을 들이마시고 내쉬는 활동입니다.
ㄴ 혈액 속의 노폐물을 오줌으로 만드는 것입니다.
ㄷ 혈액이 영양소와 산소 등을 싣고 온몸을 도는 것입니다.

(   )

서술형·논술형 문제✎

09 다음은 호흡 기관의 모습입니다. [총 12점]

9종 공통

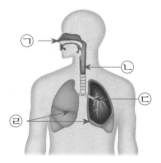

(1) 위에서 기관지에 해당하는 것을 골라 기호를 쓰시오. [4점]

(   )

(2) 기관지의 생김새와 하는 일을 쓰시오. [8점]

_____

_____

10 다음은 숨을 들이마실 때 몸속에서의 공기의 이동 순서를 나타낸 것입니다. ☐ 안에 들어갈 알맞은 말을 쓰시오.

중요!

9종 공통

코 → 기관 → 기관지 → ☐

(   )

11 다음 중 순환 기관인 것을 두 가지 고르시오.

9종 공통

(,   )

① 위
② 폐
③ 심장
④ 피부
⑤ 혈관

[12~14] 다음은 주입기로 붉은 색소 물을 한쪽 관으로 빨아들이고 다른 쪽 관으로 내보내는 모습입니다. 물음에 답하시오.

천재교육, 천재교과서, 동아, 비상, 지학사

12 위의 주입기의 펌프와 관에 해당하는 순환 기관을 줄로 바르게 이으시오.

(1) 주입기의 펌프   •   • ㄱ 혈관

(2) 주입기의 관   •   • ㄴ 심장

천재교육, 천재교과서, 동아, 비상, 지학사

13 위의 주입기의 펌프를 빠르게 누를 때 붉은 색소 물의 이동 빠르기는 어떻게 변하는지 쓰시오.

(   )

14 다음은 심장이 느리게 뛸 때 우리 몸에서 나타나는 현상입니다. ☐ 안에 들어갈 알맞은 말을 쓰시오.

9종 공통

심장이 느리게 뛰면 혈액이 이동하는 빠르기가 ☐지고, 혈액의 이동량이 적어집니다.

(   )

과학

15 다음 중 혈관의 역할로 옳은 것은 어느 것입니까?

(   )

① 노폐물을 흡수한다.
② 혈액이 이동하는 통로이다.
③ 소화를 돕는 액체를 만든다.
④ 몸을 지지하며 내부를 보호한다.
⑤ 펌프 작용으로 혈액을 순환시킨다.

16 다음은 배설에 대한 설명입니다. ☐ 안에 들어갈 가장 알맞은 말은 어느 것입니까? (   )

> 혈액 속의 ☐☐☐을/를 오줌으로 만들어 몸 밖으로 내보내는 것입니다.

① 산소
② 근육
③ 음식물
④ 영양소
⑤ 노폐물

17 다음 중 콩팥에 대한 설명으로 옳은 것은 어느 것입니까?

(   )

① 몸을 움직이게 한다.
② 몸에 필요한 혈액을 만든다.
③ 몸에 필요한 영양소를 만든다.
④ 혈액에 있는 노폐물을 걸러 낸다.
⑤ 몸에 필요한 산소를 받아들이고, 이산화 탄소를 몸 밖으로 내보낸다.

18 다음 중 냄새를 맡을 수 있는 감각 기관은 어느 것입니까?

(   )

① 귀
② 눈
③ 코
④ 혀
⑤ 피부

19 다음은 자극과 반응에 대한 설명입니다. (   ) 안의 알맞은 말에 각각 ○표를 하시오.

> 날아오는 공을 잡을 때, 날아오는 공을 보는 것은 (반응 / 자극)이고, 공을 잡거나 피하는 것은 (반응 / 자극)입니다.

서술형·논술형 **문제**

20 다음은 평상시와 운동한 후의 체온과 맥박 수를 측정한 것입니다. [총 12점]

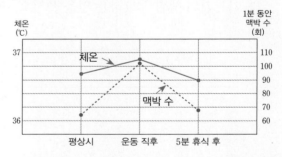

(1) 운동 직후 체온과 맥박 수는 평상시와 비교하여 어떻게 변하는지 쓰시오. [4점]

(   )

(2) 운동한 후 휴식을 취하면 체온과 맥박 수는 어떻게 변하는지 쓰시오. [8점]

_____

_____

서술형·논술형 **문제**

4. 우리 몸의 구조와 기능

정답 ➡ 꼼꼼 풀이집 42쪽

1 천재교과서, 동아, 미래엔, 비상, 아이스크림

다음은 뼈와 근육을 나타낸 모형입니다. [총 12점]

(1) 위 모형의 비닐봉지에 바람을 불어넣으면 손 그림은 어떻게 되는지 쓰시오. [4점]

(   )

(2) 위 모형으로 알 수 있는 팔이 구부러지는 원리를 쓰시오. [8점]

_____

_____

2 9종 공통

다음은 우리 몸속 소화 기관의 모습입니다. [총 12점]

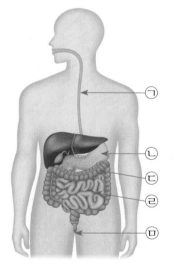

(1) 위의 기관 중에서 작은 주머니 모양의 기관을 골라 기호를 쓰시오. [4점]

(   )

(2) 위 (1)번 답 기관의 이름과 하는 일을 쓰시오. [8점]

_____

_____

3 9종 공통

다음은 우리 몸속 순환 기관의 모습입니다. [총 12점]

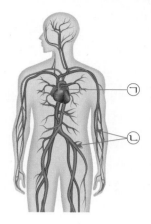

(1) 위의 기관 중에서 심장을 골라 기호를 쓰시오. [4점]

(   )

(2) 심장의 모양과 하는 일을 쓰시오. [8점]

_____

_____

4 9종 공통

다음은 우리 몸속 배설 기관의 모습입니다. [총 12점]

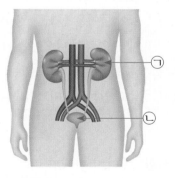

(1) 위의 기관 중에서 콩팥을 골라 기호를 쓰시오. [4점]

(   )

(2) 콩팥이 하는 일을 쓰시오. [8점]

_____

_____

과학

5. 에너지와 생활

❂ 에너지의 필요성

① 생물이 살아가거나 기계가 작동할 때 에너지가 꼭 필요합니다.

② 에너지를 얻는 다양한 방법

생물	식물	햇빛을 받아 광합성을 해 스스로 양분을 만들어 에너지를 얻음.
	동물	식물이나 다른 동물을 먹고 그 양분으로 에너지를 얻음.
기계		전기나 기름, 가스 등에서 에너지를 얻음.

❂ 여러 가지 형태의 에너지

① 에너지 형태

물질 안에 저장되어 있는 에너지로, 생물의 생명 활동에 필요합니다.

화학 에너지	음식물, 석유, 석탄 등이 가진 에너지
열에너지	물체의 온도를 높일 수 있는 에너지
전기 에너지	전기 기구를 작동하게 하는 에너지
빛에너지	주위를 밝게 비출 수 있는 에너지
운동 에너지	움직이는 물체가 가진 에너지
위치 에너지	높은 곳에 있는 물체가 가진 에너지

② 주변에서 찾을 수 있는 에너지 형태 예

화학 에너지	광합성하는 식물, 음식물, 자동차 연료 등
열에너지	태양, 사람의 체온, 전기다리미의 열 등
전기 에너지	불이 들어온 신호등, 충전 중인 자동차 등
빛에너지	태양, 영상이 나오는 텔레비전, 가로등 등
운동 에너지	날고 있는 새, 뛰고 있는 강아지 등
위치 에너지	날고 있는 새, 미끄럼틀 위의 아이 등

❂ 에너지 전환: 에너지 형태가 바뀌는 것

에너지 전환을 이용해 필요한 형태의 에너지를 얻을 수 있습니다.

① 태양에서 온 에너지 전환

태양의 빛에너지	➡ 식물의 화학 에너지(광합성) ➡ 사람의 운동 에너지
	➡ 전기 에너지(태양 전지) ➡ 가전제품 작동
태양의 열에너지	➡ 물의 증발 ➡ 눈, 비 등 ➡ 높은 곳(댐)의 물의 위치 에너지 ➡ 발전기의 전기 에너지

↳ 수력 발전

② 에너지 전환의 다양한 예

빔 투사기의 영화	운동 에너지 ➡ 전기 에너지 ➡ 빛에너지, 열에너지
떨어지는 폭포의 물	위치 에너지 ➡ 운동 에너지
손전등의 불빛	화학 에너지 ➡ 전기 에너지 ➡ 빛에너지, 열에너지
눈썰매를 타는 모습	위치 에너지 ➡ 운동 에너지
뛰어노는 아이와 강아지	화학 에너지 ➡ 운동 에너지
모닥불	화학 에너지 ➡ 빛에너지, 열에너지

❂ 효율적인 에너지 활용 방법

① 식물과 동물이 에너지를 효율적으로 이용하는 예

식물	• 나무는 겨울을 준비하기 위해 가을에 잎을 떨어뜨림. • 겨울눈의 비늘은 추운 겨울에 열에너지가 빠져나가는 것을 줄여 어린싹이 얼지 않도록 함.
동물	• 철새들은 먼 거리를 날아갈 때 바람을 이용해 에너지 효율을 높임. • 곰, 다람쥐, 박쥐, 고슴도치 등은 겨울이 되면 먹이를 구하기 어려우므로 겨울잠을 자면서 자신의 화학 에너지를 효율적으로 이용함.

② 전기 기구와 건축물의 에너지 효율을 높인 예

전기 기구	• 발광 다이오드[LED]등처럼 에너지 효율이 높은 것을 사용함. • 에너지 소비 효율 등급이 1등급에 가까운 제품, 에너지 절약 표시나 고효율 기자재 표시가 붙어 있는 제품을 사용함.
건축물	• 이중창, 단열재 등을 사용함. • 태양의 빛에너지나 열에너지를 이용하는 장치를 사용함. → 가정용 태양광 발전 장치나 태양열 발전 장치 • 창문 크기를 조절하여 태양 에너지를 많이 이용하도록 함.

③ 효율적인 에너지 활용의 중요성: 우리가 이용하는 에너지를 얻는 데 필요한 석유, 석탄 등의 자원은 양이 정해져 있으므로 에너지를 효율적으로 이용해야 합니다.

01 생물이 살아가거나 기계가 움직이려면 (전지 / 에너지)가 필요합니다.

02 (벼 / 다람쥐)는 스스로 양분을 만들어 에너지를 얻습니다.

03 물체의 온도를 높이는 에너지는 [   ]에너지입니다.

04 움직이는 물체가 가진 에너지는 [   ] 에너지입니다.

05 태양의 빛, 영상이 나오는 텔레비전, 가로등에서 공통으로 찾을 수 있는 에너지는 (빛 / 운동)에너지입니다.

06 에너지의 형태가 (바뀌는 / 바뀌지 않는) 것을 에너지 전환이라고 합니다.

07 폭포의 물이 떨어질 때 물의 위치 에너지는 에너지로 전환됩니다.

08 (공이 굴러갈 때 / 전등에 불이 켜질 때) 전기 에너지가 빛에너지로 전환됩니다.

09 곰, 다람쥐, 박쥐, 고슴도치 등은 겨울이 되면 먹이를 구하기 어려우므로  [   ]을/를 잡니다.

10 백열등과 발광 다이오드[LED]등 중 에너지 효율이 더 낮은 것은 [   ]입니다.

* 배점이 표시되어 있지 않은 문제는 문제당 4점입니다.

01 다음 [보기]에서 에너지가 필요한 까닭으로 옳지 않은 것을 골라 기호를 쓰시오.

9종 공통

[보기]
㉠ 휴대 전화를 사용하는 데 필요합니다.
㉡ 사과나무가 자라고 열매를 맺는 데 필요합니다.
㉢ 사람이 스스로 양분을 만들어 내기 위해 필요합니다.

( )

02 다음 중 생물이 살아가는 데 필요한 에너지를 얻는 방법이 나머지와 다른 하나는 어느 것입니까? ( )

9종 공통

① 소
② 배추
③ 토끼
④ 사자
⑤ 참새

03 다음 중 기름을 넣거나 전기를 충전하여 에너지를 얻는 것은 어느 것입니까? ( )

9종 공통

① 사람
② 자동차
③ 살쾡이
④ 사과나무
⑤ 텔레비전

04 다음 중 에너지를 얻는 방법에 대한 설명으로 옳은 것은 어느 것입니까? [6점] ( )

중요!

9종 공통

① 기계가 에너지를 얻는 방법은 한 가지이다.
② 자동차와 동물이 에너지를 얻는 방법은 같다.
③ 텔레비전은 가스를 이용하여 에너지를 얻는다.
④ 모든 식물은 햇빛이 없어도 에너지를 얻을 수 있다.
⑤ 석탄, 석유, 천연가스, 햇빛, 바람, 물 등 여러 가지 에너지 자원에서 에너지를 얻는다.

05 다음은 에너지 형태에 대한 설명입니다. ㉠, ㉡에 들어갈 알맞은 말을 각각 쓰시오.

9종 공통

우리가 생활에서 이용하는 여러 전기 기구를 작동하게 하는 에너지는 ㉠ 에너지이고, 높은 곳에 있는 물체가 가지는 에너지는 ㉡ 에너지입니다.

㉠ ( ) ㉡ ( )

06 다음에서 설명하는 에너지 형태는 무엇인지 쓰시오.

9종 공통

• 생물의 생명 활동에 필요합니다.
• 물질 안에 저장되어 있는 에너지입니다.
• 음식물, 석유, 석탄 등이 가진 에너지입니다.

( )

서술형·논술형 문제

07 오른쪽의 달리는 자전거의 모습에서 볼 수 있는 에너지 형태를 쓰고, 이에 대해 설명하시오. [8점]

9종 공통

① [ ] 에너지, 뛰어다니는 강아지와 같이

② [ ] 물체가 가지는 에너지 형태이다.

08 다음 중 세탁기, 텔레비전, 냉장고가 작동할 때 공통으로 이용하는 에너지 형태는 어느 것입니까? ( )

9종 공통

① 열에너지
② 빛에너지
③ 운동 에너지
④ 위치 에너지
⑤ 전기 에너지

09 에너지의 형태가 바뀌는 것을 무엇이라고 하는지 쓰시오.

( )

10 다음 중 태양 에너지에 대한 설명으로 옳지 <u>않은</u> 것은 어느 것입니까? [6점] ( )

① 물은 태양의 열에너지에 의해 증발한다.
② 태양의 빛에너지는 식물의 화학 에너지로 전환될 수 있다.
③ 태양의 빛에너지는 태양 전지의 전기 에너지로 전환될 수 있다.
④ 태양의 빛에너지와 열에너지는 다른 형태의 에너지로 전환될 수 없다.
⑤ 우리가 이용하는 대부분의 에너지는 태양에서 온 에너지 형태가 전환된 것이다.

서술형·논술형 문제 ✏️

천재교과서, 금성, 동아, 미래엔, 아이스크림

11 다음은 롤러코스터의 모습입니다. [총 12점]

(1) 위 ㉠ 구간과 ㉡ 구간 중에서 위치 에너지가 운동 에너지로 전환되는 구간의 기호를 쓰시오. [4점]

( )

(2) 위 ㉢ 구간에서 일어나는 에너지 전환 과정을 쓰시오. [8점]

_____

_____

12 다음 보기 에서 화학 에너지가 운동 에너지로 전환되는 예를 골라 기호를 쓰시오.

보기
㉠ 손전등의 불빛
㉡ 빔 투사기의 영화
㉢ 뛰어노는 아이와 강아지

( )

13 다음은 언덕에서 내려오는 눈썰매의 에너지 형태가 바뀌는 과정입니다. ㉠, ㉡에 들어갈 알맞은 말을 각각 쓰시오.

언덕에서 눈썰매가 내려올 때는 ㉠ 에너지가 ㉡ 에너지로 형태가 바뀝니다.

㉠ ( ) ㉡ ( )

14 가로등의 불빛과 떨어지는 폭포의 물 중 위 **13**번의 언덕에서 내려오는 눈썰매와 같이 에너지의 형태가 바뀌는 것은 어느 것인지 쓰시오.

( )

9종 공통

15 다음은 모닥불에서 일어나는 에너지 전환 과정입니다. □ 안에 들어갈 알맞은 말은 어느 것입니까? ( )

화학 에너지 → 빛에너지, □□□에너지

① 열   ② 물
③ 전기   ④ 위치
⑤ 운동

16 다음은 오른쪽과 같은 태양광 로봇이 움직일 때의 에너지 전환 과정을 나타낸 것입니다. 빈칸에 들어갈 알맞은 에너지 형태는 어느 것입니까? [6점]
( )

금성, 김영사, 미래엔, 아이스크림
태양 전지

태양의 빛에너지	→태양 전지		→전동기	운동 에너지

① 열에너지   ② 빛에너지
③ 화학 에너지   ④ 위치 에너지
⑤ 전기 에너지

9종 공통

17 다음 보기 에서 식물이나 동물이 에너지를 효율적으로 이용하는 예로 옳지 않은 것을 골라 기호를 쓰시오.

보기
ⓐ 나무는 겨울을 준비하기 위해 가을에 잎을 떨어뜨립니다.
ⓑ 철새들은 먼 거리를 날아갈 때 에너지를 최대한 많이 쓰기 위해 날개를 힘차게 움직입니다.
ⓒ 겨울눈의 비늘은 열에너지가 빠져나가는 것을 줄여 겨울에 어린싹이 얼지 않도록 합니다.

( )

9종 공통

18 다음 중 에너지 효율이 높은 전기 기구를 사용하는 예로 옳지 않은 것을 두 가지 고르시오. [6점]
(,)

① 백열등처럼 에너지 효율이 높은 것을 사용한다.
② 에너지 절약 표시가 붙어 있는 제품을 사용한다.
③ 에너지 소비 효율 등급이 1등급에 가까운 제품을 사용한다.
④ 에너지 소비 효율 등급이 5등급에 가까운 제품을 사용한다.
⑤ 발광 다이오드[LED]등처럼 에너지 효율이 높은 것을 사용한다.

9종 공통

19 다음 중 태양의 빛에너지를 이용하여 에너지 효율을 높인 건축물은 어느 것입니까? ( )

①
    가정용 태양광 발전 장치

②
    단열재

③
    이중창

④
    백열등

9종 공통

20 다음 중 에너지를 효율적으로 이용하였을 때의 좋은 점을 잘못 말한 친구를 골라 이름을 쓰시오.

영주: 난방비를 줄일 수 있어.
혜진: 에너지를 얻는 데 필요한 자원을 아낄 수 있어.
동민: 같은 효과를 내는 데 필요한 전기 에너지의 양이 늘어나.

( )

1 다음은 우리 생활에서 에너지가 필요한 예입니다.

9종 공통

[총 12점]

⊙ 휴대 전화   ⓛ 사과나무   ⓒ 사자

(1) 위 ㉠~㉢ 중 스스로 양분을 만들어 냄으로써 에너지를 얻는 것의 기호를 쓰시오. [4점]

( )

(2) 우리 생활에서 에너지가 필요한 까닭을 쓰시오. [8점]

_____

_____

2 다음은 벽에 걸린 작품과 올라간 그네의 모습입니다.

9종 공통

[총 12점]

⊙ 벽에 걸린 작품   ⊙ 올라간 그네

(1) 위 벽에 걸린 작품과 올라간 그네에 공통으로 관련된 에너지 형태를 쓰시오. [4점]

( )

(2) 위 (1)번 답과 같이 생각한 까닭을 쓰시오. [8점]

_____

_____

3 다음은 비탈길을 내려오는 롤러코스터의 모습입니다.

천재교과서, 금성, 동아, 미래엔, 아이스크림

[총 12점]

(1) 위의 롤러코스터가 비탈길을 내려올 때 위치 에너지가 어떠한 형태의 에너지로 전환되는지 쓰시오. [4점]

( )

(2) 위치 에너지가 위 (1)번 답의 에너지로 전환되는 예를 한 가지 쓰시오. [8점]

_____

_____

4 다음은 두 전기 기구에서 같은 양의 전기 에너지가 어떻게 전환되는지 나타낸 것입니다. [총 12점]

천재교육, 천재교과서, 동아, 미래엔, 지학사

⊙ 백열등   ⊙ 발광 다이오드[LED]등

(1) 위의 두 전기 기구 중 에너지 효율이 더 높은 것을 쓰시오. [4점]

( )

(2) 위 (1)번 답의 전기 기구를 사용해 전기 에너지를 효율적으로 이용했을 때의 좋은 점을 한 가지 쓰시오. [8점]

_____

_____

* 배점이 표시되어 있지 않은 문제는 문제당 4점입니다.

정답 ◐ 꼼꼼 풀이집 44쪽

관련 단원: 1. 전기의 이용

01 다음과 같이 전지, 전선, 전구를 연결했을 때 전구에 불이 켜지는 것을 두 가지 고르시오. (,   )

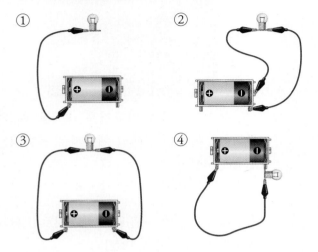

관련 단원: 1. 전기의 이용

02 전구 두 개를 다음과 같이 각각 다른 방법으로 연결했을 때 전구의 밝기를 >, =, < 중 하나를 골라 비교하여 나타내시오.

전구의 직렬연결 [   ] 전구의 병렬연결

서술형·논술형 문제 ✎   관련 단원: 1. 전기의 이용

03 오른쪽은 전지 두 개와 전구 두 개를 연결하여 만든 전기 회로입니다.
[총 12점]

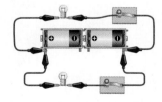

(1) 위에서 전구 두 개는 전구의 직렬연결과 병렬 연결 중 어느 것에 해당하는지 쓰시오. [4점]

전구의 (   )

(2) 위의 (1)번 답과 같이 생각한 까닭을 쓰시오.
[8점]

_____

_____

관련 단원: 1. 전기의 이용

04 다음 중 전자석의 세기를 조절하는 방법으로 옳은 것은 어느 것입니까? (   )

① 전기가 흐르는 방향을 바꾼다.

② 전지의 극을 반대로 하여 연결한다.

③ 전자석에 연결된 전선의 색깔을 바꾼다.

④ 전자석에 연결된 스위치를 작은 것으로 바꾼다.

⑤ 서로 다른 극끼리 연결된 전지의 수를 다르게 한다.

관련 단원: 1. 전기의 이용

05 다음 보기 에서 전기를 절약하는 방법으로 옳지 않은 것을 골라 기호를 쓰시오.

보기
㉠ 사용하지 않는 전등은 끕니다.
㉡ 에어컨을 켤 때에는 문을 닫습니다.
㉢ 컴퓨터를 사용하는 시간을 늘립니다.

(   )

관련 단원: 2. 계절의 변화

06 다음은 태양의 남중 고도에 대한 설명입니다. (   ) 안의 알맞은 말에 ○표를 하시오.

태양이 남중했을 때의 고도를 태양의 남중 고도 라고 합니다. 이때 태양 고도는 하루 중 가장 (낮 / 높)습니다.

관련 단원: 2. 계절의 변화

07 태양 고도가 높아질 때 기온과 그림자 길이의 변화를 각각 쓰시오.

(1) 기온 변화: (   )

(2) 그림자 길이 변화: (   )

08 관련 단원: 2. 계절의 변화

다음 중 낮의 길이가 가장 긴 계절은 언제입니까?

( )

① 봄　　　　② 여름　　　　③ 가을
④ 겨울　　　　⑤ 초겨울

09 관련 단원: 2. 계절의 변화

다음은 태양의 남중 고도에 따른 태양 에너지양을 알아보는 실험의 모습입니다. 전등과 태양 전지판이 의미하는 것은 무엇인지 각각 쓰시오.

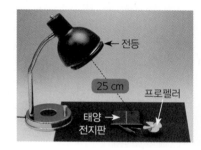

(1) 전등: ( )
(2) 태양 전지판: ( )

서술형·논술형 문제 ✏️ 관련 단원: 2. 계절의 변화

10 다음은 계절이 변화하는 원인을 알아보는 실험입니다.

[총 12점]

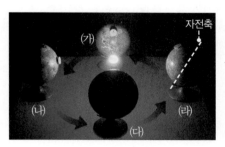

(1) 만약 지구의 자전축은 기울어져 있지만 지구가 공전을 하지 않는다면 계절의 변화가 생길지, 생기지 않을지 쓰시오. [4점]

( )

(2) 위 (1)번 답과 같이 생각한 까닭을 쓰시오. [8점]

_____

_____

11 관련 단원: 3. 연소와 소화

다음 중 초와 알코올이 탈 때 공통적으로 나타나는 현상으로 옳은 것은 어느 것입니까? ( )

① 연기가 난다.
② 무게가 늘어난다.
③ 불꽃 주변이 밝아진다.
④ 불꽃 주변이 차가워진다.
⑤ 물질의 양이 변하지 않는다.

12 관련 단원: 3. 연소와 소화

다음은 우리 주위에서 볼 수 있는 현상에 대한 설명입니다. ☐ 안에 공통으로 들어갈 알맞은 말을 쓰시오.

> 물질이 산소와 빠르게 반응하여 빛과 열을 내는 현상을 ☐(이)라고 합니다. ☐의 조건에는 탈 물질, 산소, 발화점 이상의 온도가 있습니다.

( )

13 관련 단원: 3. 연소와 소화

다음 중 초가 연소한 후에 물이 생기는지 알아보기 위해 필요한 것은 어느 것입니까? ( )

① 석회수
② 페놀프탈레인 용액
③ 붉은색 리트머스 종이
④ 푸른색 리트머스 종이
⑤ 푸른색 염화 코발트 종이

14 관련 단원: 3. 연소와 소화

다음 보기 에서 산소 공급을 막아서 촛불을 끄는 경우를 골라 기호를 쓰시오.

> **보기**
> ㉠ 촛불을 입으로 붑니다.
> ㉡ 촛불을 집기병으로 덮습니다.
> ㉢ 촛불에 분무기로 물을 뿌립니다.

( )

과
학

관련 단원: 4. 우리 몸의 구조와 기능

15 다음 중 우리 몸의 뼈에 대한 설명으로 옳은 것은 어느 것입니까? (　　　)

① 머리뼈는 팔뼈보다 더 길다.
② 팔뼈는 바가지 모양으로 둥글다.
③ 척추뼈는 긴뼈 두 개로 이루어져 있다.
④ 다리뼈는 짧은뼈가 이어져 기둥을 이룬다.
⑤ 갈비뼈는 좌우로 둥글게 연결되어 공간을 만든다.

관련 단원: 4. 우리 몸의 구조와 기능

16 다음 중 소화 기관과 소화를 도와주는 기관을 옳게 짝지은 것은 어느 것입니까? (　　　)

	소화 기관	소화를 도와주는 기관
①	위	항문
②	간	이자
③	쓸개	식도
④	큰창자	작은창자
⑤	작은창자	쓸개

서술형·논술형 문제 ✎　관련 단원: 4. 우리 몸의 구조와 기능

17 다음은 우리 몸속 호흡 기관의 모습입니다. 우리가 들이마시는 공기는 몸속에서 어떻게 이동하는지 쓰시오.

[8점]

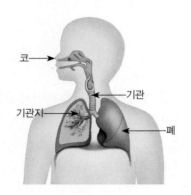

코 →
기관
기관지
폐

_____

_____

관련 단원: 4. 우리 몸의 구조와 기능

18 다음 중 몸을 움직이기 위해 각 기관이 하는 일로 옳은 것은 어느 것입니까? (　　　)

① 배설 기관: 주변의 자극을 받아들인다.
② 운동 기관: 음식물을 소화하여 영양소를 흡수한다.
③ 소화 기관: 영양소와 산소를 이용하여 몸을 움직인다.
④ 감각 기관: 혈액에 있는 노폐물을 걸러 내어 오줌으로 배설한다.
⑤ 호흡 기관: 우리 몸에 필요한 산소를 제공하고, 이산화 탄소를 몸 밖으로 내보낸다.

관련 단원: 5. 에너지와 생활

19 다음과 공통으로 관련된 에너지 형태는 어느 것입니까?
(　　　)

　◐ 쌀　　　　◐ 연료　　　◐ 화분의 식물

① 열에너지　　　　② 빛에너지
③ 화학 에너지　　　④ 전기 에너지
⑤ 운동 에너지

관련 단원: 5. 에너지와 생활

20 다음 중 에너지 전환 과정으로 옳은 것을 두 가지 고르시오. (　　　,　　　)

① 떠오르는 열기구: 열에너지 → 화학 에너지
② 달리는 자동차: 화학 에너지 → 운동 에너지
③ 광합성을 하는 나무: 화학 에너지 → 빛에너지
④ 전기난로: 전기 에너지 → 열에너지, 빛에너지
⑤ 폭포에서 떨어지는 물: 운동 에너지 → 위치 에너지

교육과 IT가 만나
새로운 미래를 만들어갑니다

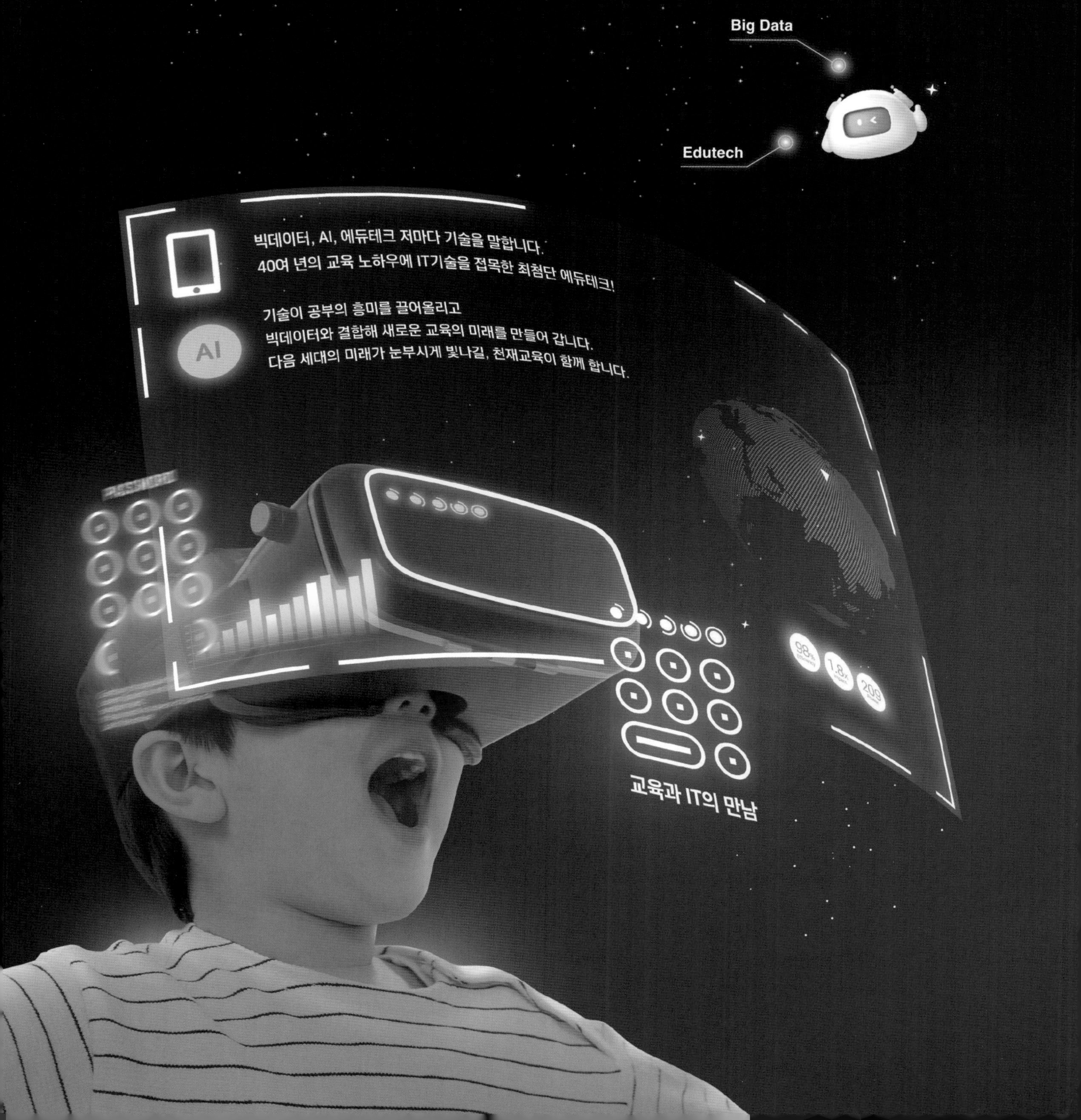

Big Data

Edutech

빅데이터, AI, 에듀테크 저마다 기술을 말합니다.
40여 년의 교육 노하우에 IT기술을 접목한 최첨단 에듀테크!

기술이 공부의 흥미를 끌어올리고
빅데이터와 결합해 새로운 교육의 미래를 만들어 갑니다.
다음 세대의 미래가 눈부시게 빛나길, 천재교육이 함께 합니다.

AI

교육과 IT의 만남

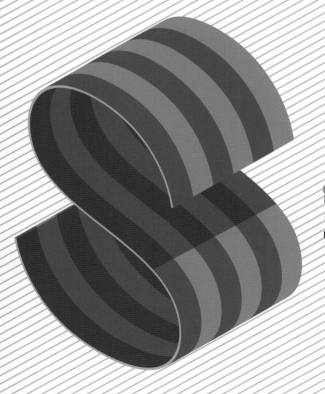

열공 전과목 단원평가

꼼꼼 풀이집

열공 전과목 단원평가

꼼꼼 풀이집

국어·수학·사회·과학

6-2

천재교육

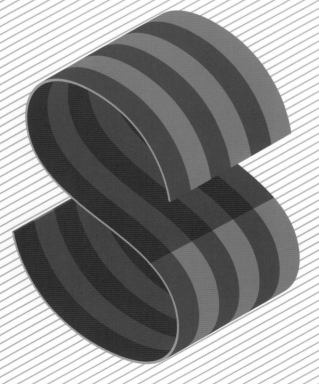

열공 전과목 단원평가

꼼꼼 풀이집

단원 평가

꼼꼼 풀이집 6·2

꼼꼼 풀이집

국어

1. 작품 속 인물과 나

7~9쪽	단원평가

쪽지시험 **1** 배경 **2** 상황 **3** 행동 **4** 가치 **5** 열정

01 ①, ② **02** 예 일제 **03** ⑤ **04** 월성위궁
05 제자 **06** 시중 **07** 예 끈기와 열정을 가지고 끊임
없이 꿈을 향해 노력하는 삶 **08** (1) ○ **09** 예 업고
나왔다. / 업어 내왔다. **10** 예 희생과 봉사의 마음이 느껴
져 소방관에게 고마운 생각이 든다. **11** (1) 눈물
(2) 그가 살고 나는 지금 이 자리에 없는 거야…….
12 ① **13** (2) ○ **14** ② **15** ③ **16** ④
17 ①, ② **18** 예 춤추는 것 / 신나게 춤추는 것
19 (2) ○ **20** 세영

01 조정 대신이 나라를 팔아먹는다는 말에서 을사늑약이
강제로 체결된 뒤라는 것을 알 수 있습니다. 그리고 여
자들이 나선다고 뭐가 달라지겠냐는 말에서 남녀 차별
이 있던 시대라는 것을 알 수 있습니다.

07

점수	채점 기준
10점	**정답 키워드** 예 끈기 / 열정 / 노력 '끈기와 열정을 가지고 끊임없이 꿈을 향해 노력하는 삶'과 같이 허련이 추구하는 삶을 구체적으로 씀.
5점	'끈기가 있는 삶', '노력하는 삶'과 같이 간단하게 씀.

09 아버지는 불이 난 건물 속으로 뛰어들어 사람을 구하
였습니다.

10

점수	채점 기준
10점	다른 사람의 생명을 구한다는 소방관들의 다짐을 보 고 생각이나 느낌을 구체적으로 씀.
4점	'소방관에게 고맙다.'와 같이 간단하게 씀.

12 동생이 하늘나라로 갔다는 말에서 아버지가 처한 상황
을 알 수 있습니다.

14 소방관은 다른 사람의 안전은 지키지만 자신의 안전은
희생하므로 안전한 삶을 추구하지는 않습니다.

15 상수리는 얼마 전부터 피아노에서 소리가 나지 않아
힘들어합니다.

16 어기는 지금 당장 이루지 못하더라도 희망을 가지고
즐겁게 도전하는 삶을 추구합니다.

10쪽	서술형·논술형 문제

1 (1) 정신 (2) 예 생각하는 시간이 많아졌다.
2 예 대상과 똑같이 그림을 그리는 것에만 신경을 썼을 뿐
그림에 대한 생각이 부족하다는 뜻이다.
3 예 공처럼 쓰러지는 법이 없이 계속해서 도전하고 노력
하는 삶
4 예 나는 나무 같은 삶을 살고 싶어. 걷다가 힘든 사람들
을 쉬어 가게 해 주는 나무처럼 다른 사람에게 도움이
되고 싶어.

1 허련이 처한 상황에서 한 말이나 행동을 알아봅니다.

점수	채점 기준
10점	(1), (2)의 내용을 모두 알맞게 씀.
4점	(1)의 내용만 알맞게 씀.

2 그린 사람의 정신이 깃들어 있지 않다는 뜻입니다.

점수	채점 기준
10점	예시 답안처럼 그림에 대한 생각이 부족하다는 내용 을 구체적으로 쓰면 배점을 줌.
6점	'그림을 그리는 기술은 있지만 정신이 없다.'와 같이 대략적인 뜻만 씀.

부족한 답안 ~~그림에 기법이 있고 정신이 없다.~~
대상을 똑같이 그리는 것에만 신경을 썼을 뿐 그림에 대한 생각이 부족하다.
➡ 말에 담겨 있는 뜻을 구체적으로 써요.

3 말하는 이는 힘들어도 포기하거나 좌절하지 않고 다시
일어서서 도전하며 살고 싶어 합니다.

점수	채점 기준
10점	**정답 키워드** 도전, 노력 '쓰러지는 법이 없이 계속 도전하고 노력하는 삶'과 같이 말하는 이가 추구하는 삶을 구체적으로 씀.
6점	'계속 도전하는 삶', '계속 노력하는 삶'과 같이 간단 하게 씀.

4 자신이 꿈꾸는 삶의 모습을 다른 대상에 빗대어 봅니다.

점수	채점 기준
10점	자신이 꿈꾸는 삶의 모습을 다른 대상에 빗대어 구체 적으로 씀
3점	'나는 촛불처럼 살고 싶다.'와 같이 자신이 꿈꾸는 삶 의 모습을 빗댄 대상만 나타나게 씀.

2. 관용 표현을 활용해요

12~14쪽　　　　　　　　　　　**단원평가**

쪽지시험 ❶ 관용　❷ 손　❸ 자주　❹ 쉽게　❺ 내용

01 ②　　**02** (1) ○　**03** ④　　**04** 영철　**05** ㉔ 영철이의 말이다. 일반적인 설명이 아니라 함축적인 의미가 담겨 있기 때문이다.　　**06** ②　　**07** 소민(○)

08 문구점　**09** ①　　**10** ③　　**11** ②　　**12** ③

13 (2) ○　**14** ㉔ 안전 교육을 해 주신 경찰을 직접 만나

15 독립운동 단체　**16** ①　　**17** ④　　**18** ㉔ 다른 사람의 의견에도 좋은 점이 있다는 것을 모른다는 뜻일 것이다. / 서로의 의견을 합해야 좋다는 것을 모른다는 뜻일 것이다.　　**19** ②　　**20** 고운 말

03 '낮말은 새가 듣고 밤말은 쥐가 듣는다.'는 관용 표현은 아무도 안 듣는 데서라도 말조심해야 한다는 뜻입니다.

05 영철이의 말이 한 번 더 생각하게 하는 표현입니다.

점수	채점 기준
12점	'영철'이라고 쓰고 까닭을 구체적으로 씀.
4점	'영철'이라고만 씀.

10 '손이 크다'는 '씀씀이가 후하고 크다.'라는 뜻입니다.

11 '간이 크다'는 '겁이 없고 매우 대담하다.'라는 뜻입니다.

13 '천하를 얻은 듯'은 매우 기쁘고 만족스러움을 비유적으로 이르는 말입니다.

16 누구나 자기가 한 가지 생각을 하면 다른 이의 생각을 무엇이든지 반대한다는 것에서 문제를 알 수 있습니다.

17 '애간장이 타다'는 '몹시 초조하고 안타까워서 속을 많이 태우다.'라는 뜻입니다.

18

점수	채점 기준
12점	**정답 키워드** 의견 '다른 사람의 의견에도 좋은 점이 있다는 것을 모른다는 뜻일 것이다.' 등과 같이 추론한 내용을 구체적으로 씀.
7점	'자기 생각만 옳은 줄 안다.' 등과 같이 대략적으로 추론하여 씀.

부족한 답안　더 많은 의견의 장점을 알지 못한다.
　　　　　　자신의 의견만을 고집하고
➡ 문장 전체의 내용을 모두 추론하여 써요.

15쪽　　　　　　　　　　**서술형·논술형 문제**

1 물 쓰듯

2 ㉔ 물건을 헤프게 쓰거나, 돈 따위를 흥청망청 낭비한다.

3 ㉔ 물 쓰듯 쓴다는 것이 아주 헤프게 쓴다는 뜻으로 쓰이지 않도록 물을 아껴 쓰자는 것이다.

4 (1) ㉔ 자주　(2) ㉔ 의지

5 ㉔ 하나의 목표를 품자

1 '물 쓰듯'이라는 관용 표현을 사용하였습니다.

채점 기준
'물 쓰듯'이라고 정확하게 쓴 답안만 배점을 줌.

2 어떤 상황에서 쓰이는지 떠올려 보고 뜻을 파악합니다.

점수	채점 기준
10점	**정답 키워드** ㉔ 헤프게 / 아끼지 않고 예시 답안 외에도 '함부로 매우 헤프게 쓰다.', '아끼지 않고 막 쓰다.', '아주 헤프게 쓰다.'와 같이 '물 쓰듯'의 뜻을 알맞게 씀.
6점	'많이 쓰다.'와 같이 '물 쓰듯'의 뜻을 파악하고는 있지만 정확한 뜻을 쓰지 못함.

3 물을 아껴 써야 한다는 생각을 전하고 있습니다.

점수	채점 기준
10점	**정답 키워드** 물 / 아끼다 예시 답안처럼 물을 아껴 쓰자는 내용을 알맞게 씀.

부족한 답안　물을 쓰자 말자.
　　　　　　　아껴 쓰자.
➡ 광고에서 하고 싶은 말을 파악하여 실천할 수 있는 내용을 써요.

4 '어금니를 악물고'에서 굳은 의지를 느낄 수 있습니다.

채점 기준
(1)에 '자주', '빈번하게', '잦게'와 같은 내용을 쓰고, (2)에 '의지', '마음' 등의 내용을 쓰면 배점을 줌.

5 하나의 목표를 이루려고 노력하자는 뜻이 담겨 있습니다.

점수	채점 기준
10점	**정답 키워드** 하나 / 목표 예시 답안 외에도 목표를 하나로 갖자는 내용을 알맞게 씀.
5점	'목표 아래 모이자.'와 같이 표현의 뜻을 파악하고는 있지만 정확한 내용으로 쓰지 못함.

3. 타당한 근거로 글을 써요

쪽지시험 ❶ 주장 ❷ 출처 ❸ 최신 ❹ 본론 ❺ 결코

01 궁금증 02 (2) ○ 03 어떻게 04 ④
05 (1) ⑩ 공정 무역 제품을 사용하자. (2) ⑩ 생산자에게
돌아갈 정당한 이익을 지켜 준다. 06 유리 07 ⑤
08 ①, ② 09 (1) ○ 10 우진 11 ② 12 ⑤
13 누리 소통망 14 ① 15 ②, ④ 16 ⑩ 잘못
된 정보가 쉽게 퍼질 수 있다. / 개인 정보가 유출되기 쉽다.
17 ①, ④ 18 ⑩ 쓰레기를 지정된 장소에 버립시다.
19 ⑤ 20 ㉢, ㉣, ㉡

02 자기 안에 물음표가 없는 것이 우리에게 있는 '수염'입
니다.

05 글의 처음 부분에 주장과 근거가 나타나 있습니다.

점수	채점 기준
10점	(1)과 (2)의 내용을 모두 알맞게 씀.
5점	(1)과 (2)의 내용 중에서 한 가지만 알맞게 씀.

06 근거가 주장을 뒷받침하고 있습니다.

07 수를 제시할 때에는 정확한 숫자를 사용해야 합니다.

09 근거 ②를 뒷받침하는 자료로 숲이 제공해 주는 자원
을 들었으므로 이것과 관련지어 근거를 찾습니다.

10 근거 ①이 숲이 홍수와 산사태를 막아 준다는 내용이
므로 이와 관련된 자료가 알맞습니다.

12 한곳에 모여 의논하기 어려워서 단체 대화방에서 저녁
먹을 곳을 정한다는 것을 알 수 있습니다.

16 '누리 소통망에 실린 이야기는 사실과 다릅니다.', '제
이름과 다니는 학교까지 인터넷에 올리는 바람에' 등
의 내용으로 누리 소통망의 단점을 알 수 있습니다.

점수	채점 기준
10점	**정답 키워드** 잘못된 정보 / 개인 정보 잘못된 정보가 쉽게 퍼질 수 있다거나 개인 정보가 유출되기 쉽다는 내용 등을 알맞게 씀.
5점	'사실과 다른 이야기가 퍼진다.', '학교와 이름이 알려질 수 있다.' 등과 같이 일부 정확하지 않은 내용으로 씀.

18 소음으로 이웃에 피해를 주지 맙시다 등과 같은 주장
을 쓸 수 있습니다.

1 ⑩ 자연을 보호하고 생산자의 건강을 지키는 방법이 된다.
2 공정 무역 인증 표시
3 ⑩ 공정 무역 제품을 사용해야 하는 까닭
4 ⑩ 나무를 심으면 나무가 이산화 탄소를 흡수해 지구 온
난화 예방에 도움이 된다.
5 ⑩ 누리 소통망으로 개인 정보가 유출된 신문 기사 /
누리 소통망으로 잘못된 정보가 퍼진 사례 동영상 /
누리 소통망을 이용하는 시간을 설문 조사한 결과

1 글 ㈎의 처음 부분에 근거가 나타나 있습니다.

채점 기준
'자연을 보호하고 생산자의 건강을 지키는 방법이 된다.'라 고 쓴 답안만 배점을 줌.

2 공정 무역 인증 표시를 자료로 활용하였습니다.

채점 기준
'공정 무역 인증 표시'라고 쓴 답안만 배점을 줌.

3 왜 공정 무역 제품을 사용해야 하는지를 근거로 제시
합니다.

점수	채점 기준
6점	**정답 키워드** 공정 무역 제품 / 까닭 / 이유 / 왜 '공정 무역 제품을 사용해야 하는 까닭'이나 '왜 공정 무역 제품을 사용해야 하는지'와 같은 내용을 씀.
3점	'공정 무역 제품을 사용해야 하는 이유가 나타나 있 지 않다.'와 같이 근거의 타당성을 알맞게 판단하였 지만 이어지는 내용에 알맞지 않게 문장을 씀.

4 마지막 부분에 알려 주는 내용이 잘 나타나 있습니다.

채점 기준
나무가 이산화 탄소를 흡수한다거나 지구 온난화 예방에 도 움이 된다는 내용을 쓰면 배점을 줌.

5 주장과 근거를 뒷받침할 수 있는 자료가 알맞습니다.

점수	채점 기준
10점	**정답 키워드** 신문 기사 / 설문 조사 결과 / 전문가와의 면담 내용 주장과 근거를 뒷받침하는 내용이면서 신뢰할 수 있 고 출처가 분명한 자료를 씀.

부족한 답안 ⑩ ○○ 식당에 대한 뉴스 내용
~~손님이 쓴 잘못된 글로 피해를 본~~
➡ 자료의 내용은 분명한 내용으로 쓰는 것이 좋아요.

4. 효과적으로 발표해요

쪽지시험 **1** 영상　**2** 표　**3** 비유적 표현　**4** 주제
5 편집하기

01 ⑤　　　**02** 사진　**03** 예 영상　　　**04** 영상
05 ③　　　**06** 예 축제 모습을 생생하게 보여 주기 위해
서 영상을 활용하는 것이 좋다.　**07** (2) ○　**08** ③, ⑤
09 미주　**10** (3) ×　**11** 손가락 **12** ⑤　　**13** 예 온라
인 댓글을 긍정적으로 쓰자.　　　**14** 주제 정하기
15 (1) ×　**16** ②　　**17** 이현　**18** ③, ④ **19** (2) ○
20 ③

01 학습 발표회에서 할 독도의 날 기념 율동에 대하여 말하고 있습니다.

03 율동 동작을 생생하게 보여 주기 위해서는 영상을 활용하는 것이 좋습니다.

05 사진을 활용하면 대상의 정확한 모습을 알 수 있습니다.

06

점수	채점 기준
10점	**정답 키워드** 영상 장면을 생생하게 보여 줄 수 있고, 음악 등을 전달할 수 있기 때문에 영상을 활용하는 것이 좋다는 내용을 씀.
5점	영상을 활용하면 좋다는 내용을 썼지만 영상을 활용할 때의 효과를 쓰지 못함.

부족한 답안 축제의 모습을 잘 전달할 수 있기 때문에 영상을 활용하는 것이 좋다.　　　생생하게
➡ 영상을 활용하면 축제 모습을 생생하게 전달할 수 있다는 내용을 밝혀 쓰는 것이 좋아요.

08 글을 질문 형식으로 나타내어 더 생각하게 하였습니다.

10 도표를 보고 장면을 생생하게 알 수 있는 것은 아닙니다.

12 나쁜 댓글과 좋은 댓글이 끼치는 영향을 알려 주려고 대조적인 색깔을 사용했습니다.

13

점수	채점 기준
10점	읽는 사람을 배려하며 온라인 댓글을 쓰자는 내용을 씀.
5점	'온라인 댓글을 잘 쓰자.' 등과 같이 너무 간단하게 씀.

16 자막은 필요한 내용만 간단하게 넣는 것이 좋습니다.

20 주제와 관련 있는 장면을 촬영해야 합니다.

1 (1) 예 어둡고　(2) 예 밝게
2 예 장면 **1**의 배경 음악은 무서운 느낌이고, 장면 **2**의 배경 음악은 경쾌한 느낌일 것이다.
3 (1) 예 듣는 사람이 흥미를 느낄 만한 주제를 정한다.
(2) 예 제목, 자막, 배경 음악을 넣는다.
4 예 요리사와 직접 면담한 내용 / 다양한 요리 분야

1 장면 **1**과 **2**의 배경에는 어떤 차이가 있는지 살펴봅니다.

점수	채점 기준
10점	(1)에 어둡다는 내용을, (2)에 밝다는 내용을 씀.
5점	(1)과 (2) 중 한 가지만 알맞게 씀.

2 장면 **1**과 **2**의 내용에 어울리는 배경 음악은 무엇일지 생각해 봅니다.

점수	채점 기준
12점	장면 **1**은 무섭고 어두운 느낌, 장면 **2**는 밝고 경쾌한 느낌이라는 내용을 씀.
6점	'서로 다르다.' 등과 같이 어떻게 다른 느낌인지 구체적으로 쓰지 못함.

3 주제 정하기와 편집하기 과정에서 고려할 점이 무엇인지 생각해 봅니다.

점수	채점 기준
12점	(1)에 주제 정하기 과정에서 고려할 점을 알맞게 쓰고, (2)에 편집하기 과정에서 고려할 점을 알맞게 씀.
6점	(1)과 (2) 중 한 가지만 알맞게 씀.

부족한 답안 (1) 주제를 알맞게 정한다.
　　　　듣는 사람과 발표 상황에 어울리도록
(2) 알맞게 편집한다.
자막, 배경 음악 등을 넣어
➡ 각 과정에서 고려할 점을 구체적으로 밝혀 쓰는 것이 좋아요.

4 요리사를 소개하는 영상에 알맞은 내용을 발표해야 합니다.

점수	채점 기준
10점	요리사를 소개하는 영상에 알맞은 내용을 씀.
5점	'요리사' 등과 같이 구체적인 내용을 쓰지 못하고 너무 간단하게 씀.

5. 글에 담긴 생각과 비교해요

쪽지시험 **1** 주제 **2** 제목 **3** 관점 **4** 비교 **5** 근거

01 영어 **02** 관점 **03** ① **04** ② **05** (높은) 문화의 힘 **06** (1) ○ **07** 로봇세 **08** 예상 독자 **09** ⑤ **10** (2) × **11** ① **12** ㈎ **13** ⑩ 로봇 세 도입은 로봇 산업 발전에 걸림돌이 될 수 있으므로 로 봇세 도입을 늦추어야 한다. **14** ㉡ **15** 담 **16** ⑤ **17** 있다 **18** ① **19** (1) × **20** ⑩ 신분 제도나 사물의 가치에 대해 새로운 관점으로 생각할 수 있 게 하려고 썼을 것이다.

02 사물이나 현상을 관찰할 때 그 사람이 바라보는 태도 나 방향 또는 처지를 관점이라고 합니다.

05 문화의 힘은 우리 자신을 행복하게 하고, 남에게도 행 복을 준다고 하였습니다.

09 로봇세를 도입하면 좋은 점은 글 ㈎에 나타나 있습니다.

10 로봇세를 도입해야 한다는 글쓴이의 생각이 드러나는 표현이 아닌 것을 찾아봅니다.

11 ㉠은 로봇세 도입을 늦추어야 한다는 글쓴이의 생각이 드러나는 표현이 아닙니다.

12 로봇세를 걷는 것이 필요하다는 것은 글 ㈎의 글쓴이 의 생각입니다.

13

점수	채점 기준
10점	**정답 키워드** 로봇세 도입 로봇세 도입을 늦추어야 한다는 내용을 씀.
5점	'로봇세 도입은 도움이 되지 않는다.' 등과 같이 글에 나타난 표현을 그대로 씀.

부족한 답안 로봇세 도입은 로봇 산업 발전에 걸림돌이 될 수 있다.
　　　　　　　　있기 때문에 로봇세 도입을 늦추어야 한다.
➡ 로봇세 도입을 늦추어야 한다는 글쓴이의 생각을 정확하 게 밝혀 쓰는 것이 좋아요.

19 신분 제도에 대한 새로운 관점을 제시하는 표현이 아 닌 것을 찾아봅니다.

20

점수	채점 기준
10점	신분 제도나 사물의 가치에 대해 새로운 관점으로 생 각할 수 있게 하려는 의도라는 내용을 씀.
5점	'천민도 쓸모가 있다고 말하기 위해서'와 같이 글의 내용만 옮겨 씀.

1 ⑩ 알파벳 'E'로 볼 수도 있고, 우리말 'ㅌ'으로 볼 수도 있다.
2 ⑩ 관점
3 ⑩ 우리말을 아끼고 사랑하는 방법은 무엇이 있을까?
4 ⑩ 당시 법률에는 구조 의무가 명시돼 있지 않았기 때문 이다.
5 (1) ⑩ 반대
　　(2) ⑩ 도덕까지 법으로 규제하는 것은 강압이기 때문이다.

1 광고의 내용을 살펴봅니다.

점수	채점 기준
10점	알파벳 'E'로 볼 수도 있고, 우리말 'ㅌ'으로 볼 수도 있다는 내용을 씀.
5점	'알파벳이나 우리말로 볼 수 있다.'와 같이 간단하게 씀.

2 사람마다 관점이 다르기 때문입니다.

점수	채점 기준
10점	'관점'이라고 씀.
5점	경험, 생각 등 관점이 다른 까닭을 씀.

3 우리말을 사랑하자는 주제의 광고입니다.

점수	채점 기준
12점	우리말을 사랑하자는 주제와 관련하여 생각할 점을 씀.
6점	우리말을 사랑하자는 주제를 씀.

4 장면 **4**에 나타나 있습니다.

점수	채점 기준
10점	당시 법률에 구조 의무가 명시돼 있지 않았기 때문이 라는 내용을 씀.
5점	'도와주지 않아도 되기 때문이다.' 등과 같이 법률과 관 련짓지 못함.

5 착한 사마리아인의 법을 제정하는 것에 대한 자신의 주장을 정해 봅니다.

점수	채점 기준
12점	찬성과 반대 모두 답이 될 수 있지만 까닭을 알맞게 밝혀 쓴 답안만 정답으로 인정함.
6점	자신의 주장과 까닭을 썼지만 까닭을 구체적으로 쓰지 못함.

6. 정보와 표현 판단하기

32 ~ 34쪽 **단원평가**

쪽지시험 ❶ 뉴스 ❷ 여론 ❸ ✕ ❹ 과장 ❺ ✕

01 온실가스 **02** (2) ○ **03** 정태 **04** ③
05 ⓐ 음식물 쓰레기 **06** ⓐ 중요한 글자의 배경을 빨간색으로 표시하고 더 크게 하여 강조했다. **07** 신바람 자전거 **08** ③, ④ **09** 희윤 **10** 최고 **11** (1) ○
12 ② **13** ⓐ 과장 광고나 허위 광고가 무엇인지 판단하며 광고를 볼 수 있어서 좋다. / 광고를 비판적으로 볼 수 있어서 좋다. **14** 기부 **15** (3) ○ **16** ③
17 ⓐ 자료의 출처가 명확한지 살펴본다. **18** ①, ⑤
19 (1) ○ **20** 신애

02 기후 협약에 참여하지 않는 나라는 비판받을 것이라고 반응하였습니다.

03 ㉯를 보고 뉴스가 여러 사람의 생각에 영향을 주어 여론을 형성하는 것을 알 수 있습니다.

06

점수	채점 기준
8점	장면 ❷에서 음식물 쓰레기로 인한 경제적 손실이 크다는 것을 효과적으로 표현한 부분을 찾아 씀.
4점	'글씨 크기', '색깔' 등과 같이 구체적으로 쓰지 못함.

09 과장하거나 감추는 내용이 있는지 비판적으로 보아야 합니다.

10 '무조건', '절대로', '최고', '100퍼센트' 같은 표현은 과장된 표현으로 소비자의 판단력을 흐리게 합니다.

11 교과서를 모두 넣을 때 무거우면 찢어질 수도 있기 때문에 과장된 표현입니다.

13

점수	채점 기준
8점	광고에 나타난 표현의 적절성을 알아보면 좋은 점을 씀.
4점	'물건을 잘 살 수 있다.'와 같이 비판적으로 판단할 수 있다는 내용을 쓰지 못함.

15 진행자의 도입에서는 뉴스에서 보도할 내용을 유도하거나 전체를 요약해 안내합니다.

17

점수	채점 기준
8점	자료의 출처가 명확한지 살펴본다는 내용을 씀.
4점	'내용을 잘 살펴본다.' 등과 같이 구체적으로 쓰지 못함.

18 최근에 일어난 일 중 가치 있는 내용을 보도해야 합니다.

35쪽 **서술형·논술형 문제**

1 (1) ⓐ 더 가벼운 책가방이 있을 수 있기 때문에 과장되었다. (2) ⓐ 소비자에 따라 느낌이 다를 수 있기 때문에 과장되었다.
2 ⓐ 광고 내용을 모두 믿고 제품을 구입하면 피해를 입을 수 있다.
3 ⓐ 관련 실험, 전문가 면담, 주제와 관련한 연구 결과 등을 활용하였다.
4 ⓐ 감염병을 예방할 수 있는 올바른 손 씻기 방법을 알려 주어서 가치 있고 중요한 뉴스이다.

1 표현의 적절성을 판단하는 방법을 생각해 봅니다.

점수	채점 기준
12점	(1)과 (2)에 각 표현에서 과장되거나 감추는 내용을 알맞게 씀.
6점	(1)과 (2) 중 한 가지 표현에서 과장하거나 감추는 내용을 씀.

2 광고를 그대로 믿으면 어떤 문제점이 생길지 생각해 봅니다.

점수	채점 기준
10점	비판하지 않고 광고를 보면 내용을 모두 사실이라고 믿을 수 있기 때문에 위험하다는 내용을 씀.
5점	'피해를 입을 수 있다.' 등과 같이 간단하게 씀.

3 기자의 보도와 기자의 마무리 부분에서 어떤 자료를 활용했는지 살펴봅니다.

점수	채점 기준
10점	실험 결과, 보건 선생님 면담, 연구 결과 등을 활용했다고 씀.
5점	활용한 자료 중 한 가지만 씀.

4 감염병 예방에 대한 내용이 가치 있고 중요한 뉴스인지 생각해 봅니다.

점수	채점 기준
12점	구체적인 판단 근거를 들어 뉴스가 가치 있고 중요하다고 씀.
6점	가치 있고 중요한 뉴스라고 썼지만 판단 근거를 구체적으로 밝혀 쓰지 못함.

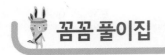

7. 글 고쳐 쓰기

쪽지시험 **1** ○ **2** 군더더기 **3** 필요한 **4** 문단 **5** 문장

01 불량 식품 **02** ④ **03** ㉡ **04** ④
05 ㉠ **06** 예 불량 식품은 아무리 맛있어도 먹으면 안 됩니다. / 불량 식품이 맛있더라도 먹지 맙시다.
07 ④ **08** ①, ④ **09** (2) ○ **10** 예 기르기 위해 노력하자. **11** 고운 말 **12** ② **13** ㉢ **14** 하늘
15 ⑤ **16** ④ **17** 예 동물 실험을 통과한 신약 후보 열 개 가운데 아홉 개가 효과가 없거나 부작용이 있을 정도이기 때문이다. **18** 중동호흡기증후군 **19** (1) ×
20 ㉡

02~03 도현이는 건강을 해치는 불량 식품에 대해 주장하는 글을 쓰려고 합니다.

05 쓰레기 문제는 글의 주제와 관련이 적습니다.

06

점수	채점 기준
12점	'아무리'와 알맞게 호응하는 문장을 정확한 표현으로 씀.
6점	'아무리'와 호응하는 표현을 썼으나 '~ 안 된다' 등으로 글에 나타난 말투와 다르게 끝맺음.

08 '무조건', '~만이'는 단정적인 표현입니다.

10

점수	채점 기준
10점	불확실한 표현을 확실한 표현으로 고쳐서 글에 나타난 말투로 문장을 완성하여 씀.
5점	불확실한 표현을 확실한 표현으로 고쳤으나 글에 나타난 말투로 문장을 끝맺지 못함.

12 '원활한'을 넣어 꾸며 주면 뜻이 더욱 분명해집니다.

13~14 '투쟁'은 '다툼'이나 '싸움' 등으로 바꾸어 쓰는 것이 알맞습니다.

16 동물 실험의 안 좋은 면을 주로 쓴 글입니다.

17

점수	채점 기준
10점	동물 실험 때문에 많은 동물이 희생된다는 내용이나 동물 실험의 효과가 떨어진다는 내용을 '~때문이다'를 사용하여 씀.
5점	근거로 알맞은 내용을 썼으나 문장에 어색한 표현이나 틀린 글자가 있음.

19 글쓴이는 동물 실험에 반대하고 있지는 않습니다.

1 예 많은 어린이가 이야기할 때 은어나 비속어를 사용한다.
2 예 학생 열 명이 있다면 아홉 명은 비속어를 사용한 적이 있는 것이다.
3 하루 세 끼 가운데에서 가장 중요한∨것이 아침밥이다.
4 예 비록 한 끼일지라도 아침밥을 거르거나 대충 때우면 온종일 열량과 영양소가 부족해 건강을 잃게 된다.
5 예 (1) 오래∨지속되면 (2) 푸석 푸석해지고
6 예 아침밥을 꼭 먹어야 한다. / 우리 모두 아침밥을 거르지 말고 꼭 먹자.

1

점수	채점 기준
10점	'요즘'에 호응하도록 현재를 나타내는 문장을 정확하게 씀.
5점	'요즘'에 호응하는 문장이지만, 다른 문장과 어울리지 않는 투로 씀.

부족한 답안 많은 어린이가 은어나 비속어를 씁니다.
➡ '요즘'에 호응하는 표현으로 문단의 다른 문장과 같은 말투를 써서 끝맺어야 해요.

2

점수	채점 기준
10점	'만약'에 호응하는 표현을 사용하여 알맞게 씀.
5점	'만약'에 호응하지만 '것입니다.' 등으로 끝맺음.

3

점수	채점 기준
15점	띄어 쓸 때 사용하는 교정 부호를 넣어서 문장을 고쳐 씀.
5점	엉뚱한 교정 부호를 넣어서 한 칸 띄어 씀.

4

점수	채점 기준
15점	'비록'에 호응하는 표현을 넣어, '하루 온종일'을 알맞게 고쳐 씀.
8점	'비록'에 호응하는 표현만 고쳤거나, '하루 온종일'만 고쳐 씀.

5

점수	채점 기준
20점	㉠, ㉡을 모두 알맞게 고쳐 씀.
10점	㉠과 ㉡ 중 하나만 알맞게 고쳐 씀.

6

점수	채점 기준
20점	**정답 키워드** 아침밥 글쓴이의 주장으로 알맞은 내용을 분명하게 씀.
10점	정답 키워드를 쓰지 않고 아침에 식사를 해야 한다는 내용을 씀.

8. 작품으로 경험하기

쪽지시험 **1** 여행 **2** ○ **3** 드러낼 **4** 상상 **5** 주제

01 ㉢　**02** ⑤　**03** ④　**04** ④　**05** 예 외롭
다. / 쓸쓸하다.　**06** 예 혼자 그림을 그리거나 들판
에 서서 생각을 했다.　**07** 피부 색깔 = 꿀색　**08** ②
09 ③　**10** ㉠, ㉢　**11** 예 마음이 아프다.　**12** (1) 역사
(2) 한국인　**13** 예 서로를 따뜻하게 감싸 안아야
14 다미　**15** (1) 솔빈 (2) 장안　**16** ①, ③
17 예 홍라가 교역을 앞두고 걱정했던 것처럼, 나도 연극
발표를 앞두고 걱정했던 기억이 떠올라서 홍라가 더 대견
해 보였다.　**18** ④　　**19** ⑤　　**20** ②

03 고아원에 있는 장면이므로 쓸쓸함이 느껴집니다.

05 친부모님을 생각하는 모습에서 외로움이 느껴집니다.

06
점수	채점 기준
10점	그림을 그렸다는 내용과 산책을 했다는 내용을 모두 알맞은 문장으로 씀.
5점	그림을 그렸다는 내용이나 산책을 했다는 내용 중 한 가지만 씀.

08 영화의 내용을 소개한 부분입니다.

11 글쓴이는 융이 장난을 친 까닭을 알고 난 다음에는 마
음이 아팠다고 하였습니다.

13
점수	채점 기준
10점	글 ㈐에서 알 수 있는 글쓴이의 생각을 문장의 호응에 맞게 씀.
5점	글 ㈐에서 알 수 있는 글쓴이의 생각이지만 호응에 맞게 쓰지 못함.

14 영화 감상문에는 영화의 줄거리뿐만 아니라 영화에 대
한 생각이나 느낌을 써야 합니다.

16 홍라는 상단을 꾸려 빚을 갚으려고 합니다.

17
점수	채점 기준
12점	이야기의 내용과 비슷한 경험을 떠올려 생각이나 느낌을 알맞은 문장으로 씀.
6점	이야기의 내용과 비슷한 경험만 떠올려 씀.

20 경험한 내용을 영화로 만들 때에는 먼저 주제를 정해
야 합니다.

1 (1) 입양　(2) 예 보고 싶어 하는 / 그리워하는 불쌍한
2 예 온 가족이 관심을 갖자 외로움을 느꼈을 것이다.
3 예 입양된 사람들이 겪은 아픔을 생각했다. / 입양으로
아픔을 겪은 사람들을 따뜻하게 감싸 안자.
4 예 피아노 연습이 어려워서 눈물이 났던 경험이 떠오른
다. / 가족 캠핑을 떠나기 전에 준비했던 일이 생각난다.
5 (1) 경험 (2) 예 영화의 주제를 정합니다.

1
점수	채점 기준
10점	(1)에 '입양'을 쓰고, (2)에 융에 대한 알맞은 내용을 빈칸에 호응하도록 정확하게 씀.
5점	(1)에 '입양'을 썼지만, (2)에 쓴 내용이 융의 모습을 잘 드러낸다고 보기 어렵거나, '~아이이다.'로 끝나는 문장에 호응하지 않음.

부족한 답안 (2) 불쌍한
　　　　　　　　그리워하는
➡ 융이 어떤 아이인지 구체적인 내용을 '~아이이다.'로 끝
나는 문장에 맞게 써야 해요.

2
점수	채점 기준
10점	융의 마음으로 어울리는 내용을 알맞게 씀.
5점	'싫었다', '쓸쓸했다' 등과 같이 단답으로 씀.

3
점수	채점 기준
15점	**정답 키워드** 입양 정답 키워드를 넣어 글쓴이가 생각하거나 느낀 점을 정확한 문장으로 씀.
10점	해외로 가서 살게 된 사람들이 겪은 아픔 등에 대한 내용이지만 '입양'이라는 표현을 쓰지는 않음.
5점	서로를 따뜻하게 감싸 안아야 한다는 내용만 간단하게 씀.

4
점수	채점 기준
20점	이야기에 나타난 내용과 관련이 깊은 경험을 구체적으로 씀.
10점	이야기와 뚜렷한 관련이 없는 경험을 구체적으로 씀.

5
점수	채점 기준
20점	(1)에 '경험'을 쓰고, (2)에 영화의 주제를 정한다는 내용을 '~합니다.'투로 씀.
10점	(1)과 (2)에 알맞은 내용을 썼으나 '~합니다.'로 문장을 끝맺지 않음.

 **꼼꼼 풀이집**

46~48쪽	2학기 총정리 1회

01 ①, ② **02** (2) ○ **03** ⑤ **04** ⓒ **05** ⓔ 아껴 씁시다. / 낭비하지 맙시다. / 절약합시다. **06** 민재
07 ⑤ **08** (1) ○ (2) × (3) ○ **09** (1) 일자리 (2) 재교육 **10** ② **11** ⓔ 로봇세를 도입해야 한다. / 로봇세를 거두어야 한다. **12** ⓔ **13** 1, 20
14 ① **15** 투쟁 → ⓔ 싸움 / 다툼 **16** ⑤
17 ⓔ 고운 말은 다른 사람을 존중하는 마음을 전할 수 있게 한다. 그리고 다른 사람과 대화를 원활하게 할 수 있게 한다. **18** (1) 벨기에 (2) 융 **19** ④ **20** ⓛ, ⓒ

01 추사 선생의 독서량과 연습량이 엄청나다고 하였으므로 '게으르다'는 알맞지 않습니다. '뻔뻔하다'는 주어진 글에서 알 수 없는 성격입니다.

02 '연습 벌레'에서 '벌레'는 어떤 일에 몹시 열중하는 사람을 비유적으로 이르는 말입니다.

03 대가가 되고도 끊임없이 연습을 하는 모습을 통해, 추사 선생이 자신의 글씨를 계속 발전시켜 가는 열정적인 삶을 추구한다는 점을 알 수 있습니다.

04 '물 쓰듯'은 헤프게 쓰거나 낭비한다는 뜻의 관용 표현입니다.

05

점수	채점 기준
10점	광고에 나타난 말투를 사용하여 물을 낭비하지 말자는 내용을 정확한 표현으로 씀.
5점	물을 낭비하지 말자는 내용을 썼지만 광고에 나타난 말투를 사용하지 않았거나 어색한 표현이 있음.

부족한 답안 아껴 써야 한다. → 합니다.
➡ 알맞은 내용이더라도 광고에 나타나 있는 다른 문장과 다른 말투로 쓰면 감점의 요인이 돼요.

06 '천하를 얻은 듯'은 매우 기쁘고 만족스러울 때 쓸 수 있는 관용 표현입니다.

07 숲을 개발하면 경제를 발전시킬 수 있다는 내용은 숲을 보호하자는 주장을 뒷받침하기에 적절하지 않습니다.

08 (2)와 같이 주제 정하기에 대한 생각은 영상을 만들기 전에 떠올릴 점으로 알맞습니다.

09 로봇세를 도입하면 4차 산업 혁명으로 일자리를 잃은 사람들에게 재교육 비용으로 사용할 수 있다고 하였습니다.

10 법적으로 자연인과 법인만 세금을 낼 수 있는데 로봇은 기계이기 때문에 세금을 부과할 수 없습니다.

11

점수	채점 기준
10점	로봇세를 도입해야 한다는 내용의 문장을 호응에 맞게 완성하여 씀.
5점	로봇세를 도입해야 한다는 내용으로 볼 수 있으나 문장이 어색하거나 틀린 표현이 있음.

부족한 답안 로봇세를 생겨야 해요. → 도입해야 한다.
➡ 글쓴이의 주장이 분명히 드러나도록, 문장이 알맞게 호응하도록 써야 해요.

12 많은 사람들에게 도움이 되는 내용을 전하고 있으므로 '공익 광고'에 해당합니다.

13 음식물 쓰레기로 인한 경제적 손실이 1년에 약 20조원이라고 하였습니다.

14 음식물 쓰레기 때문에 버려지는 돈이 매우 많다고 하였으므로 음식물 쓰레기를 줄이자는 생각을 전하는 광고입니다.

15 '투쟁'은 어떤 대상을 극복하기 위한 싸움이나 집단 간의 큰 싸움을 뜻하므로 '싸움'이나 '다툼'으로 고치는 것이 알맞습니다.

16 고운 말을 사용하여 아름다운 우리말을 지켜야 한다는 주장이 나타나 있는 글입니다.

17

점수	채점 기준
10점	'그리고'나 '또' 등의 적절한 이어 주는 말을 사용하여 문장을 나누어 씀.
5점	이어 주는 말을 넣지 않고 단순하게 문장만 나누어 씀.
2점	문장을 나누지 않고 내용을 일부 빼 버림.

부족한 답안 고운 말은 다른 사람을 존중하는 마음을 전할 수 있게 한다. → 또 다른 사람과 대화를 원활하게 할 수 있게 한다.
➡ 문장 뒷부분의 내용을 빠뜨리면 높은 점수를 받을 수 없어요.

18 벨기에에 입양된 우리 동포 '융'이라는 사람이 나오는 영화를 보고 쓴 감상문입니다.

19 글 (내)는 글쓴이가 영화를 보고 나서 자신의 느낌과 감상을 쓴 부분입니다.

20 감상문의 제목과 영상의 특성이 어떠하였는지 나타나 있지는 않습니다.

49~51쪽　　　　　　**2학기 총정리** **2회**

01 ③　　02 안사람 의병대　　03 ⑤　　04 ④
05 ㉢　　06 (1) ○ (2) ○ (3) ○　07 ⑤　　08 ③
09 (1) 로봇 산업 (2) 부정적　　10 ①, ②, ④
11 (2) ○　12 ㉣　　13 깃털　14 ⑩ 우리 회사의 깃
털 책가방을 사 주세요.　　15 ⑩ 날마다 아침밥
을 거르면 밤새 분비된 위산이 중화되지 않아 위가 불편해
진다.　　16 오래 지속되면　17 ②　　18 ④
19 ②　　20 ③

01 '조정 대신이 나라를 팔아먹으려 드는데' 부분과 '왜놈
들이 우리나라를 집어삼키려 합니다.' 등의 부분을 통
해 '을사늑약'이라는 시대 상황을 짐작할 수 있습니다.

02 윤희순은 마을 아낙네들을 끌어모아 '안사람 의병대'
를 만들었습니다.

03 의병을 도와 나라를 구하기 위해 열심히 노력한 인물
이므로 열정적으로 도전하며, 애국을 위해 봉사하는
인물이라는 점을 알 수 있습니다. 윤희순이 재산을 추
구하는 모습은 나타나 있지 않습니다.

04 '간 떨어지다'는 몹시 놀랐을 때 쓸 수 있는 관용 표현
입니다.

05 '발 없는 말이 천 리 간다.'는 '말은 이리저리 퍼지기 쉬
우므로 조심해야 한다.'를 뜻하는 속담입니다. 이와 비
슷한 내용의 속담으로는 '낮말은 새가 듣고 밤말은 쥐
가 듣는다.'를 사용할 수 있습니다.

06 최신 자료인지, 출처를 보고 믿을 만한지, 자료가 근거
와 관련이 있는 살피며 자료의 적절성을 판단할 수 있
습니다.

07 논설문에는 하나의 분명한 주장을 적절한 근거와 함께
제시해야 하므로, 여러 가지 주장을 다양하게 펼칠 필
요는 없습니다.

08 움직이는 장면을 설명할 때에는 영상 자료를 활용하는
것이 가장 효과적입니다.

09 글쓴이는 로봇세를 도입하면 로봇 산업의 발전과 국가
의 미래 경쟁력에 부정적 영향을 끼칠 수 있다고 생각
하였습니다.

10 로봇세로 실직자를 지원할 수 있다는 내용, 로봇세로
소득을 재분배할 수 있다는 내용, 로봇이 인간의 일거

리를 대신 할 수 있다는 내용은 글쓴이의 주장을 뒷받
침하기 어려운 근거입니다.

11 로봇세 도입에 부정적인 글쓴이의 생각을 효과적으로
드러낼 수 있는 제목은 '로봇세 도입을 늦추어야 한다'
입니다.

12 더 가벼운 것이 얼마든지 있을 수 있으므로 '이보다 가
벼울 수는 없다!'는 과장하는 표현입니다.

13 책가방이 가볍다는 것을 '깃털'에 빗대어 표현하였고,
책가방의 이름에도 '깃털'을 넣었습니다.

14 깃털 책가방을 팔기 위한 광고이므로 그러한 내용이
분명하게 드러나도록 문장을 완성해야 합니다.

점수	채점 기준
12점	깃털 책가방을 사 달라는 내용이 분명하게 드러나도록 알맞은 문장으로 완성하여 씀.
6점	깃털 책가방을 사 달라는 내용은 드러나지만 문장이 호응하지 않거나 어색한 표현이 있음.
3점	'깃털 책가방을 사세요'라고 광고에 있는 문구를 그대로 옮겨 씀.

부족한 답안 깃털 책가방을 사세요.
　　　　우리 회사의　　　 사 주세요.
➡ 광고에 있는 문장을 그대로 옮겨 쓰면 높은 점수를 받을
수 없어요.

15 '불편해졌다'를 문장이 호응하도록 '불편해진다' 등으
로 고쳐야 합니다.

점수	채점 기준
15점	'불편해졌다' 부분을 알맞게 호응하도록 고쳐서 전체 문장을 정확하게 씀.
10점	'불편해졌다' 부분은 알맞게 호응하도록 고쳐 썼지만 한두 글자 틀리거나 빠뜨린 부분이 있음.
5점	'날마다 아침밥을 거르면 위가 불편해진다.'와 같이 써서 중간에 빠뜨린 내용이 많음.

16 '오래'와 '지속되면' 사이를 한 칸 띄어 써야 합니다.

17 붙여 쓸 때에는 ②와 같은 교정 부호를 씁니다.

18 글쓴이는 아침밥은 장수의 필수 조건이므로 아침밥을
거르지 말고 꼭 챙겨서 먹자고 주장하였습니다.

19 지도는 어머니께서 항상 보시던 것으로, 그 어머니의
손길 때문에 반들반들해졌다고 하였습니다.

20 어머니에 대한 그리움과 상단을 이끌어야 한다는 걱정
을 느낄 수 있는 부분입니다.

수 학

1. 분수의 나눗셈

55~57쪽 단원평가 1회

01 7
02 6, 3, 2
03 15, 16, 15, 16, $\dfrac{15}{16}$
04 2, 3, 4, 3, 12
05 (1) $\dfrac{3}{4}$ (2) $2\dfrac{1}{7}$
06 $8\dfrac{5}{9}$
07 (○)( )( )
08 (1) ㉠ (2) ㉢ (3) ㉡
09 $\dfrac{7}{9} \div \dfrac{4}{5} = \dfrac{35}{45} \div \dfrac{36}{45} = 35 \div 36 = \dfrac{35}{36}$
10 <
11 예 대분수를 가분수로 바꿔 계산하지 않았습니다.

; $2\dfrac{2}{3} \div \dfrac{4}{5} = \dfrac{8}{3} \div \dfrac{4}{5} = \dfrac{\overset{2}{\cancel{8}}}{3} \times \dfrac{5}{\underset{1}{\cancel{4}}} = \dfrac{10}{3} = 3\dfrac{1}{3}$

12 2
13 $1\dfrac{7}{10}$ m
14 예 $21 \div \dfrac{3}{8} = (21 \div 3) \times 8 = 56$

㉠=8, ㉡=56이므로 ㉠+㉡=8+56=64입니다.
; 64
15 ㉢
16 $3\dfrac{17}{36}$
17 3개
18 1, 2, 3
19 5개
20 예 어떤 수를 □라 하면 $□ \times \dfrac{2}{3} = \dfrac{1}{2}$, $□ = \dfrac{1}{2} \div \dfrac{2}{3}$,

$□ = \dfrac{1}{2} \times \dfrac{3}{2} = \dfrac{3}{4}$입니다. 따라서 바르게 계산한 값은

$\dfrac{3}{4} \div \dfrac{2}{3} = \dfrac{3}{4} \times \dfrac{3}{2} = \dfrac{9}{8} = 1\dfrac{1}{8}$입니다. ; $1\dfrac{1}{8}$

11

점수	채점 기준
6점	계산이 잘못된 이유를 쓰고 바르게 계산함.
3점	바르게 계산했으나 이유를 쓰지 못함.

14

점수	채점 기준
6점	㉠과 ㉡에 알맞은 수를 구한 다음 합을 바르게 구했음.
3점	㉠과 ㉡에 알맞은 수를 구했지만 합을 구하는 과정에서 일부가 틀림.

19 $2\dfrac{14}{15} \div \dfrac{8}{15} = \dfrac{44}{15} \div \dfrac{8}{15} = 44 \div 8 = \dfrac{44}{8} = \dfrac{11}{2} = 5\dfrac{1}{2}$

20

점수	채점 기준
10점	어떤 수를 구한 다음 바르게 계산한 값을 구했음.
6점	어떤 수는 구했지만 바르게 계산하지 못함.

58~60쪽 단원평가 2회

01 6, 5, $\dfrac{6}{5}$, $1\dfrac{1}{5}$
02 $\dfrac{5}{6}$
03 (1) $10 \div \dfrac{5}{9} = (10 \div 5) \times 9 = 18$

(2) $14 \div \dfrac{7}{11} = (14 \div 7) \times 11 = 22$
04 (1) $1\dfrac{1}{4}$ (2) 4
05 ④
06 ㉡, ㉠, ㉢
07 29
08 $1\dfrac{1}{7}$배
09 방법 1 예 통분하여 계산합니다.

$\dfrac{17}{4} \div \dfrac{5}{8} = \dfrac{34}{8} \div \dfrac{5}{8} = 34 \div 5 = \dfrac{34}{5} = 6\dfrac{4}{5}$

방법 2 예 분수의 곱셈으로 나타내어 계산합니다.

$\dfrac{17}{4} \div \dfrac{5}{8} = \dfrac{17}{\underset{1}{\cancel{4}}} \times \dfrac{\overset{2}{\cancel{8}}}{5} = \dfrac{34}{5} = 6\dfrac{4}{5}$

10 $\dfrac{14}{15}$, $\dfrac{2}{3}$
11 3
12 44배

13 예 $\dfrac{9}{13} \div \dfrac{3}{4} = \dfrac{36}{52} \div \dfrac{39}{52} = 36 \div 39 = \dfrac{\overset{12}{\cancel{36}}}{\underset{13}{\cancel{39}}} = \dfrac{12}{13}$

14 12도막
15 $2\dfrac{1}{3}$배
16 $\dfrac{4}{5}$
17 예 (전체 꿀의 양)=2×3=6 (kg)

(나누어 줄 수 있는 사람 수)

=(전체 꿀의 양)÷(한 사람에게 나누어 주는 꿀의 양)

=$6 \div \dfrac{6}{13} = (6 \div 6) \times 13 = 13$(명) ; 13명

18 예 $\dfrac{1}{2} = \dfrac{10}{20}$, $\dfrac{7}{10} = \dfrac{14}{20}$, $\dfrac{3}{20}$, $\dfrac{4}{5} = \dfrac{16}{20}$이므로 가장

작은 수는 $\dfrac{3}{20}$, 가장 큰 수는 $\dfrac{4}{5}$입니다.

➡ $\dfrac{3}{20} \div \dfrac{4}{5} = \dfrac{3}{\underset{4}{\cancel{20}}} \times \dfrac{\overset{1}{\cancel{5}}}{4} = \dfrac{3}{16}$; $\dfrac{3}{16}$

19 8개
20 $27\dfrac{1}{7}$

09

점수	채점 기준
6점	두 가지 방법으로 모두 계산함.
3점	한 가지 방법으로만 계산함.

17

점수	채점 기준
10점	전체 꿀의 양을 구한 다음 나누어 줄 수 있는 사람 수를 바르게 구했음.
6점	전체 꿀의 양은 구했지만 나누어 줄 수 있는 사람 수를 구하는 과정에서 일부가 틀림.

18

점수	채점 기준
10점	분수의 크기를 비교한 다음 가장 작은 수를 가장 큰 수로 나눈 몫을 바르게 구했음.
5점	분수의 크기는 비교했지만 가장 작은 수를 가장 큰 수로 나눈 몫을 구하는 과정에서 일부가 틀림.

19 $4 \div \dfrac{4}{5} = 5$, $9 \div \dfrac{2}{3} = 13\dfrac{1}{2}$ ➡ $5 < \square < 13\dfrac{1}{2}$ 이므로 $\square$ 안에 들어갈 수 있는 자연수는 모두 8개입니다.

61쪽 **서술형 · 논술형 문제** **1회**

1 세로, $\dfrac{5}{7}$, 5, $\dfrac{5}{7}$, 5, $\dfrac{7}{5}$, 7, $3\dfrac{1}{2}$; $3\dfrac{1}{2}$ m

2 예 (물통에 들어 있는 물의 양) $= \dfrac{5}{17} + \dfrac{11}{17} = \dfrac{16}{17}$ (L)

(나누어 담는 병의 수)

$=$ (물통에 들어 있는 물의 양) $\div$ (한 병에 담는 물의 양)

$= \dfrac{16}{17} \div \dfrac{4}{17} = 16 \div 4 = 4$ (병) ; 4병

3 (1) $1500 \div \dfrac{3}{4} = 2000$; 2000원 (2) 4000원

(3) $1000 \div \dfrac{5}{6} = 1200$; 1200원 (4) 3600원

(5) 2400

1

점수	채점 기준
6점	풀이 과정을 완성하여 직사각형의 가로를 바르게 구했음.
4점	풀이 과정을 완성했지만 일부가 틀림.

2

점수	채점 기준
10점	물통에 들어 있는 물의 양을 구한 다음 나누어 담는 병의 수를 바르게 구했음.
6점	물통에 들어 있는 물의 양은 구했지만 나누어 담는 병의 수를 구하지 못함.

3

점수	채점 기준
19점	(1), (2), (3), (4), (5)를 모두 바르게 구했음.
각 3점	(2), (4), (5)를 바르게 구했음.
각 5점	(1), (3)에서 식을 바르게 썼으면 3점, 답을 바르게 구했으면 2점을 부여함.

62쪽 **서술형 · 논술형 문제** **2회**

1 예 (어머니께서 사 오신 돼지고기의 무게)

$$= 1\dfrac{1}{4} + 1\dfrac{3}{4} = 3 \text{ (kg)}$$

➡ $3 \div \dfrac{3}{5} = (3 \div 3) \times 5 = 5$ (근)

; 5근

2 예 $\dfrac{1}{2} \div \dfrac{\square}{12} = \dfrac{6}{12} \div \dfrac{\square}{12} = 6 \div \square$

따라서 계산 결과가 자연수가 되게 하려면 $\square$ 안에 들어갈 수 있는 자연수는 1, 2, 3, 6으로 모두 4개입니다.

; 4개

3 (1) 2, 3, 4, 5, 6, 7, 8, 9

(2) 2, 3, 4

(3) $4\dfrac{2}{3} \div \dfrac{3}{4} = 6\dfrac{2}{9}$; $6\dfrac{2}{9}$

1

점수	채점 기준
6점	돼지고기의 전체 무게를 구한 다음 몇 근인지 바르게 구했음.
3점	돼지고기의 전체 무게는 구했으나 몇 근인지 구하지 못함.

2

점수	채점 기준
10점	식을 간단하게 나타낸 후 $\square$ 안에 들어갈 수 있는 자연수의 개수를 바르게 구했음.
6점	식을 간단하게 나타냈지만 $\square$ 안에 들어갈 수 있는 자연수의 개수를 구하지 못함.

3

점수	채점 기준
16점	(1), (2), (3)을 바르게 구했음.
각 5점	(1), (2)를 바르게 구했음.
6점	(3)에서 식을 바르게 썼으면 3점, 답을 바르게 구했으면 3점을 부여함.

2. 소수의 나눗셈

64~66쪽	단원평가 1회

01 1920, 1920, 1920, 1920, 24, 24

02 42, 6, 42, 6, 7

03 (1) ㉢ (2) ㉠

04 (1) 5 (2) 29.5

05 36, 3.6, 0.36

06 300, 25

07 7.4배

08 성연

09 ③

10 11배

11 ㉠

12

$$5)\overline{\begin{array}{r} 6 \\ 3\,3.7 \\ \hline 3\,0 \\ \hline 3.7 \end{array}}$$

; 6명, 3.7 kg

13 예 ㉠ 8505를 $\frac{1}{100}$배 한 수: 85.05

㉡ 3.15를 10배 한 수: 31.5

➡ ㉠÷㉡=85.05÷31.5=2.7 ; 2.7

14 73

15 11.28÷4.7=2.4 ; 2.4 m

16 7

17 15

18 0.37 kg

19 예 정사각형의 둘레는 7.5×4=30 (cm)이고,
정삼각형의 둘레는 5.6×3=16.8 (cm)입니다.
따라서 30÷16.8=1.78…… ➡ 1.8배입니다.
; 1.8배

20 4.4 g

13

점수	채점 기준
6점	㉠과 ㉡을 구한 다음 ㉠÷㉡을 바르게 구했음.
3점	㉠과 ㉡은 구했지만 ㉠÷㉡을 구하는 풀이 과정에서 일부가 틀림.

15

점수	채점 기준
6점	식 11.28÷4.7=2.4를 쓰고 답을 바르게 구했음.
3점	식 11.28÷4.7만 썼음.
3점	답 2.4 m만 썼음.

19

점수	채점 기준
10점	두 도형의 둘레를 구한 다음 답을 바르게 구했음.
5점	두 도형의 둘레를 구했지만 정사각형의 둘레가 정삼각형의 둘레의 몇 배인지 구하지 못함.

20 147.6÷8=18.45

147.6 g으로 만들 수 있는 핫케이크는 18개입니다.
버터를 남김없이 사용하려면 버터는 적어도
8×19−147.6=152−147.6=4.4 (g) 더 필요합
니다.

67~69쪽	단원평가 2회

01 ④

02 100, 100, 64, 12, 12

03 7, 282, 1974

04

$$1.5)\overline{\begin{array}{r} 1\,2 \\ 1\,8.0 \\ \hline 1\,5 \\ \hline 3\,0 \\ 3\,0 \\ \hline 0 \end{array}}$$

05 19

06 2.9

07 >

08 3.6

09 2.4

10 13.6

11 24

12 방법 1 예 분수의 나눗셈으로 바꾸어 계산합니다.

$$16.8÷2.4=\frac{168}{10}÷\frac{24}{10}=168÷24=7$$

방법 2 예 세로로 계산합니다.

$$2.4)\overline{\begin{array}{r} 7 \\ 1\,6.8 \\ \hline 1\,6\,8 \\ \hline 0 \end{array}}$$

13 ③

14 1846÷28.4=65 ; 65개

15 87개, 1.8 m

16 3

17 10.492, 10.49

18 3 cm

19 예 1시간 30분=$1\frac{30}{60}$시간=1.5시간이므로

23.5÷1.5=15.66……입니다. 따라서 15.66……을
반올림하여 소수 첫째 자리까지 나타내면
15.7 km입니다. ; 15.7 km

20 14명, 0.2 L

11 18÷2.25=8, 24÷1.5=16

➡ 8+16=24

12

점수	채점 기준
6점	두 가지 방법으로 모두 설명했음.
3점	한 가지 방법으로만 설명했음.

14

점수	채점 기준
6점	식 1846÷28.4=65를 쓰고 답을 바르게 구했음.
3점	식 1846÷28.4만 썼음.
3점	답 65개만 썼음.

18 삼각형의 높이를 □ cm라 하면
9.2×□÷2=13.8, 9.2×□=13.8×2,
9.2×□=27.6, □=27.6÷9.2=3입니다.

19

점수	채점 기준
10점	정답 키워드 23.5÷1.5=15.66…… 1시간 30분=1.5시간임을 알아 답을 바르게 구했음.
6점	1시간 30분=1.5시간임을 알아 식 23.5÷1.5를 세웠지만 계산 과정이 틀리거나 반올림하여 나타내지 못함.

20 (주스 전체의 양)=1.8×4=7.2 (L), 500 mL=0.5 L

```
      1 4
0.5)7.2
      5
      2 2
      2 0
      0.2
```
나누어 줄 수 있는 사람 수: 14명
남는 주스의 양: 0.2 L

1 0.4, 51, 0.3, 68, 은수에 ○표, 17 ; 은수, 17개
2 예 100 cm=1 m이므로 2 m 37 cm=2.37 m입니다.
➡ 32.68÷2.37=13.78……
몫을 반올림하여 소수 첫째 자리까지 나타내면
13.8 kg입니다. ; 13.8 kg
3 (1) 212.16÷17.68=12 ; 12개
(2) 12군데 (3) 36개

1

점수	채점 기준
6점	풀이 과정을 완성하여 자른 털실 조각은 누가 몇 개 더 많은지 바르게 구했음.
3점	풀이 과정은 완성했지만 일부가 틀림.

2

점수	채점 기준
8점	정답 키워드 32.68÷2.37=13.78…… 100 cm=1 m임을 알고 식을 세워 반올림하여 소수 첫째 자리까지 바르게 나타냈음.
4점	100 cm=1 m임을 알았지만 답을 구하지 못함.

3

점수	채점 기준
14점	(1), (2), (3)을 모두 바르게 구했음.
6점	(1)에서 식을 바르게 썼으면 3점, 답을 바르게 구했으면 3점을 부여함.
각 4점	(2), (3)을 바르게 구했음.

1 예 50.3÷1.9=26.473……
몫을 반올림하여 소수 첫째 자리까지 나타낸 수: 26.5
몫을 반올림하여 소수 둘째 자리까지 나타낸 수: 26.47
➡ 26.5-26.47=0.03 ; 0.03
2 예 직사각형의 가로를 □ cm라 하면 세로는
(□+1.84) cm이므로 둘레는
□+□+1.84+□+□+1.84=11.6입니다.
➡ □×4+3.68=11.6, □×4=7.92, □=1.98
따라서 이 직사각형의 세로는
1.98+1.84=3.82 (cm)입니다. ; 3.82 cm
3 (1) ① 8, ② 9, ③ 5.2, ④ 5.6, ⑤ 0.5, ⑥ 6
(2) 예 ㉮ 개미의 집에 있는 식량은 계산 결과가 더 큰 쪽을 따라가면 9.3 kg이고 ㉯ 개미의 집에 있는 식량은 계산 결과가 더 작은 쪽을 따라가면 8.2 kg입니다.
따라서 9.3÷8.2=1.13……이므로 반올림하여 소수 첫째 자리까지 나타내면 1.1배입니다. ; 1.1배

1

점수	채점 기준
6점	정답 키워드 50.3÷1.9=26.473…… 몫을 반올림하여 소수 첫째 자리와 소수 둘째 자리까지 나타낸 수를 각각 구한 다음 차를 바르게 구했음.
4점	몫을 반올림하여 소수 첫째 자리와 소수 둘째 자리까지 나타낸 수를 각각 구했지만 차를 구하지 못함.

2

점수	채점 기준
8점	직사각형의 가로를 구한 다음 세로를 바르게 구했음.
5점	직사각형의 가로를 구했지만 세로를 구하지 못함.

3

점수	채점 기준
16점	정답 키워드 9.3÷8.2=1.13…… (1), (2)를 모두 바르게 구했음.
각 1점	(1)의 나눗셈을 바르게 구했음.
10점	(2)에서 ㉮, ㉯ 개미의 집의 식량을 바르게 구했으면 5점, 반올림을 바르게 했으면 5점을 부여함.

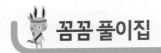

3. 공간과 입체

73~75쪽 **단원평가** **1**회

01 (○)( )
02 ④번
03 2, 3, 1, 1, 7
04 ㉢
05
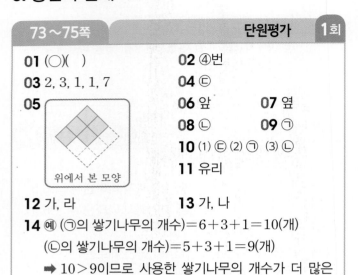
위에서 본 모양
06 앞
07 옆
08 ㉡
09 ㉠
10 (1) ㉢ (2) ㉠ (3) ㉡
11 유리
12 가, 라
13 가, 나
14 예 (㉠의 쌓기나무의 개수)=6+3+1=10(개)
　　(㉡의 쌓기나무의 개수)=5+3+1=9(개)
　➡ 10>9이므로 사용한 쌓기나무의 개수가 더 많은
　　것은 ㉠입니다. ; ㉠
15
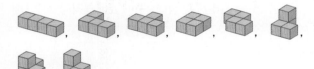
16
17 예 1층에 7개, 2층에 5개, 3층에 3개, 4층에 1개이므
　　로 모두 7+5+3+1=16(개)입니다. 따라서 남은
　　쌓기나무는 20-16=4(개)입니다. ; 4개
18 예 쌓기나무 4개로 만들 수 있는 서로 다른 모양은 다
　　음과 같습니다.
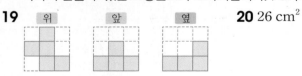
　　따라서 만들 수 있는 모양은 모두 8가지입니다. ; 8가지
19
위　앞　옆
20 26 cm²

점수	채점 기준
14	
6점	㉠과 ㉡의 쌓기나무의 개수를 구한 다음 사용한 쌓기나무의 개수가 더 많은 것을 바르게 찾음.
4점	㉠과 ㉡의 쌓기나무의 개수를 구했지만 쌓기나무의 개수가 더 많은 것을 찾지 못함.

16 가려진 부분의 쌓기나무의 개수는
　　15-(3+2+2+1+3+3)=1(개)입니다.
　　앞에서 보았을 때 가장 큰 수는 왼쪽에서부터 | 3 | 3 | 1 |
　　입니다.

점수	채점 기준
17	
8점	각 자리에 쌓은 쌓기나무의 개수 또는 각 층에 쌓은 쌓기나무의 개수를 구한 다음 남은 쌓기나무의 개수를 바르게 구했음.
4점	사용한 쌓기나무의 개수는 구했지만 남은 쌓기나무의 개수를 구하지 못함.

점수	채점 기준
18	
10점	만들 수 있는 모양을 모두 찾아 가짓수를 바르게 구했음.
5점	가짓수는 맞았지만 찾은 모양의 일부가 틀림.

20 (쌓기나무의 한 면의 넓이)=1×1=1 (cm²)
　　위에서 본 모양의 넓이: 5 cm²
　　앞에서 본 모양의 넓이: 4 cm²
　　옆에서 본 모양의 넓이: 4 cm²
　➡ (5+4+4)×2=26 (cm²)

76~78쪽 **단원평가** **2**회

01 다, 나, 라
02 1개
03 ( )(○)
04 11개
05 9개
06 ③
07 ㉢
08
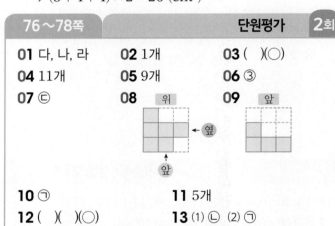
위 ← 옆 ↑ 앞
09
앞
10 ㉠
11 5개
12 ( )( )(○)
13 (1) ㉡ (2) ㉠
14 예 쌓기나무가 2층에 3개, 3층에 1개 있습니다.
　　따라서 1층에 사용된 쌓기나무는 10-(3+1)=6(개)
　　입니다. ; 6개
15
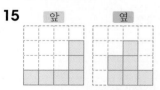
앞　옆
16 하진 ; 예 뒤에 숨겨진 쌓기나무는 없습니다.
17 8개
18 ㉡
19 12개
20 예 (사용한 쌓기나무의 개수)=6+2=8(개)
　　만들 수 있는 가장 작은 정육면체에는 쌓기나무가 가
　　로 4줄, 세로 4줄, 높이 4층으로 쌓여 있습니다.
　　(정육면체 모양을 만드는 데 사용되는 쌓기나무의 개수)
　　=4×4×4=64(개)
　➡ (더 필요한 쌓기나무의 개수)=64-8=56(개)
　　; 56개

14

점수	채점 기준
6점	2층과 3층의 쌓기나무의 개수를 구한 다음 1층에 사용된 쌓기나무의 개수를 바르게 구했음.
3점	2층과 3층의 쌓기나무의 개수는 구했지만 1층에 사용된 쌓기나무의 개수를 구하지 못함.

16

점수	채점 기준
6점	잘못 말한 학생의 이름을 쓴 다음 바르게 고쳤음.
3점	잘못 말한 학생의 이름은 썼지만 바르게 고치지 못함.

19 1층에 6개, 2층에 4개, 3층에 2개이므로
(필요한 쌓기나무의 개수)=6+4+2=12(개)입니다.

20

점수	채점 기준
10점	사용한 쌓기나무의 개수와 필요한 쌓기나무의 개수를 구한 다음 더 필요한 쌓기나무의 개수를 바르게 구했음.
6점	사용한 쌓기나무의 개수와 필요한 쌓기나무의 개수를 구했지만 더 필요한 쌓기나무의 개수를 구하지 못함.
3점	사용한 쌓기나무의 개수만 바르게 구했음.

79쪽 **서술형 · 논술형 문제** **1회**

1 6, 4, 10, 10, 10 ; 10개

2 예

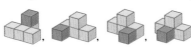

따라서 만들 수 있는 서로 다른 모양은 모두 9가지입니다. ; 9가지

3 (1) 12개 (2) 10개 (3) 2개

1

점수	채점 기준
6점	풀이 과정을 완성하여 남은 쌓기나무의 개수를 바르게 구했음.
3점	풀이 과정을 완성했지만 일부가 틀림.

2

점수	채점 기준
8점	만들 수 있는 모양을 모두 찾아 가짓수를 바르게 구했음.
4점	가짓수는 맞았지만 찾은 모양의 일부가 틀림.

3

점수	채점 기준
각 6점	(1), (2), (3)을 모두 바르게 구했음.

80쪽 **서술형 · 논술형 문제** **2회**

1 예 쌓기나무가 1층에 6개, 2층에 3개, 3층에 1개이므로
(필요한 쌓기나무의 개수)=6+3+1=10(개)입니다.
; 10개

2 예 가: 앞에서 본 모양이 3 2 3 ,
　　 옆에서 본 모양이 3 2 3
　나: 앞에서 본 모양이 3 1 3 ,
　　 옆에서 본 모양이 2 3 3
　다: 앞에서 본 모양이 2 3 2 ,
　　 옆에서 본 모양이 2 3 2
따라서 앞에서 본 모양과 옆에서 본 모양이 다른 모양은 나입니다. ; 나

3 (1) 1, 1, 1, 3, 7 ; 7개

(2) 예 위, 앞에서 본 모양을 보면 ②번 자리에 1개, ④번 자리에 1개이고, 위, 옆에서 본 모양을 보면 ①번 자리에 1개, ③번 자리에 2개, ⑤번 자리에 1개입니다.
따라서 사용한 쌓기나무는 모두
1+1+2+1+1=6(개)입니다. ; 6개

1

점수	채점 기준
6점	**정답 키워드** 1층은 6개, 2층은 3개, 3층은 1개 각 층에 쌓은 쌓기나무 개수를 알아 전체 개수를 바르게 구했음.
3점	각 층에 쌓은 쌓기나무의 개수를 알았지만 필요한 쌓기나무의 개수는 구하지 못함.

2

점수	채점 기준
8점	가, 나, 다를 앞, 옆에서 본 모양을 알아본 후 앞에서 본 모양과 옆에서 본 모양이 다른 모양을 바르게 찾음.
4점	가, 나, 다를 앞, 옆에서 본 모양은 알았지만 일부가 틀림.

3

점수	채점 기준
14점	(1), (2)를 모두 바르게 구했음.
4점	(1)의 풀이 과정을 완성하여 쌓기나무의 개수를 바르게 구했음.
10점	(2)의 풀이 과정을 쓰고 쌓기나무의 개수를 바르게 구했음.

4. 비례식과 비례배분

82~84쪽	단원평가	1회

01 6, 5

02 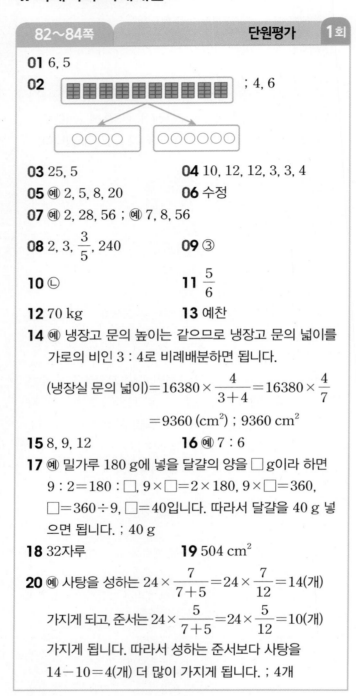 ; 4, 6

03 25, 5

04 10, 12, 12, 3, 3, 4

05 예 2, 5, 8, 20

06 수정

07 예 2, 28, 56 ; 예 7, 8, 56

08 2, 3, $\dfrac{3}{5}$, 240

09 ③

10 ㉡

11 $\dfrac{5}{6}$

12 70 kg

13 예찬

14 예 냉장고 문의 높이는 같으므로 냉장고 문의 넓이를 가로의 비인 3 : 4로 비례배분하면 됩니다.

(냉장실 문의 넓이)$=16380 \times \dfrac{4}{3+4}=16380 \times \dfrac{4}{7}$

$=9360 \ (\text{cm}^2)$; 9360 cm²

15 8, 9, 12

16 예 7 : 6

17 예 밀가루 180 g에 넣을 달걀의 양을 □ g이라 하면 9 : 2=180 : □, 9×□=2×180, 9×□=360, □=360÷9, □=40입니다. 따라서 달걀을 40 g 넣으면 됩니다. ; 40 g

18 32자루

19 504 cm²

20 예 사탕을 성하는 $24 \times \dfrac{7}{7+5}=24 \times \dfrac{7}{12}=14$(개)

가지게 되고, 준서는 $24 \times \dfrac{5}{7+5}=24 \times \dfrac{5}{12}=10$(개)

가지게 됩니다. 따라서 성하는 준서보다 사탕을 14−10=4(개) 더 많이 가지게 됩니다. ; 4개

14

점수	채점 기준
6점	🔑 정답 키워드 $16380 \times \dfrac{4}{7}=9360$ 가로의 비로 비례배분하여 냉장실 문의 넓이를 바르게 구했음.
3점	비례배분하는 식은 세웠으나 냉장실 문의 넓이를 구하지 못함.

16 (여학생 수)=221−119=102(명)
(남학생 수) : (여학생 수)=119 : 102=7 : 6

17

점수	채점 기준
6점	🔑 정답 키워드 9 : 2=180 : □ 비례식을 세워 달걀의 양을 바르게 구했음.
3점	비례식은 세웠으나 달걀의 양을 구하지 못함.

20

점수	채점 기준
10점	성하와 준서가 가진 사탕 수를 각각 구한 다음 성하는 준서보다 몇 개 더 많이 가졌는지 바르게 구했음.
6점	성하와 준서가 가진 사탕 수만 구했음.

85~87쪽	단원평가	2회

01 0

02 ×

03 ( )(○)(○)

04 예 2 : 1

05 4

06 90

07 ③, ④

08 28, 36

09 (1) 4 (2) 5

10 예 14 : 18, 21 : 27

11 예 13 : 17

12 예 색 테이프 12 m로 포장할 수 있는 선물 상자를 □개라 하면 2 : 3=12 : □, 2×□=3×12, □=36÷2, □=18입니다. 따라서 선물 상자를 18개까지 포장할 수 있습니다. ; 18개

13 ㉡

14 8000원, 4000원

15 예 어떤 수를 □라 하면

가$=□ \times \dfrac{2}{2+3}=14$, $□ \times \dfrac{2}{5}=14$,

$□=14 \div \dfrac{2}{5}$, $□=14 \times \dfrac{5}{2}=35$입니다.

따라서 어떤 수는 35입니다. ; 35

16 160그루

17 3시간 45분

18 7

19 예 (가로)+(세로)=52÷2=26 (cm)이므로

(가로)$=26 \times \dfrac{7}{7+6}=26 \times \dfrac{7}{13}=14$ (cm),

(세로)$=26 \times \dfrac{6}{7+6}=26 \times \dfrac{6}{13}=12$ (cm)입니다.

따라서 (직사각형의 넓이)$=14 \times 12=168$ (cm²)입니다. ; 168 cm²

20 64바퀴

12

점수	채점 기준
6점	비례식을 세워 포장할 수 있는 상자 수를 바르게 구했음.
3점	비례식은 세웠지만 답을 구하지 못함.

15

점수	채점 기준
6점	비례배분을 이용하여 어떤 수를 바르게 구했음.
3점	비례배분을 이용하였지만 어떤 수를 구하지 못함.

19

점수	채점 기준
10점	직사각형의 가로와 세로를 구한 다음 넓이를 바르게 구했음.
5점	직사각형의 가로와 세로를 구했지만 넓이를 구하지 못함.
3점	직사각형의 가로와 세로 중 하나만 구함.

20 ㉮와 ㉯의 톱니 수의 비는 32 : 12=8 : 3이므로 회전 수의 비는 3 : 8입니다.
톱니바퀴 ㉮가 24바퀴 도는 동안 톱니바퀴 ㉯가 □바퀴 돈다고 한다면 3 : 8=24 : □입니다.
➡ $3 \times □=8 \times 24$, $3 \times □=192$, $□=192 \div 3=64$

---

1 5, 2, 5, 2, 5, 300, 60 ; 60 g

2 ⑩ 안경을 쓰지 않은 학생 수는 안경을 쓴 학생 수의 5배이므로 안경을 쓰지 않은 학생 수와 안경을 쓴 학생 수의 비는 5 : 1입니다.

➡ (안경을 쓴 학생 수)$=120 \times \dfrac{1}{5+1}$

$\qquad\qquad\qquad\qquad =120 \times \dfrac{1}{6}=20$(명) ; 20명

3 (1) ⑩ 비례식에서 외항의 곱과 내항의 곱은 같습니다.
(2) ⑩ 첫 번째 갈림길에서
① 2 : 5=4 : 10 ➡ $2 \times 10=5 \times 4$, 20=20 (○),
② 1 : 2=2 : 1 ➡ $1 \times 1=2 \times 2$, 1=4 (✕)이므로
① 방향으로 갑니다. 두 번째 갈림길에서
③ 9 : 6=3 : 2 ➡ $9 \times 2=6 \times 3$, 18=18 (○),
④ 7 : 8=14 : 15 ➡ $7 \times 15=8 \times 14$, 105=112 (✕)
이므로 ③ 방향으로 갑니다. 따라서 개미의 집은 ㉠입니다. ; ㉠

1

점수	채점 기준
6점	풀이 과정을 완성하여 보리쌀의 무게를 바르게 구했음.
3점	풀이 과정은 완성했지만 일부가 틀림.

2

점수	채점 기준
8점	안경을 쓴 학생과 쓰지 않은 학생의 비를 구한 다음 안경을 쓴 학생 수를 바르게 구했음.
4점	안경을 쓴 학생과 쓰지 않은 학생의 비를 구했지만 안경을 쓴 학생 수를 구하지 못함.

3

점수	채점 기준
16점	(1), (2)를 바르게 구했음.
6점	(1)을 바르게 구했음.
10점	(2)에서 비례식을 찾은 다음 개미의 집을 찾았으면 10점, 개미의 집만 찾았으면 4점을 부여함.

---

1 ⑩ (정규가 저금한 금액)$=91$만$\times \dfrac{4}{4+3}=52$만 (원)

$\quad$ (대호가 저금한 금액)$=91$만$\times \dfrac{3}{4+3}=39$만 (원)

➡ (두 사람이 저금한 금액의 차)
$\quad =52-39=13$만 (원) ; 13만 원

2 ⑩ 어떤 비의 전항과 후항을 □로 나누었다면
$30 \div □=5$, $□=6$입니다.
(후항)$\div 6=12$이므로 (후항)$=12 \times 6$, (후항)$=72$입니다.
; 72

3 (1) ⑩ 5 : 4=10 : ■ ; 8 (2) 80 cm^2
(3) ⑩ 3 : 2=15 : ▲ ; 10 (4) 75 cm^2 (5) 직사각형

1

점수	채점 기준
8점	정규와 대호가 저금한 금액을 각각 구한 다음 차를 바르게 구했음.
4점	정규와 대호가 저금한 금액을 각각 구했지만 차를 구하지 못함.

2

점수	채점 기준
8점	전항과 후항을 똑같이 나눈 수를 구한 다음 후항을 바르게 구했음.
4점	전항과 후항을 똑같이 나눈 수를 구했지만 후항을 구하지 못함.

3

점수	채점 기준
19점	(1), (2), (3), (4), (5)를 바르게 구했음.
각 5점	(1), (3)에서 비례식을 바르게 썼으면 3점, 답을 바르게 구했으면 2점을 부여함.
각 3점	(2), (4), (5)를 바르게 구했음.

5. 원의 넓이

01 유라
02 ©
03 (1) 50 (2) 100 (3) 50, 100
04 6, 6, 3.1, 111.6
05 25.12 cm
06 675 m²
07 8
08 3.14
09 7.75 cm
10 <
11 8
12 20
13 216 cm²
14 3.14, 3.14, 3.14 ; ⑩ 원의 크기와 관계없이 (원주)÷(지름)의 값은 일정합니다.
15 ©, ©, ⊙
16 (1) 51 cm (2) 177.5 cm²
17 ⑩ 원주가 18.84 cm이므로
(반지름)×2×3.14=18.84,
(반지름)=18.84÷6.28=3 (cm)입니다.
➡ (원의 넓이)=3×3×3.14=28.26 (cm²)
; 28.26 cm²
18 131.88 m
19 54 cm
20 ⑩ 색칠한 부분의 넓이는 원의 넓이에서 원 안의 마름모의 넓이를 빼면 됩니다.
➡ (색칠한 부분의 넓이)=(6×6×3.1)−(12×12÷2)
=111.6−72=39.6 (cm²)
; 39.6 cm²

14

점수	채점 기준
6점	빈칸에 알맞은 수를 써넣은 다음 알 수 있는 사실을 바르게 설명함.
3점	빈칸은 채웠지만 알 수 있는 사실을 설명하지 못함.

16 (1) 10×3.1+10×2=31+20=51 (cm)
(2) 5×5×3.1+10×10=77.5+100=177.5 (cm²)

17

점수	채점 기준
8점	🔔 정답 키워드 18.84÷6.28=3, 3×3×3.14=28.26 반지름을 구한 다음 원의 넓이를 바르게 구했음.
4점	반지름은 구했지만 원의 넓이를 구하지 못함.

18 30×3.14×140=13188 (cm)
➡ 13188 cm=131.88 m

19 18×3÷2+9×3÷2×2
=27+27=54 (cm)

20

점수	채점 기준
10점	🔔 정답 키워드 111.6−72=39.6 원의 넓이와 마름모의 넓이를 구한 다음 원의 넓이에서 마름모의 넓이를 빼서 색칠한 부분의 넓이를 바르게 구함.
5점	원의 넓이와 마름모의 넓이는 구했지만 색칠한 부분의 넓이는 구하지 못함.

01 ©
02 60, 88
03 (위에서부터) 15, 5
04 40, 3.14, 125.6
05 9×9×3.1=251.1 ; 251.1 cm²
06 12
07 ③
08 ©
09 2790 cm²
10 9 cm
11 35.98 cm
12 2배
13 ⑩ 126 cm²
14 50.24 cm
15 ①
16 ⑩ 색칠한 부분의 넓이는 반지름이 15 cm인 큰 원의 넓이에서 반지름이 5 cm인 작은 원 3개의 넓이를 뺍니다.
(색칠한 부분의 넓이)
=(15×15×3)−(5×5×3)×3
=675−225=450 (cm²) ; 450 cm²
17 37.68 cm
18 ©, ©
19 ⑩ (가장 작은 원의 넓이)=4×4×3.1=49.6 (cm²)
(가장 큰 원의 반지름)=4+2+2+2=10 (cm)
(가장 큰 원의 넓이)=10×10×3.1=310 (cm²)
➡ 310−49.6=260.4 (cm²)
; 260.4 cm²
20 1875 cm²

05

점수	채점 기준
5점	식 9×9×3.1=251.1을 쓰고 답을 바르게 구했음.
3점	식 9×9×3.1만 썼음.
2점	답 251.1 cm²만 썼음.

16

점수	채점 기준
6점	🔔 정답 키워드 675−225=450 큰 원의 넓이와 작은 원 3개의 넓이를 구한 다음 색칠한 부분의 넓이를 바르게 구함.
3점	큰 원의 넓이와 작은 원 3개의 넓이는 구했지만 색칠한 부분의 넓이는 구하지 못함.

17 (색칠한 부분의 둘레)$=12\times3.14=37.68$ (cm)

18 (냄비 안쪽의 지름)$=62.8\div3.14=20$ (cm)

㉠ 그릇의 지름: $9\times2=18$ (cm)

㉡ 그릇의 지름: $14\times2=28$ (cm)

그릇의 지름이 냄비 안쪽의 지름보다 긴 그릇은 넣을 수 없습니다.

19

점수	채점 기준
10점	🔑 정답 키워드 $4\times4\times3.1=49.6$, $10\times10\times3.1=310$ 가장 작은 원의 넓이와 가장 큰 원의 넓이를 구한 다음 그 차를 바르게 구했음.
6점	가장 작은 원의 넓이와 가장 큰 원의 넓이는 구했지만 그 차는 구하지 못함.

97쪽 — 서술형·논술형 문제 1회

1 6, 24, 24, 30, 30, 3, 5 ; 5 cm

2 예 (작은 원의 넓이)$=4\times4\times3.1=49.6$ (cm²)

큰 원의 반지름은 $11-4=7$ (cm)이므로 넓이는 $7\times7\times3.1=151.9$ (cm²)입니다.

➡ $151.9-49.6=102.3$ (cm²) ; 102.3 cm²

3 (1) $20\times3.14=62.8$; 62.8 cm

(2) $15\times2\times3.14=94.2$; 94.2 cm

(3) 예 굴렁쇠의 둘레는 $80\times3.14=251.2$ (cm)입니다. 따라서 굴렁쇠를 $1256\div251.2=5$(바퀴) 굴렸습니다. ; 5바퀴

1

점수	채점 기준
6점	풀이 과정을 완성하여 원의 반지름을 바르게 구했음.
3점	풀이 과정을 완성했지만 일부가 틀림.

2

점수	채점 기준
8점	두 원의 넓이를 각각 구한 다음 두 원의 넓이의 차를 바르게 구했음.
4점	두 원의 넓이를 각각 구했지만 두 원의 넓이의 차를 구하지 못함.

3

점수	채점 기준
18점	(1), (2), (3)을 모두 바르게 구했음.
각 5점	(1), (2)에서 식을 바르게 썼으면 3점, 답을 바르게 구했으면 2점을 부여함.
8점	(3)에서 풀이 과정을 쓰고 굴렁쇠를 몇 바퀴 굴렸는지 바르게 구했음.

98쪽 — 서술형·논술형 문제 2회

1 예 (정사각형의 넓이)$=20\times20=400$ (cm²)

(원의 넓이)$=10\times10\times3.14=314$ (cm²)

따라서 색칠한 부분의 넓이는 $400-314=86$ (cm²)입니다. ; 86 cm²

2 예 (원주가 31.4 cm인 원의 반지름)

$=31.4\div3.14\div2=5$ (cm)

(원주가 56.52 cm인 원의 반지름)

$=56.52\div3.14\div2=9$ (cm)

➡ (두 원의 넓이의 합)$=5\times5\times3.14+9\times9\times3.14$
$=78.5+254.34$
$=332.84$ (cm²)

; 332.84 cm²

3 (1) 5 cm

(2) $5\times5\times3=75$; 75 cm²

(3) 예 컴퍼스를 □ cm 벌렸다면 원의 반지름은 □ cm이므로 $□\times□\times3=147$, $□\times□=49$입니다. 따라서 $7\times7=49$이므로 컴퍼스를 7 cm 벌린 것입니다. ; 7 cm

1

점수	채점 기준
8점	정사각형의 넓이와 원의 넓이를 구한 다음 색칠한 부분의 넓이를 바르게 구했음.
4점	정사각형의 넓이와 원의 넓이는 구했지만 색칠한 부분의 넓이를 구하지 못함.

2

점수	채점 기준
10점	🔑 정답 키워드 $31.4\div3.14\div2=5$, $56.52\div3.14\div2=9$ 두 원의 반지름을 구한 다음 넓이의 합을 바르게 구했음.
5점	두 원의 반지름은 구했지만 넓이의 합을 구하지 못함.

3

점수	채점 기준
16점	(1), (2), (3)을 바르게 구했음.
4점	(1)을 바르게 구했음.
5점	(2)에서 식을 바르게 썼으면 3점, 답을 바르게 구했으면 2점을 부여함.
7점	🔑 정답 키워드 $□\times□\times3=147$ (3)에서 풀이 과정을 쓰고 답을 바르게 구했음.

6. 원기둥, 원뿔, 구

01 ③　　　　**02** 모선　　　　**03**

04 ×　　　　**05** 구　　　　**06** ⓛ

07 ④　　　　**08** ①, ③

09 예 두 밑면은 합동이지만 옆면의 모양이 직사각형이 아니므로 원기둥의 전개도가 아닙니다.

10 12 cm　　　　**11**

12 ①　　　　**13** ⑤　　　　**14** 원뿔, 구

15 18.5 cm　　　　**16** 3개

17 ㉠ ; 예 원뿔의 옆면의 모양은 굽은 면이고, 각뿔의 옆면의 모양은 삼각형입니다.

18 4 cm　　　　**19** 5 cm

20 예 원뿔에서 모선의 길이는 모두 같으므로
(변 ㄱㄷ)=(변 ㄱㄴ)=13 cm입니다. 변 ㄴㄷ의 길이를 □ cm라 하면 13+□+13=36,
□=36-13-13, □=10입니다.
따라서 삼각형 ㄱㄴㄷ의 넓이는
$10 \times 12 \div 2 = 60$ (cm²)입니다. ; 60 cm²

9	점수	채점 기준
	6점	정답 키워드 옆면의 모양이 직사각형이 아닙니다. 원기둥의 전개도의 특징을 알아 전개도가 아닌 이유를 바르게 설명함.

15 원기둥의 높이: 9.5 cm, 원뿔의 높이: 9 cm
➡ 9.5+9=18.5 (cm)

17	점수	채점 기준
	8점	정답 키워드 원뿔의 옆면의 모양은 굽은 면이고, 각뿔의 옆면의 모양은 삼각형 틀린 것을 찾아 바르게 고쳤음.
	4점	틀린 것을 찾았으나 바르게 고치지 못함.

18 만들어지는 입체도형은 구입니다.
구의 중심에서 구의 겉면의 한 점을 이은 선분의 길이는 구의 반지름이므로 8÷2=4 (cm)입니다.

19 (밑면의 둘레)=3×2×3=18 (cm)
(원기둥의 높이)=(옆면의 넓이)÷(밑면의 둘레)
=90÷18=5 (cm)

20	점수	채점 기준
	10점	변 ㄴㄷ의 길이를 알아 삼각형 ㄱㄴㄷ의 넓이를 바르게 구했음.
	6점	변 ㄴㄷ의 길이를 알았으나 삼각형 ㄱㄴㄷ의 넓이를 구하지 못함.

01 ⑤　　　　**02** 원기둥　　　　**03** 4 cm

04

높이

05 14 cm

06 원뿔

07 ④

08 예

09 2, 원 ; 1, 원

10 밑면의 둘레

11 선분 ㄱㄴ, 선분 ㄹㄷ　　　　**12** 2개, 3개, 1개

13 원기둥이 아닙니다. ; 예 두 밑면이 서로 합동이 아니므로 원기둥이 아닙니다.

14 2배　　　　**15** 구　　　　**16** ㉠

17 예 오른쪽 구의 반지름은 18÷2=9 (cm)이므로 두 구의 반지름의 합은 7+9=16 (cm)입니다.
; 16 cm

18 예 (옆면의 가로)=(밑면의 둘레)
=5×2×3.14=31.4 (cm)
(옆면의 세로)=6 cm
➡ (원기둥의 옆면의 넓이)=31.4×6=188.4 (cm²)
; 188.4 cm²

19 50 cm　　　　**20** 10 cm

13	점수	채점 기준
	6점	정답 키워드 두 밑면이 서로 합동이 아닙니다. 원기둥이 아닌 것을 알아 이유를 바르게 설명함.
	3점	원기둥이 아닌 것은 알았지만 이유를 설명하지 못함.

17	점수	채점 기준
	6점	오른쪽 구의 반지름을 구한 다음 두 구의 반지름의 합을 바르게 구했음.
	3점	오른쪽 구의 반지름은 바르게 구했지만 두 구의 반지름의 합을 구하지 못함.

18

점수	채점 기준
10점	🔑 **정답 키워드** $5 \times 2 \times 3.14 = 31.4$, $31.4 \times 6 = 188.4$ 옆면의 가로와 세로를 구한 다음 넓이를 바르게 구했음.
5점	옆면의 가로와 세로를 구했지만 넓이를 구하지 못함.

19 원뿔에서 모선의 길이는 모두 같으므로
(선분 ㄱㄷ)=(선분 ㄱㄴ)=17 cm입니다.
(선분 ㄴㄷ)=$8 \times 2 = 16$ (cm)
(삼각형 ㄱㄴㄷ의 둘레)=$17 + 17 + 16 = 50$ (cm)

20 (옆면의 가로)=$31 \times 2 = 62$ (cm)
밑면의 반지름을 □ cm라 하면
$□ \times 2 \times 3.1 = 62$, $□ = 62 \div 3.1 \div 2$, $□ = 10$입니다.

106쪽	서술형 · 논술형 문제 **1회**

1 이등변삼각형에 ○표, 9, 2, 18, 15, 15, 18, 48
; 48 cm

2 예 (㉠의 옆면의 가로)=$8 \times 3.14 = 25.12$ (cm)
(㉡의 옆면의 가로)=$3 \times 2 \times 3.14$
$= 18.84$ (cm)
25.12 cm>18.84 cm이므로 ㉠의 옆면의 가로의 길이가 더 깁니다.
; ㉠

3 (1) 없습니다에 ○표 ; 예 밑면은 서로 평행하지만 합동이 아니기 때문입니다.
(2) 2개
(3) ㉢

1

점수	채점 기준
6점	풀이 과정을 완성하여 앞에서 본 모양의 둘레를 바르게 구했음.
3점	풀이 과정을 완성했지만 일부가 틀림.

2

점수	채점 기준
8점	㉠과 ㉡의 옆면의 가로를 구한 다음 가로의 길이가 더 긴 것의 기호를 씀.
6점	㉠과 ㉡의 옆면의 가로는 구했지만 더 긴 것을 찾지 못함.
3점	㉠과 ㉡ 중 하나만 옆면의 가로를 바르게 구함.

3

점수	채점 기준
12점	(1), (2), (3)을 모두 바르게 구했음.
6점	(1)에서 없습니다에 ○표 했으면 3점, 이유를 바르게 설명했으면 3점을 부여함.
각 3점	(2), (3)을 바르게 구했음.

107쪽	서술형 · 논술형 문제 **2회**

1 예 밑면의 반지름이 10 cm이므로
(밑면의 지름)=$10 \times 2 = 20$ (cm)이고
(모선의 길이)=26 cm입니다.
따라서 밑면의 지름과 모선의 길이의 합은
$20 + 26 = 46$ (cm)입니다. ; 46 cm

2 예 유성이와 친구들이 만든 구의 지름을 각각 알아보면
유성이는 $8 \times 2 = 16$ (cm), 진희는 12 cm, 기윤이는
14 cm입니다.
12 cm<14 cm<16 cm이므로 가장 작은 구를 만든 사람은 진희입니다. ; 진희

3 (1) $8 \times 2 \times 3.1 \times 2 = 99.2$; 99.2 cm
(2) $8 \times 2 \times 3.1 \times 2 + 20 \times 2 = 139.2$
; 139.2 cm
(3) 238.4 cm

1

점수	채점 기준
6점	밑면의 지름과 모선의 길이를 구하여 합을 바르게 구했음.
3점	밑면의 지름과 모선의 길이를 구했지만 합을 구하지 못함.

2

점수	채점 기준
8점	유성이와 친구들이 만든 구의 지름 또는 반지름을 각각 구한 다음 가장 작은 구를 만든 사람을 구했음.
5점	유성이와 친구들이 만든 구의 지름 또는 반지름을 구했지만 가장 작은 구를 만든 사람을 찾지 못함.

3

점수	채점 기준
16점	(1), (2), (3)을 모두 바르게 구했음.
각 6점	(1), (2)에서 식을 바르게 썼으면 3점, 답을 바르게 구했으면 3점을 부여함.
4점	(3)을 바르게 구했음.

01 9, 3, 3 **02** ㉡

03 (위에서부터) 밑면, 옆면, 높이

04

위
3	2	1
2	1	
1	1	

↑
앞

05 ④

06 24 cm

07 $8\frac{5}{8}$

08 (1) 예) 74 : 127 (2) 예) 36 : 35

09 78.5 cm²

10 >

11 33 cm

12 예) $14 \div \frac{7}{8} = (14 \div 7) \times 8 = 2 \times 8 = 16$

㉠=7, ㉡=8

➡ ㉠+㉡=7+8=15

; 15

13 9개

14 6

15 24.8 cm

16 8 cm

17 예)
```
        1 0
    3) 3 2.5
       3 0
       ───
         2.5
```

따라서 밀가루를 10봉지에 담을 수 있고 남는 밀가루
는 2.5 kg입니다.

; 10봉지, 2.5 kg

18 ㉡

19 $1\frac{32}{45}$ m

20 예) 지윤이와 윤하가 일한 시간의 비는 7 : 5입니다.

(윤하가 받은 돈)

$= 26400 \times \frac{5}{7+5} = \overset{2200}{\cancel{26400}} \times \frac{5}{\underset{1}{\cancel{12}}} = 11000$(원)

; 11000원

---

01 $\frac{9}{11}$ 는 $\frac{1}{11}$ 이 9개, $\frac{3}{11}$ 은 $\frac{1}{11}$ 이 3개입니다.

➡ $\frac{9}{11} \div \frac{3}{11} = 9 \div 3 = 3$

02 비율이 같은 두 비를 기호 '='를 사용하여 나타낸 식
을 찾습니다.

㉡ 7 : 2 ➡ $\frac{7}{2} = 3\frac{1}{2}$, 21 : 6 ➡ $\frac{21}{6} = \frac{7}{2} = 3\frac{1}{2}$

따라서 ㉡ 7 : 2=21 : 6은 비례식입니다.

---

03 서로 평행하고 합동인 두 면을 밑면, 두 밑면과 만나는
면을 옆면이라고 합니다. 두 밑면에 수직인 선분의 길
이를 높이라고 합니다.

04 각 자리에 놓여진 쌓기나무의 개수를 세어 위에서 본
모양에 써넣습니다.

05 나누는 수와 나누어지는 수에 같은 수를 곱하면 몫은
변하지 않습니다.

➡ $22.4 \div 0.2 = 224 \div 2$

참고 $22.4 \div 0.2 = 112$

① $224 \div 0.2 = 1120$

② $22.4 \div 2 = 11.2$

③ $2240 \div 2 = 1120$

④ $224 \div 2 = 112$

⑤ $2.24 \div 0.2 = 11.2$

06 (원주)$= 8 \times 3 = 24$ (cm)

07 대분수: $3\frac{5}{6}$, 진분수: $\frac{4}{9}$

➡ $3\frac{5}{6} \div \frac{4}{9} = \frac{23}{6} \div \frac{4}{9} = \frac{23}{\underset{2}{\cancel{6}}} \times \frac{\overset{3}{\cancel{9}}}{4}$

$= \frac{69}{8} = 8\frac{5}{8}$

08 (1) 전항과 후항에 100을 곱하면 74 : 127이 됩니다.

(2) 전항과 후항에 5와 9의 최소공배수인 45를 곱하면
36 : 35가 됩니다.

09 (반지름)$= 10 \div 2 = 5$ (cm)

➡ (원의 넓이)$= 5 \times 5 \times 3.14 = 78.5$ (cm²)

10 $84 \div 1.75 = 48$, $126 \div 2.8 = 45$

➡ $48 > 45$

11 (밑면의 지름)$= 9 \times 2 = 18$ (cm)

(모선의 길이)$= 15$ cm

➡ $18 + 15 = 33$ (cm)

12 $\blacksquare \div \dfrac{\blacktriangle}{\bullet} = (\blacksquare \div \blacktriangle) \times \bullet$

점수	채점 기준
6점	㉠과 ㉡에 알맞은 수를 알아본 다음 합을 바르게 구했음.
3점	㉠과 ㉡에 알맞은 수를 구했지만 합을 구하지 못함.

13 위에서 본 모양의 각 자리 위에 쌓아 올린
쌓기나무의 개수를 쓰면 오른쪽과 같습니다.

➡ $1+2+1+3+2 = 9$(개)

위
1	2	
	1	
	3	2

14 $26.7 \div 9 = 2.966666\cdots\cdots$

➡ 따라서 몫의 소수 11째 자리 숫자는 6입니다.

15 (원의 넓이)=(반지름)×(반지름)×3.1=49.6

(반지름)×(반지름)=49.6÷3.1=16

4×4=16이므로 (반지름)=4 cm입니다.

➡ (원주)=(반지름)×2×3.1

   =4×2×3.1

   =24.8 (cm)

16 (옆면의 가로)=(옆면의 넓이)÷(세로)

     =502.4÷10=50.24 (cm)

(밑면의 반지름)=(옆면의 가로)÷3.14÷2

     =50.24÷3.14÷2

     =8 (cm)

17

점수	채점 기준
10점	나눗셈을 한 다음 봉지 수와 남는 밀가루의 양을 바르게 구했음.
6점	나눗셈을 하여 봉지 수나 남는 밀가루의 양을 구하면 각 3점씩 부여함.

18 앞에서 본 모양은 다음과 같습니다.

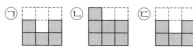

따라서 앞에서 본 모양이 다른 것은 ⓛ입니다.

19 (직사각형의 세로)=(직사각형의 넓이)÷(가로)

$$=\frac{1}{6} \div \frac{5}{9} = \frac{1}{\cancel{6}} \times \frac{\cancel{9}}{5} = \frac{3}{10} \text{ (m)}$$

(직사각형의 둘레)$=\left(\frac{5}{9} + \frac{3}{10}\right) \times 2$

$$=\left(\frac{50}{90} + \frac{27}{90}\right) \times 2$$

$$=\frac{77}{\cancel{90}} \times \cancel{2} = \frac{77}{45} = 1\frac{32}{45} \text{ (m)}$$

20

점수	채점 기준
10점	지윤이와 윤하가 일한 시간의 비를 나타낸 다음 비례배분하여 윤하가 받은 돈을 바르게 구했음.
5점	지윤이와 윤하가 일한 시간의 비를 나타냈지만 윤하가 받은 돈을 구하지 못함.

111~113쪽   **2학기 총정리** **2회**

01 65   **02** ②, ④

03 21, 210, 2100   **04** (○)( )

05 3, 4

06 (1) $\frac{5}{7} \div \frac{10}{13} = \frac{5}{7} \times \frac{13}{\cancel{10}} = \frac{13}{14}$

(2) $\frac{6}{11} \div \frac{2}{15} = \frac{\cancel{6}}{11} \times \frac{15}{\cancel{2}} = \frac{45}{11} = 4\frac{1}{11}$

07

08 $96.2 \div 3.7 = \frac{962}{10} \div \frac{37}{10} = 962 \div 37 = 26$

09 (왼쪽에서부터) 구의 중심, 구의 반지름

10 68.2 cm   **11** 1.35

12 ⓛ   **13**

14 ⑩ 대분수를 가분수로 바꾸어 계산하지 않았습니다.

; ⑩ $2\frac{5}{8} \div \frac{3}{4} = \frac{21}{8} \div \frac{3}{4} = \frac{\cancel{21}}{\cancel{8}} \times \frac{\cancel{4}}{\cancel{3}} = \frac{7}{2} = 3\frac{1}{2}$

15 14   **16** 100 cm

17 ⑩ (직사각형의 넓이)=0.9×0.5=0.45 (m²)

(정사각형의 넓이)=0.8×0.8=0.64 (m²)

➡ (직사각형의 넓이) : (정사각형의 넓이)

  =0.45 : 0.64이므로

전항과 후항에 100을 곱하면 45 : 64입니다

; ⑩ 45 : 64

18 98바퀴   **19** 8가지

20 ⑩ (도형의 넓이)=(원의 넓이)+(직사각형의 넓이)

     =5×5×3+24×10

     =75+240=315 (cm²)

; 315 cm²

01 7×13=91이므로 7 : 5의 전항과 후항에 13을 곱합니다.

➡ 5×13=65

02 평평한 면이 원이고, 옆을 둘러싼 면이 굽은 면인 뿔 모양의 입체도형을 찾으면 ②, ④입니다.

03 나누는 수가 같을 때 나누어지는 수가 10배, 100배가 되면 몫도 10배, 100배가 됩니다.

$$1.47 \div 0.07 = 21$$
↓10배　　↓10배
$$14.7 \div 0.07 = 210$$
↓10배　　↓10배
$$147 \div 0.07 = 2100$$

04 ➡ 주어진 모양에 쌓기나무를 1개 더 붙여서 만든 모양은 왼쪽 모양입니다.

05 원 안의 정육각형의 둘레는 원의 지름의 3배이고 원 밖의 정사각형의 둘레는 원의 지름의 4배입니다. 따라서 정육각형의 둘레, 원의 지름, 정사각형의 둘레를 비교하면 원주는 원의 지름의 3배보다 길고 원의 지름의 4배보다 짧습니다.

06 ▲/■ ÷ ★/● = ▲/■ × ●/★

07 앞에서 보았을 때 가장 큰 수는 왼쪽에서부터 2 3 1 이고 옆에서 보았을 때 가장 큰 수는 왼쪽에서부터 2 3 1 입니다.

08 소수의 나눗셈을 분수의 나눗셈으로 바꾸어 계산합니다.

09 구의 중심: 구의 가장 안쪽에 있는 점
구의 반지름: 구의 중심에서 구의 겉면의 한 점을 이은 선분

10 반지름: 11 cm
(원의 원주) $= 11 \times 2 \times 3.1$
$\qquad\qquad\quad = 68.2$ (cm)

11 비례식에서 외항의 곱과 내항의 곱은 같습니다.
$0.6 : \square = 4 : 9$
➡ $0.6 \times 9 = \square \times 4$,
$5.4 = \square \times 4$,
$\square = 5.4 \div 4$, $\square = 1.35$

12 ㉠ $16 \div \dfrac{4}{7} = (16 \div 4) \times 7 = 28$

㉡ $9 \div \dfrac{3}{8} = (9 \div 3) \times 8 = 24$

㉢ $12 \div \dfrac{2}{9} = (12 \div 2) \times 9 = 54$

➡ $24 < 28 < 54$이므로 계산 결과가 가장 작은 것은 ㉡입니다.

13 1층의 모양 위에 가장 높은 층을 써넣으면 오른쪽과 같습니다.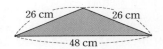
따라서 앞에서 보았을 때 가장 큰 수를 왼쪽에서부터 쓰면 1 3 3 입니다.

14

점수	채점 기준
6점	계산이 잘못된 이유를 쓰고 바르게 계산함.
3점	바르게 계산했으나 이유를 쓰지 못함.

15 $43.52 \div 3.2 = 13.6$
$13.6 < \square$이므로 $\square$ 안에 들어갈 수 있는 가장 작은 자연수는 14입니다.

16 원뿔을 앞에서 본 모양은 다음과 같은 이등변삼각형입니다.

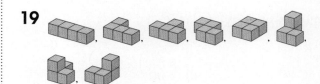
26 cm　　26 cm
48 cm

➡ (둘레) $= 26 + 26 + 48 = 100$ (cm)

17

점수	채점 기준
6점	직사각형과 정사각형의 넓이를 각각 구한 다음 간단한 자연수의 비로 바르게 구했음.
3점	직사각형과 정사각형의 넓이는 구했지만 비를 간단하게 나타내지 못함.

18 ㉯가 126바퀴 도는 동안 ㉮가 □바퀴 돈다고 하면
$7 : 9 = \square : 126$입니다.
➡ $7 \times 126 = 9 \times \square$, $882 = 9 \times \square$,
$\square = 882 \div 9$, $\square = 98$

19

➡ 쌓기나무 4개로 만들 수 있는 서로 다른 모양은 모두 8가지입니다.

20

점수	채점 기준
10점	원의 넓이와 직사각형의 넓이로 나누어 구한 다음 도형의 넓이를 바르게 구했음.
5점	원의 넓이와 직사각형의 넓이로 나누어 구했지만 도형의 넓이를 구하지 못함.

사 회

1. ❶ 지구, 대륙 그리고 국가들

117쪽			쪽지시험
01 비슷하게	02 평면	03 디지털 영상 지도	
04 대양	05 남극해	06 아시아	07 아프리카
08 유럽 (대륙)		09 좁은	10 복잡한

118~120쪽			단원평가
01 ②	02 적도	03 민성	04 ① 예 빠르게
② 예 인터넷	05 ②	06 ⑤	07 북극해
08 대륙	09 ③, ⑤	10 ㉠	11 ②
12 남아메리카	13 ④	14 예 면적이 가장 좁은 대륙이다. 대부분이 남반구에 위치한다.	15 아프리카
16 ⑴ ○	17 ⑤	18 ②, ⑤	19 예 영토가 남북으로 길게 뻗어 있다.
20 ②			

01 지구본은 실제 지구의 모습을 아주 작게 줄인 모형으로 실제 지구처럼 생김새가 둥급니다.

02 지구의 자전축에 대해 직각으로 지구의 중심을 지나도록 자른 평면과 지표면이 만나는 선을 적도라고 합니다.

03 세계지도, 지구본 등에는 위치를 쉽게 나타내기 위해 위선과 경선이 그려져 있습니다.

04

점수	채점 기준
8점	① '빠르게'와 ② '인터넷'을 모두 정확히 씀.
4점	① '빠르게'와 ② '인터넷' 중 한 가지만 정확히 씀.

05 디지털 영상 지도는 확대와 축소가 자유롭습니다.

06 태평양은 아시아, 오세아니아, 아메리카 대륙 사이에 있는 가장 큰 바다입니다.

07 북극해는 북반구에 있습니다.

08 대륙에는 아시아, 아프리카, 유럽, 오세아니아, 북아메리카, 남아메리카 등이 있습니다.

09 아시아는 대륙 중에서 가장 큽니다.

10 유럽에는 영국, 독일, 프랑스, 에스파냐, 이탈리아 등의 나라가 속해 있습니다.

11 북아메리카에는 캐나다, 미국, 멕시코 등의 나라가 있습니다.

12 남아메리카는 대부분 남반구에 속해 있는 대륙입니다.

13 적도를 경계로 지구를 둘로 나누었을 때의 남쪽 부분을 남반구라고 합니다.

14 오세아니아 대륙에는 영토가 넓은 오스트레일리아와 화산 및 빙하가 유명한 뉴질랜드 등이 있습니다.

점수	채점 기준
8점	🔑 정답 키워드 면적 / 좁은 / 남반구 / 섬나라 '면적이 가장 좁은 대륙이다.', '대부분이 남반구에 위치한다.', '많은 섬나라가 태평양에 분포한다.' 등의 내용을 씀.
4점	오세아니아 대륙의 특징을 썼으나 구체적이지 않음.

15 탄자니아는 아프리카의 동쪽에 위치한 나라입니다.

16 캐나다는 러시아 다음으로 영토 면적이 넓은 나라입니다.

17 이탈리아 로마 시내에 있는 바티칸 시국은 세계에서 영토의 면적이 가장 좁은 나라입니다.

18 우리나라 영토의 면적은 약 22만 km²이며 세계에서 83번째로 넓습니다.

19 칠레는 세계에서 남북으로 영토 길이가 가장 긴 나라입니다.

점수	채점 기준
8점	🔑 정답 키워드 남북 / 뻗어 있다 '영토가 남북으로 길게 뻗어 있다.' 등의 내용을 씀.
4점	제시된 자료를 보고 알 수 있는 칠레 영토 모양의 특징을 썼으나 구체적이지 않음.

20 이탈리아의 영토는 남북으로 길게 뻗은 형태이며, 장화 모양입니다.

121쪽	서술형 · 논술형 문제

1 ⑴ 지구본 ⑵ 예 세계 여러 나라의 위치를 한눈에 볼 수 있다.

2 ⑴ 아시아 ⑵ 예 아시아, 오세아니아, 아메리카 대륙 사이에 있다.

3 ⑴ 러시아 ⑵ 예 동서로 길게 뻗은 모양이다.

4 예 사우디아라비아는 국경선이 단조로운 편이고, 노르웨이는 해안선이 복잡하다.

 꼼꼼 풀이집

1 지구본, 세계지도, 디지털 영상 지도 등 다양한 공간 자료를 활용하면 세계 여러 나라의 위치와 영토의 특징을 알 수 있습니다.

점수		채점 기준
(1)	3점	'지구본'이라고 정확히 씀.
(2)	7점	**정답 키워드** 위치 / 한눈에 '세계 여러 나라의 위치를 한눈에 볼 수 있다.' 등의 내용을 정확히 씀.

2 대륙은 바다로 둘러싸인 큰 땅덩어리를 말하고, 대양은 큰 바다를 말합니다. 대륙에는 일반적으로 아시아, 유럽, 아프리카, 오세아니아, 북아메리카, 남아메리카가 있으며 대양에는 태평양, 대서양, 인도양, 북극해, 남극해가 있습니다.

점수		채점 기준
(1)	3점	'아시아'라고 정확히 씀.
(2)	7점	**정답 키워드** 아시아 / 오세아니아 / 아메리카 '아시아, 오세아니아, 아메리카 대륙 사이에 있다.' 등의 내용을 정확히 씀.

3 러시아의 면적은 우리나라보다 약 77배 정도 넓고, 영토가 매우 넓어서 다양한 지형이 나타납니다.

점수		채점 기준
(1)	3점	'러시아'라고 정확히 씀.
(2)	7점	**정답 키워드** 동서로 / 뻗다 '동서로 길게 뻗은 모양이다.' 등의 내용을 정확히 씀.

부족한 답안 (2) 길게 뻗은 모양이다.
　　　　　　　　　～동서로
➡ 러시아의 영토 모양이 어느 방향으로 길게 뻗은 모양인지 구체적으로 써야 정확한 답입니다.

4 세계 여러 나라의 모양은 국경선, 해안선, 영토의 길이 등에 따라 다양합니다. 국경선이 단조로운 나라에는 사우디아라비아, 이집트 등이 있고 해안선이 복잡한 나라에는 노르웨이, 일본 등이 있습니다.

점수	채점 기준
8점	**정답 키워드** 국경선 / 단조롭다 / 해안선 / 복잡하다 '사우디아라비아는 국경선이 단조로운 편이고, 노르웨이는 해안선이 복잡하다.' 등의 내용을 정확히 씀.
4점	나라별 영토 모양의 특징과 관련하여 사우디아라비아와 노르웨이 영토 모양의 차이점을 썼으나 구체적이지 않음.

1. ❷ 세계의 다양한 삶의 모습

123쪽			쪽지시험
01 기후	**02** 적도	**03** 건조	**04** 예 카사바,
얌, 바나나	**05** 초원	**06** 침엽수	**07** 판초
08 타이	**09** 예 종교, 풍습		**10** 오른

124~126쪽	단원평가

01 (1) ○　**02** ⑤　**03** (1) ㉡ (2) ㉠　**04** ④
05 ① 예 가축 ② 예 유목　**06** ①, ③　**07** ⑤
08 ㉢　**09** (1) ○　**10** 예 인도 사람들이 주로 믿는 힌두교에서는 바느질하지 않은 옷을 깨끗하다고 여기기 때문이다.　**11** ②　**12** ④　**13** ①　**14** 예린
15 시에스타　**16** ⑤　**17** 예 서로 다른 생활 모습을 이해하고 존중한다.　**18** ㉢　**19** ⑤
20 ④

01 일 년 내내 햇빛을 집중적으로 받는 적도 부근은 열대 기후가 나타나고, 햇빛을 분산하여 받는 극지방 부근은 한대 기후가 나타납니다.

02 한대 기후 지역은 기온이 매우 낮아 땅이 눈과 얼음으로 뒤덮여 있고, 땅속은 단단하게 얼어 있습니다.

03 세계에는 지역별로 다양한 기후가 나타납니다.

04 열대 기후 지역에서는 숲을 태워 화전 농업을 하거나 농장에서 열대작물을 대규모로 재배하기도 합니다.

05

점수	채점 기준
8점	① '가축'과 ② '유목'을 모두 정확히 씀.
4점	① '가축'과 ② '유목' 중 한 가지만 정확히 씀.

06 중위도 지역에 주로 나타나는 온대 기후는 사계절의 변화가 뚜렷하고 온화합니다.

07 북반구의 중위도와 고위도 지역에 주로 나타나는 냉대 기후 지역에는 침엽수림이 널리 분포해 목재와 펄프의 세계적인 생산지가 되기도 합니다.

08 고산 기후는 고도가 높은 지역에서 나타납니다.

09 이글루는 한대 기후 지역의 사람들이 사냥을 나갔을 때 잠시 머물기 위해 지은 집입니다.

10 사리는 두르는 방법에 따라 입는 방법이 다양합니다.

점수	채점 기준
8점	🔑 정답 키워드 힌두교 / 바느질 / 깨끗하다 '인도 사람들이 주로 믿는 힌두교에서는 바느질하지 않은 옷을 깨끗하다고 여기기 때문이다.' 등의 내용을 정확히 씀.
4점	사리를 한 장의 천으로 만든 까닭을 썼으나 구체적이지 않음.

12 열대 기후 지역에서는 습기와 벌레를 피해 높은 나무나 기둥 위에 집을 짓습니다.

13 몽골의 유목민들은 분해와 조립이 쉬운 게르에 삽니다.

14 사람들이 살아가는 삶의 터전은 그 지역에 사는 사람들의 생활 모습에 영향을 줍니다.

15 세계 여러 나라의 생활 모습은 각각 고유한 가치를 지니고 있습니다.

16 이슬람교의 교리에 따라 이슬람교를 믿는 사람들은 정해진 한 달 동안에는 낮에 물과 음식을 먹지 않습니다.

17 세계 여러 나라 사람들의 생활 모습은 그 지역에 사는 사람들이 환경에 적합하게 발전시킨 결과입니다.

점수	채점 기준
8점	🔑 정답 키워드 이해 / 존중 '서로 다른 생활 모습을 이해하고 존중한다.' 등의 내용을 씀.
4점	세계 여러 나라 사람들의 생활 모습을 대할 때 가져야 할 태도를 썼으나 구체적이지 않음.

18 세계의 축제도 자연환경, 인문환경과 관련이 있습니다.

20 세계 여러 나라 사람들의 생활 모습을 조사하기 위한 자료를 수집할 때는 인터넷을 검색하거나 책을 찾아볼 수 있습니다.

127쪽   서술형·논술형 문제

1 (1) 온대   (2) 📝 아시아에서는 벼농사를 짓는다. 지중해 주변 지역에서는 올리브 등을 재배한다.

2 (1) ㉡   (2) 📝 낮과 밤의 기온차가 크기 때문에 체온 유지를 위해서이다.

3 📝 타이가 벼농사를 널리 짓는 나라이기 때문이다.

4 (1) 오른손   (2) 📝 소를 신성하게 여기는 힌두교의 영향을 받았기 때문이다.

---

1 온대 기후 지역은 기온이 온화하고 강수량이 풍부해 일찍부터 다양한 산업이 발달했습니다. 지역의 강수량에 따라 벼농사, 밀농사 등을 하거나 올리브, 오렌지와 같은 작물을 재배하며 서유럽의 일부 지역에서는 화훼 농업이 이루어지기도 합니다. 또한 온화한 기후를 이용한 목축업이나 관광 산업이 발달했습니다.

점수		채점 기준
(1)	3점	'온대'라고 정확히 씀.
(2)	7점	🔑 정답 키워드 아시아 / 벼농사 / 지중해 / 올리브 '아시아에서는 벼농사를 짓는다.', '지중해 주변 지역에서는 올리브 등을 재배한다.' 등의 내용을 정확히 씀.

2 판초는 멕시코의 전통 의복으로, 긴 천에 구멍을 뚫어 만듭니다.

점수		채점 기준
(1)	3점	'㉡'이라고 정확히 씀.
(2)	7점	🔑 정답 키워드 기온차 / 크다 / 체온 유지 '낮과 밤의 기온차가 크기 때문에 체온 유지를 위해서이다.' 등의 내용을 정확히 씀.

3 팟타이는 새우, 두부, 숙주, 땅콩 따위에 생선 소스를 넣고 볶은 쌀국수입니다. 나라마다 전통, 기후, 관습 등 다양한 요인에 의해 식문화가 다르게 나타납니다.

점수	채점 기준
8점	🔑 정답 키워드 벼농사 '타이가 벼농사를 널리 짓는 나라이기 때문이다.' 등의 내용을 정확히 씀.
4점	타이에서 팟타이와 같은 음식이 발달한 까닭을 썼으나 구체적이지 않음.

4 사람들의 생활 모습은 종교와 같은 인문환경의 영향을 받기도 합니다.

점수		채점 기준
(1)	3점	'오른손'에 ○표를 함.
(2)	7점	🔑 정답 키워드 소 / 신성 / 힌두교 '소를 신성하게 여기는 힌두교의 영향을 받았기 때문이다.' 등의 내용을 정확히 씀.

> 부족한 답안   (2) 힌두교의 영향을 받았기 때문이다.
>   소를 신성하게 여기는
> ➡ 힌두교의 어떠한 교리에 영향을 받았는지 구체적으로 들어가야 정확한 답입니다.

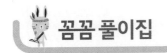 꼼꼼 풀이집

1. ❸ 우리나라와 가까운 나라들

129쪽			쪽지시험
01 중국	02 산지	03 네	04 냉대
05 한자	06 젓가락	07 유럽	08 경제적
09 사우디아라비아		10 ⒫ 환경	

130~132쪽			단원평가

01 ③   02 ④   03 일본   04 ① ⒫ 원료
② ⒫ 노동력   05 우랄   06 ②   07 ①
08 보미   09 ②   10 ㉡   11 ③   12 (1) 인적
(2) ⒫ 일자리를 구하러 이웃 나라로 이동한다.   13 (2) ○
14 ㉢   15 ④   16 ③   17 ①, ④   18 ②
19 ⒫ 나라마다 환경이 달라 서로 필요한 도움을 주고받을 수 있기 때문이다.   20 한류

01 오늘날 우리나라와 이웃 나라는 많은 사람이 오가며 함께 발전하기 위해 협력하고 있습니다.

02 중국은 영토가 넓어 지역마다 다양한 지형과 기후가 나타납니다.

03 일본은 바다의 영향을 받아 습하고, 비나 눈이 많이 내립니다.

04
점수	채점 기준
8점	① '원료'와 ② '노동력'을 모두 정확히 씀.
4점	① '원료'와 ② '노동력' 중 한 가지만 정확히 씀.

05 우랄산맥은 유럽과 아시아 대륙의 경계가 됩니다.

06 러시아의 서부에는 평원, 동부에는 산지가 많습니다.

07 우리나라와 중국, 일본은 지리적으로 가까워 옛날부터 서로 오가면서 자연스럽게 문화를 주고받아 비슷한 부분이 많습니다.

08 러시아 문자는 그리스 문자의 영향을 받았습니다.

09 각 나라의 자연환경과 문화가 달라서 저마다 독특한 생활 모습이 나타납니다.

10 치파오는 중국, 기모노는 일본의 전통 의상입니다.

11 우리나라와 이웃 나라의 경제적 교류 사례에는 무역, 에너지 공급을 위한 협력 등이 있습니다.

12 우리나라와 이웃 나라의 교류는 다양한 분야에서 활발하게 이루어집니다.

점수		채점 기준
(1)	3점	'인적'에 ○표를 함.
(2)	7점	🔑 정답 키워드 일자리 / 이동 '일자리를 구하러 이웃 나라로 이동한다.' 등의 내용을 정확히 씀.

14 우리나라와 이웃 나라는 공동의 문제 해결을 위해 교류하고 협력합니다.

15 미국은 세계에서 영토의 면적이 세 번째로 넓습니다.

16 우리나라는 2020년 기준으로 약 2억9천7백만 배럴의 원유를 수입했는데 이는 우리나라 원유 수입량의 1/4을 넘습니다.

17 베트남은 우리나라가 수출을 많이 하는 나라 중 하나이며, 대체로 덥고 습한 편입니다.

18 우리나라는 칠레와 자유무역협정(FTA)을 체결하고 경제 협력을 강화했습니다.

19 우리나라는 다양한 분야에서의 활발한 교류를 통해 세계 무대에서 우리나라의 영향력을 높이고 있습니다.

점수	채점 기준
8점	🔑 정답 키워드 환경 / 도움 / 주고받다 '나라마다 환경이 달라 서로 필요한 도움을 주고받을 수 있기 때문이다.' 등의 내용을 씀.
4점	우리나라가 세계 여러 나라들과 다양한 방면에서 교류하는 까닭을 썼으나 구체적이지 않음.

20 오늘날에는 한국 문화에 대한 관심과 더불어 한국어에 대한 관심도 높아지고 있습니다.

133쪽	서술형·논술형 문제

1 (1) ㉠ 러시아 ㉡ 중국 ㉢ 일본 (2) ⒫ 자원이 풍부하고 여러 가지 산업이 발달했다.
2 ⒫ 러시아의 인구 대부분이 유럽과 가까운 서부 지역에 분포하고 있기 때문이다.
3 ⒫ 각 나라의 발전과 이익을 위해 교류를 한다. 다양한 분야에서 활발한 교류가 이루어진다.
4 (1) ㉡ (2) ⒫ 벼농사에 유리한 자연환경을 이용해 쌀을 많이 수출한다. 노동력이 풍부해 경공업이 발달했다.

1 중국은 우리나라의 서쪽에 있고, 주변의 많은 나라와 국경을 접하고 있습니다. 세계에서 네 번째로 영토가 넓으며, 한 나라 안에서 다양한 지형과 기후가 나타납니다.

점수		채점 기준
(1)	3점	㉠에 '러시아', ㉡에 '중국', ㉢에 '일본'을 정확히 씀.
(2)	7점	**🔑정답 키워드** 자원 / 산업 '자원이 풍부하고 여러 가지 산업이 발달했다.' 등의 내용을 정확히 씀.

2 러시아의 식사 도구나 문자는 유럽의 나라들과 비슷하지만 최근에는 동쪽으로 가까운 한국, 중국, 일본과의 교류도 증가했습니다.

점수	채점 기준
8점	**🔑정답 키워드** 인구 / 유럽 / 서부 / 분포 '러시아의 인구 대부분이 유럽과 가까운 서부 지역에 분포하고 있기 때문이다.' 등의 내용을 정확히 씀.
4점	러시아의 생활 모습이 유럽 대륙의 생활 모습과 비슷하게 나타나는 까닭을 썼으나 구체적이지 않음.

부족한 답안 러시아의 인구가 서부 지역에 분포하고 있기 때문이다.
　　　　　　　　　└ 유럽에 가까운
➡ 러시아의 서부 지역이 유럽과 가까이에 있다는 사실까지 구체적으로 써야 정확한 답입니다.

3 서로 이웃한 나라들이 협력하면 어려운 일이 생겼을 때 빠르게 해결할 수 있습니다.

점수	채점 기준
8점	**🔑정답 키워드** 발전 / 이익 / 다양한 분야 '각 나라의 발전과 이익을 위해 교류를 한다.', '다양한 분야에서 활발한 교류가 이루어진다.' 등의 내용을 정확히 씀.
4점	우리나라와 이웃 나라의 교류의 특징을 썼으나 구체적이지 않음.

4 베트남은 우리나라와 인적, 문화적 교류가 활발한 나라입니다.

점수		채점 기준
(1)	3점	'㉡'이라고 정확히 씀.
(2)	7점	**🔑정답 키워드** 벼농사 / 쌀 / 노동력 / 경공업 '벼농사에 유리한 자연환경을 이용해 쌀을 많이 수출한다.', '노동력이 풍부해 경공업이 발달했다.' 등의 내용을 정확히 씀.

2. ❶ 한반도의 미래와 통일

135쪽			쪽지시험
01 동	**02** 예 섬기린초, 괭이갈매기		
03 천연기념물	**04** 일본	**05** 안용복	**06** 이산가족
07 줄일	**08** 7·4	**09** 개성	**10** 비무장 지대

136~138쪽			단원평가
01 독도	**02** ⑤	**03** ②, ③	**04** 정아	**05** ㉠

06 ① 독도(우산도) ② 예 오래된　**07** ②　**08** ⑤
09 ②　**10** 예 독도를 세계에 알리고, 독도를 잘못 소개한 정보나 자료를 찾아 수정을 요구한다.　**11** 승엽
12 ㉠　**13** ③　**14** ㉠ 북한 ㉡ 남한　**15** ㉢
16 ③　**17** 예 남북 정치 교류의 시작이 되었다. 최초로 통일에 관하여 합의하고 발표했다.　**18** ②
19 (2) ○　**20** ④

01 독도를 이루고 있는 두 개의 큰 섬은 동도와 서도입니다.

02 독도는 울릉도의 동남쪽에 위치합니다.

03 울릉도 주민들은 독도를 '돌섬'의 사투리인 '독섬'이라고 불렀습니다.

04 독도의 연평균 기온은 약 12℃, 연평균 강수량은 약 1,383mm입니다.

05 독도는 화산 활동으로 생긴 화산섬으로 독특한 지형과 모습을 지니고 있습니다.

06
점수	채점 기준
8점	① '독도(우산도)'와 ② '오래된'을 모두 정확히 씀.
4점	① '독도(우산도)'와 ② '오래된' 중 한 가지만 정확히 씀.

07 우리나라와 일본 등의 옛 기록과 지도에는 독도가 우리나라 영토라는 사실이 나타나 있습니다.

08 조선 시대 어부였던 안용복은 일본으로부터 '죽도 도해 금지령'을 받아냈습니다.

09 일본은 지속적으로 독도를 침범하고 있지만, 우리나라는 정부, 민간단체, 개인이 힘을 합쳐 독도를 지키고 있습니다.

10 사이버 외교 사절단 반크는 영문으로 '한국 해양 지도' 를 제작해 배포하기도 했습니다.

점수	채점 기준
8점	🎵 정답 키워드 알리다 / 수정 / 요구 '독도를 세계에 알리고, 독도를 잘못 소개한 정보나 자료를 찾아 수정을 요구한다.' 등의 내용을 씀.
4점	사이버 외교 사절단 반크에서 독도를 지키기 위해 하는 일을 썼으나 구체적이지 않음.

12 광복 이후 38도선을 경계로 대한민국 정부와 북한 정권이 각각 수립되었습니다.

13 남북 분단으로 인해 남한과 북한은 여러 가지 어려움을 겪고 있습니다.

14 남북통일이 되면 경제 성장을 이룰 수 있습니다.

15 통일이 되면 남한의 기술과 북한의 지하자원을 활용할 수 있습니다.

16 6·15 남북 공동 선언에서는 남북 간 교류 활성화와 통일 방안에 관해 발표했습니다.

17 남북한은 다양한 분야에서 교류하고 있습니다.

점수	채점 기준
8점	🎵 정답 키워드 시작 / 최초 / 통일 / 합의 '남북 정치 교류의 시작이 되었다.', '최초로 통일에 관하여 합의하고 발표했다.' 등의 내용을 씀.
4점	7·4 남북 공동 성명의 의의를 썼으나 구체적이지 않음.

18 평창 동계 올림픽에서 남북 선수단은 한반도기를 들고 함께 입장해 세계에 통일에 대한 희망의 메시지를 전했습니다.

19 비무장 지대는 남북한의 군사적 충돌을 막기 위해 군사 시설을 배치하지 않은 지역입니다.

20 통일이 되면 한반도의 지리적 이점을 누릴 수 있습니다.

139쪽 | **서술형·논술형 문제**

1 (1) ㉡ (2) 예 독도는 화산 활동으로 생긴 화산섬이기 때문이다.

2 (1) 정부 (2) 예 독도와 관련한 각종 법령을 시행한다.

3 예 남북 분단으로 문화의 차이가 더욱 벌어졌기 때문이다.

4 (1) 통일 (2) 예 개성 공업 지구를 운영했다. 끊어진 철도와 도로를 연결하고 시설을 개선했다.

---

1 독도는 화산 폭발로 분출한 용암이 굳어져서 형성된 화산섬입니다. 경사가 급하고 대부분 암석으로 되어있지만 다양한 동식물의 보금자리이자 생태계의 보고입니다. 천장굴은 바닷물의 침식 작용으로 생긴 동굴입니다.

점수		채점 기준
(1)	3점	'㉡'이라고 정확히 씀.
(2)	7점	🎵 정답 키워드 화산 활동 / 생기다 '독도는 화산 활동으로 생긴 화산섬이기 때문이다.' 등의 내용을 정확히 씀.

2 정부는 독도에 거주하는 사람들을 위한 주민 숙소, 등대 등의 시설을 설치했습니다.

점수		채점 기준
(1)	3점	'정부'라고 정확히 씀.
(2)	7점	🎵 정답 키워드 법령 / 시행 / 경찰 '독도와 관련한 각종 법령을 시행한다.', '독도에 경찰이 머무르게 하여 독도를 지키도록 한다.' 등의 내용을 정확히 씀.

3 오늘날에는 남북한의 문화 차이로 인해 서로 간의 소통이 어려워지고 있습니다. 통일이 된다면 문화적인 면에서 민족의 동질성을 회복할 수 있을 것입니다.

점수	채점 기준
8점	🎵 정답 키워드 분단 / 문화 / 차이 / 벌어지다 '남북 분단으로 문화의 차이가 더욱 벌어졌기 때문이다.' 등의 내용을 정확히 씀.
4점	남한과 북한에서 사용하는 말이 달라지게 된 까닭을 썼으나 구체적이지 않음.

부족한 답안	남북 분단 때문이다.

으로 문화의 차이가 더욱 벌어졌기

➡ 남북 분단으로 인해 어떤 문제가 발생했는지 구체적으로 써야 정확한 답입니다.

4 남북한의 꾸준한 교류와 협력을 통해 평화 통일을 이룰 수 있습니다.

점수		채점 기준
(1)	3점	'통일'에 ○표를 함.
(2)	7점	🎵 정답 키워드 개성 공업 지구 / 철도 / 도로 '개성 공업 지구를 운영했다.', '끊어진 철도와 도로를 연결하고 시설을 개선했다.' 등의 내용을 정확히 씀.

2. ❷ 지구촌의 평화와 발전

141쪽		쪽지시험
01 유대인	02 ⑩ 난민	03 에티오피아
04 인도	05 없습니다	06 국제기구
07 국제 연합(UN)	08 개인	
09 ⑩ 국경 없는 의사회	10 남수단	

142~144쪽		단원평가

01 ② 02 이스라엘 03 ① 유대인 ② 팔레스타인 04 ㉠ 이슬람교 ㉡ 힌두교 05 ④ 06 (1) ○ 07 재원 08 ②, ③ 09 (2) ○ 10 ②, ⑤ 11 ㉡ 12 (1) ㉡ (2) ㉠ 13 (1) 개인 (2) ⑩ 다양한 방법으로 핵 실험 반대 및 환경 보호 운동을 한다. 14 ③ 15 (2) ○ 16 의료 17 ⑩ 국제 연합 평화 유지군을 파견한다. 평화 조약에 가입한다. 18 ④ 19 ③ 20 이태석

01 시리아 내전으로 인해 도시는 폐허가 되었고, 많은 사람이 다치거나 죽었습니다.

02 팔레스타인 지역에서는 이스라엘과 팔레스타인 간 영토 분쟁이 발생하고 있습니다.

03 유대인이 팔레스타인에 이스라엘이라는 나라를 세우면서 이스라엘과 팔레스타인의 분쟁이 시작되었습니다.

점수	채점 기준
8점	① '유대인'과 ② '팔레스타인'을 모두 정확히 씀.
4점	① '유대인'과 ② '팔레스타인' 중 한 가지만 정확히 씀.

04 카슈미르 지역은 이슬람교도가 많은데, 과거 이곳을 통치하던 힌두교 지도자가 인도에 통치권을 넘기면서 분쟁이 발생했습니다.

05 르완다 내전으로 인해 약 100만 명이 다치거나 죽었으며, 약 200만 명의 수많은 난민이 발생했습니다.

06 각 나라는 자신의 이익을 가장 먼저 생각하기 때문에 지구촌 갈등이 사라지지 않고 있습니다.

07 지구촌 갈등은 어느 한 국가의 노력만으로는 해결할 수 없습니다.

08 지구촌 갈등 문제는 세계 여러 나라 사람들이 함께 노력해야 합니다.

09 지구촌 갈등 해결을 위해 우리가 할 수 있는 일을 찾아 실천해야 합니다.

10 국제기구는 지구촌 갈등을 해결하기 위해 여러 국가가 모여 만든 조직입니다.

11 전 세계 어린이들을 위해 지원을 하는 국제기구는 국제 연합 아동 기금(UNICEF)입니다.

12 국제 연합(UN)에는 분야별로 다양한 전문 기구들이 설립되어 있습니다.

13 지구촌 갈등은 한 나라나 개인의 힘만으로 해결하기 어렵기 때문에 다양한 주체들이 함께 노력해야 합니다.

점수		채점 기준
(1)	3점	'개인'이라고 정확히 씀.
(2)	7점	🔑 정답 키워드 핵 실험 반대 / 환경 보호 운동 '다양한 방법으로 핵 실험 반대 및 환경 보호 운동을 한다.' 등의 내용을 정확히 씀.

14 국제 앰네스티는 국가 권력에 의해 억울하게 처벌당하고 억압받는 사람들을 돕기 위해 노력합니다.

15 세이브 더 칠드런은 어린이의 생존과 보호를 돕기 위해 노력합니다.

16 국경 없는 의사회는 인종, 종교, 성별 등과 관계없이 전쟁, 재난, 기아 등으로 고통받는 사람들에게 의료 서비스를 제공합니다.

17 이 밖에도 우리나라는 한국 국제 협력단(KOICA)을 운영하는 등 지구촌 평화와 발전을 위해 노력하고 있습니다.

점수	채점 기준
10점	🔑 정답 키워드 국제 연합 평화 유지군 / 평화 조약 / 외교 활동 '국제 연합 평화 유지군을 파견한다.', '평화 조약에 가입한다.', '지구촌 평화를 위한 외교 활동을 한다.' 등의 내용을 정확히 씀.
5점	지구촌 평화와 발전을 위해 우리나라가 하는 노력을 썼으나 구체적이지 않음.

18 조디 윌리엄스는 지뢰 금지 국제 운동 단체를 설립한 미국의 사회 운동가입니다.

19 지뢰 문제 해결을 위해 노력했던 지뢰 금지 국제 운동과 이 단체의 책임자인 조디 윌리엄스는 1997년 노벨 평화상을 공동 수상했습니다.

20 이태석은 빈곤과 기아로 고통받는 남수단 사람들을 위해 헌신했습니다.

 꼼꼼 풀이집

145쪽	서술형 · 논술형 문제

1 (1) 여러 (2) 예 내전이 일어났다.
2 (1) 시리아 (2) 예 누리 소통망 서비스(SNS)에 관련된 글을 쓴다.
3 (1) 국제 연합(UN) (2) 예 전쟁, 내전, 자연재해 등으로 인해 어려움에 처한 사람들에게 식량을 지원한다.
4 (1) 민서 (2) 예 국제 앰네스티는 국가 권력에 의해 억울하게 인권을 탄압받는 사람들의 인권 보호 활동을 한다.

1 에티오피아에는 여러 민족이 한 나라에 살고 있습니다.

점수		채점 기준
(1)	3점	'여러'에 ○표를 함.
(2)	7점	정답 키워드 내전 / 민족 / 차별 / 충돌 '내전이 일어났다.', '민족 간 차이와 차별 등으로 서로 다른 민족 사이에 크고 작은 충돌이 나타나고 있다.' 등의 내용을 정확히 씀.

2

점수		채점 기준
(1)	3점	'시리아'라고 정확히 씀.
(2)	7점	정답 키워드 누리 소통망 서비스(SNS) / 뉴스 / 신문 기사 '누리 소통망 서비스(SNS)에 관련된 글을 쓴다.', '뉴스나 신문 기사로 지구촌 갈등 문제에 대해 알아본다.' 등의 내용을 정확히 씀.

3

점수		채점 기준
(1)	3점	'국제 연합', 'UN'이라고 정확히 씀.
(2)	7점	정답 키워드 어려움 / 사람 / 식량 / 지원 '전쟁, 내전, 자연재해 등으로 인해 어려움에 처한 사람들에게 식량을 지원한다.' 등의 내용을 정확히 씀.

부족한 답안 사람들에게 식량을 지원한다.
<u>전쟁, 내전, 자연재해 등으로 인해 어려움에 처한</u>
➡ 세계 식량 계획(WFP)이 어려움에 처한 사람들에게 식량을 지원한다는 것을 구체적으로 써야 정확한 답입니다.

4

점수		채점 기준
(1)	3점	'민서'라고 정확히 씀.
(2)	7점	정답 키워드 국가 권력 / 인권 / 탄압 / 보호 '국제 앰네스티는 국가 권력에 의해 억울하게 인권을 탄압받는 사람들의 인권 보호 활동을 한다.' 등의 내용을 정확히 씀.

2. ❸ 지속가능한 지구촌

147쪽	쪽지시험

01 열대 우림 **02** 지구 온난화 **03** 예 호흡기 질환
04 줄여야 **05** 기업 **06** 온실가스
07 예 빈곤과 기아 퇴치, 환경문제 해결
08 존중 **09** 세계시민 **10** 남기지 않아야

148~150쪽	단원평가

01 ② **02** 온실가스 **03** (2) ○ **04** ㉡
05 ① 예 보금자리 ② 예 산소 **06** ③, ④ **07** (1) ○
08 ②, ④ **09** ①, ② **10** 용성 **11** ⑤ **12** 해림
13 예 지구 온난화의 원인인 온실가스의 배출을 줄여야 한다. **14** ③ **15** ○○ 기업 대표 **16** 예 버려지는 포장 용기를 줄일 수 있다. 친환경 제품을 사면 수질 오염, 토양 오염 등을 막을 수 있다.
17 (1) ○ (3) ○ **18** ③, ④ **19** ⑤ **20** ①

01 환경문제란 인간과 환경의 상호 작용을 통해 바람직한 환경의 가치가 위험에 처하거나 위협받는 상황을 의미합니다.

02 지구 온난화는 이산화 탄소와 같은 온실가스가 지나치게 배출되었기 때문에 나타납니다.

03 지구 온난화로 빙하가 녹아 해수면이 높아졌고, 남태평양의 섬나라 투발루는 해수면 상승으로 국토가 바닷물에 잠길 위기에 처했습니다.

04 무분별한 지역 개발로 넓은 면적의 열대 우림이 없어지고 있습니다.

05 열대 우림은 여러 동식물이 사는 보금자리이자 지구에 산소를 공급하는 중요한 곳입니다.

점수	채점 기준
8점	① '보금자리'와 ② '산소'를 모두 정확히 씀.
4점	① '보금자리'와 ② '산소' 중 한 가지만 정확히 씀.

06 초미세 먼지는 사람 몸속에 들어가 호흡기 질환과 같은 여러 가지 질병을 일으킵니다.

07 오늘날에는 배달과 배송으로 물건이나 음식을 받는 일이 많아지면서 쓰레기 배출량이 증가하고 있습니다.

08 아프리카에서는 가뭄과 과도한 개발, 인구 증가 등으로 인해 사막화가 진행되고 있습니다.

09 일상생활에서 자원과 에너지 절약하기, 환경을 생각하는 소비하기, 올바른 방법으로 쓰레기 분리배출하기 등을 통해 환경문제를 해결할 수 있습니다.

10 시민 단체는 사람들의 환경 보호 의식을 높이는 환경 운동을 하고, 기업이나 정부의 활동이 환경에 나쁜 영향을 끼치지 않는지 감시합니다.

11 기업은 제품의 생산·이동·폐기 과정에서 불필요한 자원이 낭비되지 않도록 노력합니다.

12 지구촌의 환경문제는 그 원인과 영향이 지역 간에 복잡하게 얽혀 있어 어느 한 지역이 아닌 지구촌 전체의 문제입니다.

13 2015년 파리 협정에서 전 세계 195개 나라가 지구 온난화의 원인인 온실가스의 배출을 줄이는 협정에 동의했습니다.

점수	채점 기준
10점	정답 키워드 온실가스 / 배출 / 줄이자 '지구 온난화의 원인인 온실가스의 배출을 줄여야 한다.' 등의 내용을 정확히 씀.
5점	2015년 파리 협정의 내용을 썼으나 구체적이지 않음.

14 국제 연합은 2015년에 모든 지구촌 사람들이 실천해 나가야 할 지속가능 발전 목표 17개를 발표했습니다.

15 환경을 생각하는 생산 활동을 하려면 자원과 에너지를 최소한으로 사용하도록 노력하면서 생산해야 합니다.

16 제로 웨이스트 숍은 말 그대로 쓰레기가 없는 가게입니다.

점수	채점 기준
10점	정답 키워드 포장 용기 / 줄이다 / 오염 / 막다 '버려지는 포장 용기를 줄일 수 있다.', '친환경 제품을 사면 수질 오염, 토양 오염 등을 막을 수 있다.' 등의 내용을 정확히 씀.
5점	제로 웨이스트 숍 등을 이용하는 소비 습관이 환경문제 해결에 주는 도움을 썼으나 구체적이지 않음.

17 지구촌에는 자연재해, 전쟁 등으로 빈곤과 기아에 시달리고 있는 사람들이 많습니다.

18 ①, ②는 지구촌의 환경문제 해결을 위한 노력이고, ⑤는 문화적 편견과 차별 해소를 위한 노력입니다.

19 지구촌 사람들은 서로 다른 문화를 이해하고 존중하기 위한 다양한 행사와 교육 활동을 열어 모든 사람들이 평화롭게 공존하고자 노력합니다.

20 잘 안 입는 옷은 재활용할 수 있는 곳을 찾아 기부하는 것이 좋습니다.

1 (1) 초미세 먼지 (2) 예 가까운 거리는 자동차를 타지 않고 걸어 다닌다.

2 (1) 정부 (2) 예 친환경 기술을 개발한다. 제품의 생산·이동·폐기 과정에서 자원과 에너지를 절약한다.

3 (1) 문화적 편견과 차별 (2) 예 어느 한쪽의 문화만 옳다고 생각하기 때문이다. 자신의 문화를 기준으로 다른 문화를 함부로 판단하기 때문이다.

4 (1) ㉢ (2) 예 에어컨을 적정 온도로 맞춰 사용해 전기를 아낀다.

1 걸어 다니면 초미세 먼지의 발생을 줄일 수 있습니다.

점수	채점 기준
(1) 3점	'초미세 먼지'라고 정확히 씀.
(2) 7점	정답 키워드 가까운 / 거리 / 걷다 '가까운 거리는 자동차를 타지 않고 걸어 다닌다.' 등의 내용을 정확히 씀.

부족한 답안 초미세 먼지의 발생을 줄이기 위해 노력한다.
<u>가까운 거리는 자동차를 타지 않고 걸어다니는 등</u>
➡ 초미세 먼지를 줄이기 위해 할 수 있는 일을 구체적으로 써야 정확한 답입니다.

2 정부, 기업, 개인, 시민 단체 등은 환경문제를 해결하기 위해 다양한 노력을 하고 있습니다.

점수	채점 기준
(1) 3점	'정부'라고 정확히 씀.
(2) 7점	정답 키워드 친환경 기술 / 개발 / 자원 / 절약 '친환경 기술을 개발한다.', '자원과 에너지를 절약한다.' 등의 내용을 정확히 씀.

3 다른 문화를 존중하는 마음을 가져야 합니다.

점수	채점 기준
(1) 3점	'문화적 편견과 차별'에 ○표를 함.
(2) 7점	정답 키워드 한쪽의 문화 / 옳다 '어느 한쪽의 문화만 옳다고 생각하기 때문이다.' 등의 내용을 정확히 씀.

4 지속가능한 미래를 위해 에너지를 절약해야 합니다.

점수	채점 기준
(1) 3점	'㉢'이라고 정확히 씀.
(2) 7점	정답 키워드 적정 온도 / 전기 / 아끼다 '에어컨을 적정 온도로 맞춰 사용해 전기를 아낀다.' 등의 내용을 정확히 씀.

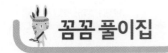
꼼꼼 풀이집

01 ㉢   **02** (1) 아시아 (2) 예 가장 넓은 대륙이다. 우리 나라가 속해 있다. 세계 인구의 절반 이상이 살고 있다.
3 ①   **4** ①   **5** ③   **6** ②   **7** 예 이동 생활에 유리하도록 하기 위해서이다.   **8** ⑤
9 ㉠   **10** ⑤   **11** ③   **12** ③   **13** 도윤
14 ①, ④   **15** ②   **16** (2) ○   **17** ①
18 (1) 지구 온난화 (2) 예 빙하가 녹아 해수면이 높아져 일부 해안 지역은 바닷물이 들이닥쳐 사람들이 살 땅을 잃고 있다. **19** (1) ㉠ (2) ㉡   **20** ④

01 북극과 남극 가까이에 있는 나라들은 세계지도에서 땅의 모양이 실제와 달라집니다.

02 아시아는 세계 육지 면적의 약 30%를 차지합니다.

점수		채점 기준
(1)	3점	'아시아'라고 정확히 씀.
(2)	7점	**정답 키워드** 넓은 / 우리나라 / 인구 / 절반 '가장 넓은 대륙이다.', '우리나라가 속해 있다.', '세계 인구의 절반 이상이 살고 있다.' 등의 내용을 정확히 씀.

03 칠레는 세계에서 남북으로 영토 길이가 가장 긴 나라입니다.

04 위도, 나라의 위치, 지형에 따라 기후가 다르게 나타나기도 합니다.

05 올리브는 여름 강수량이 적은 지중해 주변에서도 잘 견디는 작물입니다.

06 인도 사람들이 주로 믿는 힌두교에서는 바느질하지 않은 옷을 깨끗하다고 여깁니다.

07 초원 지역에 사는 사람들은 가축에게 먹일 풀을 찾아 이동하며 생활하기 때문에 설치와 해체가 편리한 게르를 짓고 삽니다.

점수	채점 기준
8점	**정답 키워드** 이동 생활 / 유리 '이동 생활에 유리하도록 하기 위해서이다.' 등의 내용을 정확히 씀.
4점	초원 지역에 사는 사람들이 게르를 지어 생활하는 까닭을 썼으나 구체적이지 않음.

08 일본은 섬나라이기 때문에 습하고 비와 눈이 많이 내립니다.

09 오늘날 교통·통신이 발달하면서 이웃 나라 간의 교류는 점점 증가하고 있습니다.

10 베트남은 우리나라와 인적, 문화적 교류가 활발한 나라입니다.

11 날씨가 맑은 날에는 울릉도에서 독도를 맨눈으로 볼 수 있습니다.

12 「대일본전도」에는 주변 섬들을 포함해 일본 영토가 자세히 그려져 있지만 독도는 나타나 있지 않습니다.

13 남북통일이 이루어진다면 전쟁의 위험이 사라져 사람들이 평화롭게 살게 될 것입니다.

14 남북한은 남과 북의 끊어진 도로와 철도를 연결하고 시설을 개선해 교류와 협력을 확대하려고 노력했습니다.

15 시리아 내전으로 수많은 난민이 발생했고, 도시는 폐허가 되었습니다.

16 국경 없는 의사회, 세이브 더 칠드런은 뜻이 비슷한 개인들이 모여 활동하는 비정부 기구입니다.

17 이태석은 남수단 '톤즈'라는 마을에 병원을 짓고 직접 진료했으며, 마을 사람들과 힘을 합쳐 학교를 만드는 등 남수단 사람들을 위해 헌신했습니다.

18 지구 온난화는 과도한 온실가스 배출로 지구의 평균 기온이 상승하는 현상을 의미합니다.

점수		채점 기준
(1)	3점	'지구 온난화'라고 정확히 씀.
(2)	7점	**정답 키워드** 빙하 / 녹다 / 해수면 / 높아지다 / 땅 / 잃다 '빙하가 녹아 해수면이 높아져 일부 해안 지역은 바닷물이 들이닥쳐 사람들이 살 땅을 잃고 있다.' 등의 내용을 정확히 씀.

19 지구촌 사람들은 빈곤과 기아로 고통받는 사람들에게 돈과 물건, 식량 등을 지원합니다. 문화적 편견과 차별을 해소하기 위해 서로 다른 문화를 이해하고 존중하기 위한 다양한 행사와 교육 활동을 열고, 편견과 차별로 고통받는 사람들에게 취업, 교육, 의료, 상담 등 다양한 도움을 줍니다.

20 지속가능한 미래는 지구촌 사람들이 현재뿐만 아니라 미래 세대의 환경과 발전을 위해 책임감 있게 행동했을 때 다가올 미래입니다. 지속가능한 미래를 위해 급식은 남기지 않고 다 먹는 것이 좋습니다.

과 학

1. 전기의 이용

01 전지　**02** 끊기지 않게　**03** 전기 회로
04 병렬　**05** 병렬　**06** 전자석　**07** 전기가 흐를 때만
08 전자석　**09** 예 머리　**10** 예 줄인다

01 ㉡　**02** (1) 집게 달린 전선 (2) ① 예 전기가 잘 흐르는 물질 ② 예 전기가 잘 흐르지 않는 물질　**03** ㉡
04 ⑤　**05** ⑤　**06** ㉡
07 다른 줄에 나누어 한 개씩　**08** ②, ④
09 ㉠ 직렬 ㉡ 병렬　**10** (1) ㉠ (2) ㉡
11 예 꺼지지 않는다　**12** 예 전기가 흐르는 전선 주위에 자석의 성질이 나타나는 것을 이용해 만든 자석이다.
13 ③　**14** ㉢　**15** ③　**16** 예 전지
17 민석　**18** 예 콘센트 한 개에 플러그 여러 개를 한꺼번에 꽂아서 사용하지 않는다.　**19** ①　**20** ①, ③

01 ㉠, ㉢은 전기가 잘 흐르는 물질입니다.

02 여러 가지 전기 부품은 전기가 잘 흐르는 부분과 전기가 잘 흐르지 않는 부분으로 이루어져 있습니다.

	점수	채점 기준
(1)	4점	'집게 달린 전선'을 씀.
(2)	8점	① '전기가 잘 흐르는 물질', ② '전기가 잘 흐르지 않는 물질'을 모두 정확히 씀.
	4점	①과 ② 중 한 가지만 정확히 씀.

03 ㉠은 전구가 전지의 (−)극에만 연결되어 있어 전구에 불이 켜지지 않습니다.

04 전지, 전선, 전구가 끊기지 않게 연결해야 전구에 불이 켜집니다.

05 여러 가지 전기 부품을 연결하여 전기가 흐르도록 한 것을 전기 회로라고 합니다.

06 전구가 전지의 (+)극과 (−)극에 연결되어 있어야 합니다.

07 전구 두 개가 각각 다른 줄에 나누어 한 개씩 연결되어 있는 전기 회로의 전구가 더 밝습니다.

08 ①, ③은 전구의 밝기가 밝고, ②, ④는 어둡습니다.

09 전구의 연결 방법에는 전구의 직렬연결과 전구의 병렬연결이 있습니다.

10 전구를 직렬연결할 때가 전구를 병렬연결할 때보다 전지를 더 오래 사용할 수 있습니다.

11 전구의 병렬연결에서는 전구 한 개의 불이 꺼져도 나머지 전구의 불이 꺼지지 않습니다.

12 전자석은 전기가 흐르는 전선 주위에 자석의 성질이 나타나는 것을 이용해 만든 자석입니다.

점수	채점 기준
8점	🔑 정답 키워드 전기 / 전선 주위 / 자석의 성질 '전기가 흐르는 전선 주위에 자석의 성질이 나타나는 것을 이용해 만든 자석이다.' 등의 내용을 정확히 씀.
4점	'전기 회로를 이용해 만든 자석이다.'라고만 씀.

13 전자석에 전기가 흘러야 자석의 성질이 나타납니다.

14 전지를 서로 다른 극끼리 한 줄로 연결할수록 전자석에 붙는 짧은 빵 끈의 수가 많아집니다.

15 전자석의 세기가 셀수록 전자석에 붙는 짧은 빵 끈의 수가 많아집니다.

16 전자석은 전지의 연결 방향에 따라 극이 바뀝니다.

17 전선으로 장난을 치면 안 되고, 플러그의 머리 부분을 잡고 플러그를 뽑아야 합니다.

18 콘센트 한 개에 플러그 여러 개를 한꺼번에 꽂아서 사용하면 화재가 발생할 수 있습니다.

점수	채점 기준
8점	🔑 정답 키워드 여러 개 / 사용하지 않다 '콘센트 한 개에 플러그 여러 개를 한꺼번에 꽂아서 사용하지 않는다.' 등의 내용을 정확히 씀.
4점	단순히 '위험하게 사용하지 않는다.'라고만 씀.

19 에어컨을 켤 때 문을 열어 두면 바깥쪽의 더운 공기가 계속 집 안으로 들어와 공기를 시원하게 하는 데 더 많은 전기를 사용하게 됩니다.

20 전기를 절약하려면 사용하지 않는 전기 제품은 끄고, 에어컨을 켤 때는 문을 닫으며, 텔레비전을 사용하는 시간을 줄입니다.

161쪽 | **서술형·논술형 문제**

1 (1) 예 켜지지 않는다. (2) 예 전구에 연결된 전선이 모두 전지의 (−)극에만 연결되어 있기 때문이다.

2 (1) ㉠ (2) 예 ㉠은 나머지 전구에 불이 켜지고, ㉡은 나머지 전구에 불이 켜지지 않는다.

3 (1) < (2) 예 전자석은 서로 다른 극끼리 연결하는 전지의 수를 다르게 해 세기를 조절할 수 있다.

4 (1) ㉡ (2) 예 마른 손으로 전기 제품을 만진다.

1

점수		채점 기준
(1)	4점	'켜지지 않는다.'라고 정확히 씀.
(2)	8점	정답 키워드 전선 / 전지의 (−)극에만 연결 '전구에 연결된 전선이 모두 전지의 (−)극에만 연결되어 있기 때문이다.'라고 정확히 씀.
	4점	'잘 연결되어 있지 않기 때문이다.'라고만 씀.

2

점수		채점 기준
(1)	4점	'㉠'을 씀.
(2)	8점	정답 키워드 불이 켜진다 / 불이 켜지지 않는다. ㉠과 ㉡의 나머지 전구에 불이 켜지는지, 켜지지 않는지 모두 정확히 씀.
	4점	㉠과 ㉡의 나머지 전구에 불이 켜지는지, 켜지지 않는지 한 가지만 정확히 씀.

부족한 답안 (2) ~~㉠과 ㉡의 나머지 전구 중 하나는 불이 켜지고, 다른 하나는 불이 켜지지 않는다.~~ → ㉠은 불이 켜지고, ㉡은 불이 켜지지 않는다.

➡ ㉠과 ㉡의 나머지 전구 중 어떤 전구에 불이 켜지고, 어떤 전구에 불이 켜지지 않는지 정확히 구분해서 써야 합니다.

3

점수		채점 기준
(1)	4점	'<'를 씀.
(2)	8점	정답 키워드 서로 다른 극끼리 연결 / 전지의 수 '전자석은 서로 다른 극끼리 연결하는 전지의 수를 다르게 해 세기를 조절할 수 있다.'와 같이 정확히 씀.
	4점	'세기를 조절할 수 있다.'와 같이 간단하게만 씀.

4

점수		채점 기준
(1)	4점	'㉡'을 씀.
(2)	8점	정답 키워드 마른 손 / 만진다 '마른 손으로 전기 제품을 만진다.'와 같이 정확히 씀.
	4점	'닦는다.'와 같이 내용을 간단하게만 씀.

2. 계절의 변화

163쪽 | **쪽지시험**

01 태양 고도   **02** 남중   **03** 짧아, 높아
04 여름   **05** 길어   **06** 클   **07** 예 많아진다
08 겨울   **09** 예 기울어진   **10** 높

164~166쪽 | **단원평가**

01 ④   **02** ㉡   **03** 태양의 남중 고도   **04** ③, ④
05 ㉡   **06** ㉠ 예 낮 12시 30분 무렵 ㉡ 예 오후 2시 30분 무렵   **07** ① 예 높아진다 ② 예 시간 차이가 있다
08 많이   **09** ㉠ 예 높아 ㉡ 예 높아   **10** ㉢
11 ②   **12** (1) 예 측정 시기, 월 등 (2) 예 태양의 남중 고도는 여름에 가장 높고, 겨울에 가장 낮다.   **13** ㉡
14 ①, ④   **15** ②   **16** (1) ㉠ (2) 예 태양의 남중 고도가 높아질수록 일정한 면적의 지표면이 받는 태양 에너지양이 많아진다.   **17** 많아   **18** 예 지구본의 크기, 전등과 지구본 사이의 거리 등   **19** (1) ㉡ (2) ㉠
20 (1) ㉡ (2) ㉠

01 태양 고도를 측정할 때, 실을 연결한 막대기는 지표면에 수직으로 세우고 그림자 끝과 막대기의 실이 이루는 각을 측정합니다.

02 태양과 지표면이 이루는 각이 태양 고도입니다.

03 태양이 남중했을 때의 고도를 태양의 남중 고도라고 합니다.

04 태양 고도 측정기에서 막대기의 길이가 길어지면 그림자 길이도 길어지지만 태양 고도는 변화가 없습니다.

05 태양이 남중했을 때의 그림자는 정북쪽을 향합니다.

06 기온은 태양 고도보다 더 늦게 최고 높이에 도달합니다.

07 태양 고도가 가장 높은 때와 기온이 가장 높은 때는 시간 차이가 있습니다.

점수	채점 기준
8점	① '높아진다', ② '시간 차이가 있다'를 모두 정확히 씀.
4점	①과 ② 중 한 가지만 정확히 씀.

08 태양 고도가 높아질수록 지표면은 더 많이 데워집니다.

09 태양 고도가 높아지면 그림자 길이는 짧아지고, 기온은 높아집니다.

10 겨울에 태양의 남중 고도가 가장 낮습니다.

11 태양의 남중 고도가 가장 높은 ㉠이 여름입니다.

12 태양의 남중 고도가 가장 높은 계절은 여름이고, 가장 낮은 계절은 겨울입니다.

점수		채점 기준
(1)	4점	'측정 시기, 월' 등을 씀.
(2)	8점	정답 키워드 여름 / 높다 / 겨울 / 낮다 등 '태양의 남중 고도는 여름에 가장 높고, 겨울에 가장 낮다.' 등의 내용을 정확히 씀.
	4점	단순히 '태양의 남중 고도는 변한다.'라고만 씀.

13 여름에 낮의 길이가 가장 길고, 겨울에 낮의 길이가 가장 짧습니다.

14 태양의 남중 고도가 높아지면 낮의 길이가 길어지고, 태양의 남중 고도가 낮아지면 낮의 길이가 짧아집니다.

15 전등은 태양, 태양 전지판은 지표면, 전등과 태양 전지판이 이루는 각은 태양의 남중 고도를 의미합니다.

16 태양의 남중 고도가 높아질수록 일정한 지표면은 더 많은 태양 에너지를 받습니다.

점수		채점 기준
(1)	4점	'㉠'을 씀.
(2)	8점	정답 키워드 태양의 남중 고도 / 높다 / 태양 에너지양 / 많다 '태양의 남중 고도가 높아질수록 일정한 면적의 지표면이 받는 태양 에너지양이 많아진다.' 등의 내용을 정확히 씀.
	4점	태양의 남중 고도에 따른 태양 에너지양에 대해 썼지만, 표현이 부족함.

17 태양의 남중 고도가 높아지면 일정한 면적의 지표면에 도달하는 태양 에너지양이 많아집니다.

18 계절이 변화하는 원인을 알아보는 실험에서 같게 해야 할 조건은 지구본의 종류와 크기, 전등과 지구본 사이의 거리, 태양 고도 측정기를 붙이는 위치 등입니다.

19 지구본의 자전축이 기울어진 채 공전할 때 태양의 남중 고도는 지구본의 각 위치에 따라 변합니다.

20 ㉠은 우리나라가 여름일 때이고, ㉡은 우리나라가 겨울일 때입니다.

1 (1) 30 (2) 예 막대기의 그림자 길이는 짧아지고, 태양 고도는 높아진다.

2 (1) ㉠ 그림자 길이 ㉡ 기온 (2) 예 태양 고도가 높아지면 그림자 길이가 짧아지고, 기온은 높아진다.

3 (1) ㉠ (2) 예 계절에 따라 태양의 남중 고도가 달라지기 때문이다.

4 (1) 예 다르다. (2) 예 지구의 자전축이 공전 궤도면에 대해 기울어진 채 공전하면 태양의 남중 고도가 달라지고, 계절이 변한다.

1

점수		채점 기준
(1)	4점	'30'을 정확히 씀.
(2)	8점	정답 키워드 짧아지다 / 높아지다 예시 답안과 같이 정확히 씀.
	4점	그림자 길이와 태양 고도 중 한 가지만 정확히 씀.

2

점수		채점 기준
(1)	4점	㉠ '그림자 길이', ㉡ '기온'을 모두 정확히 씀.
(2)	8점	정답 키워드 태양 고도 / 높다 / 짧다 예시 답안과 같이 정확히 씀.
	4점	그림자 길이와의 관계, 기온과의 관계 중 한 가지만 정확히 씀.

3

점수		채점 기준
(1)	4점	'㉠'을 정확히 씀.
(2)	8점	정답 키워드 태양의 남중 고도 / 달라지다 예시 답안과 같이 정확히 씀.
	4점	단순히 태양의 남중 고도 때문이라고만 씀.

4

점수		채점 기준
(1)	4점	'다르다.'라고 정확히 씀.
(2)	8점	정답 키워드 자전축 / 기울어지다 / 공전 '지구의 자전축이 공전 궤도면에 대해 기울어진 채 공전하면 태양의 남중 고도가 달라지고, 계절이 변한다.'와 같이 정확히 씀.
	4점	지구의 자전축이 기울어져 있다는 내용만 씀.

부족한 답안 (2) 지구의 자전축이 공전 궤도면에 대해 기울어진 채 ~~운동하면~~ 태양의 남중 고도가 달라지고, 계절이 변한다.
공전
➡ 지구가 공전한다는 내용을 써야 더 정확한 답입니다.

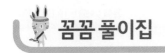

3. 연소와 소화

169쪽		쪽지시험
01 빛	02 줄어듭니다	03 공기(산소)
04 작은	05 발화점 06 먼저	07 발화점 이상의 온도
08 이산화 탄소	09 소화	10 계단

170~172쪽		단원평가
01 ①, ②	02 ②	03 ④ 04 ① 예 클 ② 산소
05 ④	06 ⓒ	07 ④ 08 ①

09 예 ㉠의 발화점이 성냥 머리 부분의 발화점보다 낮기 때문이다. **10** ⓒ **11** ⑤ **12** (1) ⓒ (2) ㉠ (3) ⓒ
13 이산화 탄소 **14** ② **15** ④
16 (1) ⓒ (2) 예 ㉠은 발화점 미만으로 온도를 낮추어 촛불을 끄는 것이고, ⓒ은 산소 공급을 막아 촛불을 끄는 것이다.
17 계단 **18** ②, ④ **19** ㉠, ⓒ, ⓒ, ㉣ **20** ⑤

01 물질이 탈 때 공통적으로 빛과 열이 발생합니다.

02 작은 초는 탈 물질이 적기 때문에 먼저 촛불이 꺼집니다.

03 초가 타는 데 공기의 공급이 필요하므로 공기 양이 많을수록 초가 더 잘 탑니다.

04	점수	채점 기준
	8점	① '클', ② '산소'를 모두 정확히 씀.
	4점	①과 ② 중 한 가지만 정확히 씀.

05 크기가 작은 아크릴 통으로 덮은 것일수록 아크릴 통 안의 산소 양이 적기 때문에 촛불이 빨리 꺼집니다.

06 초가 타면서 산소를 사용하기 때문에 초가 타고 난 후 산소 비율은 초가 타기 전보다 줄어듭니다.

07 물질은 각각의 발화점 이상의 온도에서 타기 시작합니다.

08 성냥 머리 부분이 향보다 발화점이 낮아서 성냥 머리 부분에 먼저 불이 붙습니다.

09	점수	채점 기준
	10점	정답 키워드 발화점 / 낮다 '㉠의 발화점이 성냥 머리 부분의 발화점보다 낮기 때문이다.' 등의 내용을 정확히 씀.
	5점	발화점의 의미는 썼으나, 발화점을 비교하지 못함.

10 연소의 조건 세 가지가 모두 있어야 연소합니다.

11 물질이 연소한 후 생성되는 물과 이산화 탄소가 공기 중으로 날아가기 때문에 물질의 양이 줄어듭니다.

12 부채질은 산소가 원활히 공급되게 하고, 불씨는 발화점 이상의 온도에 도달하게 합니다.

13 이산화 탄소는 석회수를 뿌옇게 흐려지게 합니다.

14 연소가 일어날 때 한 가지 이상의 연소 조건을 없애 불을 끄는 것을 소화라고 합니다.

15 ④는 소화제를 뿌려 산소 공급을 막는 것입니다.

16	점수	채점 기준
(1)	4점	'ⓒ'을 씀.
(2)	8점	정답 키워드 발화점 미만의 온도 / 산소 공급 막기 '㉠은 발화점 미만으로 온도를 낮추어 촛불을 끄는 것이고, ⓒ은 산소 공급을 막아 촛불을 끄는 것이다.' 등의 내용을 정확히 씀.
	4점	㉠과 ⓒ 중 한 가지에 대해서만 정확히 씀.

17 승강기는 정전으로 멈출 수 있으므로 계단으로 대피해야 합니다.

18 기름, 가스, 전기는 물을 사용하면 불이 더 크게 번지거나 감전이 될 수 있어 위험합니다.

19 불이 나면 "불이야!"를 외치고 불이 난 곳으로 소화기를 옮긴(㉠) 다음, 소화기의 안전핀을 뽑습니다(ⓒ). 그 다음 불이 난 방향을 향해 손잡이를 움켜쥐고(ⓒ), 소화 물질을 뿌립니다(㉣).

20 아래로 대피할 수 없을 때는 옥상으로 대피합니다.

173쪽	서술형·논술형 문제

1 (1) 예 줄어들었다. (2) 예 초가 연소한 후 다른 물질(물과 이산화 탄소)로 변했기 때문이다. 연소 후 생성된 물질이 공기 중으로 날아갔기 때문이다. 등
2 (1) 발화점 (2) 예 발화점 이상의 온도에서 연소할 수 있다.
3 (1) ㉠ 물 ⓒ 이산화 탄소 (2) 예 푸른색 염화 코발트 종이는 붉은색으로 변하고, 석회수는 뿌옇게 흐려진다.
4 (1) ㉣ (2) 예 승강기는 위험하므로 계단을 이용하여 대피한다.

1 물질은 연소한 후 다른 물질로 변하고, 생성된 물질은 공기 중으로 날아가기 때문에 연소 후 물질의 양이 줄어듭니다.

점수		채점 기준
(1)	4점	'줄어들었다.'를 정확히 씀.
(2)	8점	정답 키워드 다른 물질 / 변하다 / 날아가다 '초가 연소한 후 다른 물질(물과 이산화 탄소)로 변했기 때문이다.', '연소 후 생성된 물질이 공기 중으로 날아갔기 때문이다.' 등의 내용을 정확히 씀.
	4점	연소 후 초의 길이가 줄어든 까닭은 썼으나, 표현이 부족함.

2

점수		채점 기준
(1)	4점	'발화점'을 정확히 씀.
(2)	8점	정답 키워드 발화점 이상의 온도 '발화점 이상의 온도에서 연소할 수 있다.' 등의 내용을 정확히 씀.
	4점	발화점의 의미를 썼으나, 표현이 부족함.

부족한 답안 (2) 발화점에서 연소할 수 있다.
이상의 온도
➡ 연소의 조건은 발화점 이상의 온도이므로 발화점 이상의 온도에서 연소할 수 있음을 표현해야 더 정확한 답입니다.

3 초가 연소하면 물과 이산화탄소가 생성됩니다.

점수		채점 기준
(1)	4점	㉠ '물', ㉡ '이산화 탄소'를 정확히 씀.
(2)	8점	정답 키워드 푸른색 염화 코발트 종이 / 붉은색 / 석회수 / 뿌옇다 '푸른색 염화 코발트 종이는 붉은색으로 변하고, 석회수는 뿌옇게 흐려진다.' 등의 내용을 정확히 씀.
	4점	푸른색 염화 코발트 종이와 석회수 중 한 가지의 변화만 정확히 씀.

4 화재가 발생하여 전기가 차단되면 승강기 안에 갇힐 수 있으므로 승강기가 아닌 계단으로 이동해야 합니다.

점수		채점 기준
(1)	4점	'㉣'을 씀.
(2)	8점	정답 키워드 승강기 / 위험 / 계단 '승강기는 위험하므로 계단을 이용하여 대피한다.' 등의 내용을 정확히 씀.
	4점	'계단을 이용한다.'와 같이 승강기의 위험성에 대한 설명이 부족함.

4. 우리 몸의 구조와 기능

175쪽			쪽지시험
01 운동 기관	02 소화	03 항문	04 호흡
05 기관지 06 펌프	07 예 오줌		08 귀
09 운동 기관	10 예 올라가고		

176~178쪽			단원평가
01 ⑤	02 ㉠ 근육 ㉡ 뼈	03 ㉡	04 소화
05 ②, ③	06 ① 큰창자 ② 예 수분		07 ④
08 ㉠	09 (1) ㉢ (2) 예 나뭇가지처럼 생겼고, 기관과 폐를 연결하며 공기가 이동하는 통로이다.		10 폐
11 ③, ⑤	12 (1) ㉡ (2) ㉠	13 예 빨라진다.	
14 예 느려	15 ②	16 ⑤	17 ④
18 ③	19 자극, 반응	20 (1) 예 올라간다.	

(2) 예 운동한 후 휴식을 취하면 체온과 맥박 수가 운동하기 전과 비슷해진다.

01 척추뼈는 짧은뼈가 이어져 기둥을 이룹니다.

02 뼈 모형은 뼈, 비닐봉지는 근육을 나타냅니다.

03 근육은 뼈에 연결되어 있어 몸을 움직일 수 있게 합니다.

04 음식물을 잘게 쪼개는 과정을 소화라고 합니다.

05 간, 쓸개, 이자는 소화를 도와주는 기관입니다.

06 큰창자는 음식물 찌꺼기의 수분을 흡수합니다.

점수	채점 기준
8점	① '큰창자', ② '수분'을 모두 정확히 씀.
4점	①과 ② 중 한 가지만 정확히 씀.

07 음식물이 소화되는 과정은 '입 → 식도 → 위 → 작은창자 → 큰창자 → 항문'의 순서입니다.

08 숨을 들이마시고 내쉬는 활동을 호흡이라고 합니다.

09 기관지는 기관과 폐 사이를 이어 주는 관으로, 공기가 이동하는 통로입니다.

점수		채점 기준
(1)	4점	'㉢'을 정확히 씀.
(2)	8점	정답 키워드 나뭇가지 / 공기 / 이동 / 통로 등 '나뭇가지처럼 생겼고, 기관과 폐를 연결하며 공기가 이동하는 통로이다.' 등의 내용을 정확히 씀.
	4점	기관지의 생김새와 하는 일 중 한 가지만 정확히 씀.

10 공기는 숨을 들이마실 때 '코 → 기관 → 기관지 → 폐'의 순서로 이동합니다.

11 혈액의 이동에 관여하는 심장과 혈관을 순환 기관이라고 합니다.

12 주입기의 펌프는 심장, 주입기의 관은 혈관을 나타냅니다.

13 주입기의 펌프를 빠르게 누르면 붉은 색소 물의 이동 빠르기는 빨라집니다.

14 심장이 느리게 뛰면 혈액이 이동하는 빠르기가 느려지고 혈액의 이동량은 적어집니다.

15 혈관은 혈액이 이동하는 통로입니다.

16 혈액 속의 노폐물을 오줌으로 만들어 몸 밖으로 내보내는 것을 배설이라고 합니다.

17 콩팥은 혈액에 있는 노폐물을 걸러 냅니다.

18 코로 냄새를 맡을 수 있습니다.

19 날아오는 공을 보는 것은 자극이고, 공을 잡거나 피하는 것은 반응입니다.

20 운동하면 체온과 맥박 수가 증가하고, 휴식을 취하면 체온과 맥박 수가 운동하기 전과 비슷해집니다.

점수		채점 기준
(1)	4점	'올라간다.'를 정확히 씀.
(2)	8점	🔑 정답 키워드 체온 / 맥박 수 / 운동하기 전 / 비슷하다 등 '운동한 후 휴식을 취하면 체온과 맥박 수가 운동하기 전과 비슷해진다.'와 같이 내용을 정확히 씀.
	4점	휴식을 취했을 때의 체온과 맥박 수가 어떻게 되는지 썼지만, 표현이 부족함.

179쪽　　　　　　　　　　**서술형·논술형 문제**

1 (1) ⟨예⟩ 올라온다. (2) ⟨예⟩ 팔 안쪽 근육의 길이가 줄어들면 아래팔뼈가 올라와 팔이 구부러진다.

2 (1) ⓛ (2) 위, ⟨예⟩ 소화를 돕는 액체를 분비하여 음식물과 섞은 뒤 음식물을 더 잘게 쪼갠다.

3 (1) ㉠ (2) ⟨예⟩ 둥근 주머니 모양이고, 펌프 작용으로 혈액을 온몸으로 순환시킨다.

4 (1) ㉠ (2) ⟨예⟩ 혈액에 있는 노폐물을 걸러 낸다.

1 팔 안쪽 근육의 길이가 줄어들면 뼈가 따라 올라와 팔이 구부러집니다.

점수		채점 기준
(1)	4점	'올라온다.'를 정확히 씀.
(2)	8점	🔑 정답 키워드 근육 / 길이 / 아래팔뼈 / 올라온다 등 '팔 안쪽 근육의 길이가 줄어들면 아래팔뼈가 올라와 팔이 구부러진다.'와 같이 내용을 정확히 씀.
	4점	팔이 구부러지는 원리를 썼지만, 표현이 부족함.

2 위는 작은 주머니 모양으로 소화를 돕는 액체를 분비해 음식물과 섞고 음식물을 더 잘게 쪼갭니다.

점수		채점 기준
(1)	4점	'ⓛ'을 정확히 씀.
(2)	8점	🔑 정답 키워드 위 / 소화 / 액체 / 분비 등 '위'를 정확히 쓰고, '소화를 돕는 액체를 분비하여 음식물과 섞은 뒤 음식물을 더 잘게 쪼갠다.'와 같이 내용을 모두 정확히 씀.
	4점	'위'를 정확히 썼지만, 위가 하는 일을 정확히 쓰지 못함.

3 심장은 자신의 주먹만 한 둥근 주머니 모양이고, 펌프 작용으로 혈액을 온몸으로 순환시킵니다.

점수		채점 기준
(1)	4점	'㉠'을 정확히 씀.
(2)	8점	🔑 정답 키워드 둥근 주머니 / 펌프 작용 / 혈액 순환 등 '둥근 주머니 모양이고, 펌프 작용으로 혈액을 온몸으로 순환시킨다.'와 같이 내용을 정확히 씀.
	4점	심장의 모양과 하는 일 중 한 가지만 정확히 씀.

⟨부족한 답안⟩ (2) 둥근 주머니 모양이고, 펌프 작용으로 온몸으로 순환
　　　　　　　　　　　　　　　　　　　　　　　　　ᴗ 혈액을
시킨다.
➡ 펌프 작용으로 무엇을 온몸으로 순환시키는지 써야 정확한 답입니다.

4 ㉠은 콩팥, ⓛ은 방광입니다. 콩팥은 혈액 속의 노폐물을 걸러 냅니다.

점수		채점 기준
(1)	4점	'㉠'을 정확히 씀.
(2)	8점	🔑 정답 키워드 혈액 / 노폐물 / 거른다 등 '혈액에 있는 노폐물을 걸러 낸다.'와 같이 내용을 정확히 씀.
	4점	콩팥이 하는 일을 썼지만, 표현이 부족함.

5. 에너지와 생활

181쪽	쪽지시험

01 에너지 **02** 벼 **03** 열 **04** 운동 **05** 빛
06 바뀌는 **07** 운동 **08** 전등에 불이 켜질 때
09 예 겨울잠 **10** 백열등

182~184쪽	단원평가

01 ㉢ **02** ② **03** ② **04** ⑤
05 ㉠ 전기 ㉡ 위치 **06** 화학 에너지
07 ① 운동 ② 예 움직이는 **08** ⑤
09 예 에너지 전환 **10** ④ **11** (1) ㉡ (2) 예 운동
에너지가 위치 에너지로 전환된다. **12** ㉢
13 ㉠ 위치 ㉡ 운동 **14** 떨어지는 폭포의 물 **15** ①
16 ⑤ **17** ㉡ **18** ①, ④ **19** ① **20** 동민

03 자동차는 기름을 넣거나 전기를 충전해 에너지를 얻습니다.

07

점수	채점 기준
8점	① '운동', ② '움직이는'을 모두 정확히 씀.
4점	①과 ② 중 한 가지만 정확히 씀.

08 전기 에너지는 전기 기구를 작동하게 합니다.

11

점수		채점 기준
(1)	4점	'㉡'을 정확히 씀.
(2)	8점	정답 키워드 운동 에너지 / 위치 에너지 등 '운동 에너지가 위치 에너지로 전환된다.'와 같이 내용을 정확히 씀.
	4점	㉢ 구간에서 일어나는 에너지 전환 과정을 썼지만, 표현이 부족함.

185쪽	서술형·논술형 문제

1 (1) ㉡ (2) 예 생물이 살아가거나 기계가 작동할 때 에너지가 필요하기 때문이다.
2 (1) 위치 에너지 (2) 예 높은 곳에 있는 물체가 가진 에너지가 위치 에너지이기 때문이다.
3 (1) 예 운동 에너지 (2) 예 폭포의 물이 떨어질 때 위치 에너지가 운동 에너지로 전환된다. 등
4 (1) 발광 다이오드[LED]등 (2) 예 전기 에너지를 만들 때 필요한 자원을 절약할 수 있다. 등

1 휴대 전화는 충전하여 에너지를 얻고, 동물은 다른 생물을 먹어 얻은 양분으로 에너지를 얻습니다.

점수		채점 기준
(1)	4점	'㉡'을 정확히 씀.
(2)	8점	정답 키워드 생물 / 기계 / 에너지 등 '생물이 살아가거나 기계가 작동할 때 에너지가 필요하기 때문이다.'와 같이 내용을 정확히 씀.
	4점	우리 생활에서 에너지가 필요한 까닭을 썼지만, 표현이 부족함.

2 위치 에너지는 높은 곳에 있는 물체가 가지는 에너지입니다.

점수		채점 기준
(1)	4점	'위치 에너지'를 정확히 씀.
(2)	8점	정답 키워드 높은 곳 / 물체 / 에너지 등 '높은 곳에 있는 물체가 가지는 에너지는 위치 에너지이기 때문이다.'와 같이 내용을 정확히 씀.
	4점	벽에 걸린 작품과 올라간 그네에 공통으로 관련된 에너지 형태가 위치 에너지라고 생각한 까닭을 썼지만, 표현이 부족함.

3 롤러코스터가 비탈길을 내려올 때 위치 에너지가 운동 에너지로 전환됩니다.

점수		채점 기준
(1)	4점	'운동 에너지'를 정확히 씀.
(2)	8점	정답 키워드 폭포의 물 / 위치 에너지 / 운동 에너지 / 전환 등 '폭포의 물이 떨어질 때 위치 에너지가 운동 에너지로 전환된다.' 등과 같이 내용을 정확히 씀.
	4점	위치 에너지가 운동 에너지로 전환되는 예를 썼지만, 표현이 부족함.

부족한 답안 (2) 폭포의 물이 떨어질 때 위치 에너지가 전환된다.
　　　　　　　　　　　　　　　　　　운동 에너지로

➡ 위치 에너지가 어떤 에너지 형태로 전환되는지 써야 정확한 답입니다.

4

점수		채점 기준
(1)	4점	'발광 다이오드[LED]등'을 정확히 씀.
(2)	8점	정답 키워드 전기 에너지 / 필요한 자원 / 절약 등 '전기 에너지를 만들 때 필요한 자원을 절약할 수 있다.' 등과 같이 내용을 정확히 씀.
	4점	발광 다이오드[LED]등을 사용하여 전기 에너지를 효율적으로 이용했을 때의 좋은 점을 썼지만, 표현이 부족함.

 **꼼꼼 풀이집**

2학기 총정리

01 ③, ④ **02** < **03** (1) 병렬연결 (2) ㉓ 전구 두 개가 각각 다른 줄에 나누어 한 개씩 연결되어 있기 때문이다.
04 ⑤ **05** ㉢ **06** 높 **07** (1) ㉓ 높아진다.
(2) ㉓ 짧아진다. **08** ② **09** (1) 태양 (2) 지표면
10 (1) ㉓ 계절의 변화가 생기지 않는다. (2) ㉓ 지구가 공전하지 않으면 태양의 남중 고도가 달라지지 않아 계절이 변하지 않는다. **11** ③ **12** 연소 **13** ⑤
14 ㉡ **15** ⑤ **16** ⑤ **17** ㉓ 숨을 들이마실 때 코로 들어온 공기는 기관 → 기관지 → 폐를 거쳐 우리 몸에 필요한 산소를 공급한다. **18** ⑤ **19** ③
20 ②, ④

01 전구를 전지의 (+)극과 (−)극에 각각 연결하고, 전지, 전선, 전구가 끊기지 않게 연결해야 전구에 불이 켜집니다.

02 전구 두 개를 직렬연결한 것보다 병렬연결한 것이 전구의 밝기가 더 밝습니다.

03 전구 두 개를 각각 다른 줄에 나누어 한 개씩 연결한 전구의 병렬연결입니다.

점수		채점 기준
(1)	4점	'병렬연결'이라고 정확히 씀.
(2)	8점	⚿ 정답 키워드 전구 / 각각 다른 줄 / 나누어 / 한 개씩 / 연결 '전구 두 개가 각각 다른 줄에 나누어 한 개씩 연결되어 있기 때문이다.'라는 내용이 들어가도록 정확히 씀.
	4점	'전구 두 개가 각각 한 개씩 연결되어 있기 때문이다.'와 같이 '각각 다른 줄에 나누어'라는 말을 쓰지 못함.

04 전지를 서로 다른 극끼리 여러 개 연결할수록 전자석의 세기가 세집니다.

05 전기를 절약하려면 컴퓨터를 사용하는 시간을 줄여야 합니다.

06 태양이 남중했을 때 태양 고도는 하루 중 가장 높습니다.

07 태양 고도가 높아지면 기온은 높아지고, 그림자 길이는 짧아집니다.

08 낮의 길이는 태양의 남중 고도가 가장 높은 여름에 가장 길고, 태양의 남중 고도가 가장 낮은 겨울에 가장 짧습니다.

09 전등과 태양 전지판이 이루는 각을 다르게 하여 프로펠러 바람의 세기를 측정합니다.

10 지구가 공전하지 않고 자전만 한다면 태양의 남중 고도가 달라지지 않아 계절이 변하지 않습니다.

점수		채점 기준
(1)	4점	'계절의 변화가 생기지 않는다.'라고 씀.
(2)	8점	⚿ 정답 키워드 태양의 남중 고도 / 달라지지 않는다 예시 답안과 같이 정확히 씀.
	4점	지구가 공전하지 않을 때 계절이 변하지 않는 까닭을 썼지만, 표현이 부족함.

11 초와 알코올이 탈 때는 공통적으로 불꽃 주변이 밝고 따뜻해지며, 무게가 줄어들어 물질의 양이 변합니다.

12 물질이 연소할 때는 탈 물질, 산소, 발화점 이상의 온도가 모두 필요합니다.

13 푸른색 염화 코발트 종이는 물에 닿으면 붉게 변하는 성질이 있습니다.

14 ㉠은 탈 물질을 없애서, ㉡은 산소 공급을 막아서, ㉢은 발화점 미만으로 온도를 낮춰서 촛불을 끄는 경우입니다.

15 갈비뼈는 휘어져 있고, 좌우로 둥글게 연결되어 공간을 만듭니다.

16 입, 식도, 위, 작은창자, 큰창자, 항문은 소화 기관이고, 간, 쓸개, 이자는 소화를 도와주는 기관입니다.

17 숨을 들이마실 때 공기는 '코 → 기관 → 기관지 → 폐'의 순서로 이동합니다.

점수	채점 기준
8점	⚿ 정답 키워드 코 / 기관 / 기관지 / 폐 '숨을 들이마실 때 코로 들어온 공기는 기관 → 기관지 → 폐를 거쳐 우리 몸에 필요한 산소를 공급한다.'라는 내용이 들어가도록 정확히 씀.
4점	코, 기관, 기관지, 폐 중 일부 호흡 기관만 들어가게 순서대로 씀.

18 호흡 기관은 우리 몸에 필요한 산소를 제공하고, 이산화 탄소를 몸 밖으로 내보냅니다.

19 화분의 식물이나 사람 등의 생명 활동에 필요하며, 물질이 가진 잠재적인 에너지 형태는 화학 에너지입니다.

20 달리는 자동차에서는 화학 에너지가 운동 에너지로, 전기난로에서는 전기 에너지가 빛에너지와 열에너지로 전환됩니다.

정답은
이안에
있어 !

배움으로 행복한 내일을 꿈꾸는
천재교육 커뮤니티 안내

. . .

 교재 안내부터 구매까지 한 번에!
천재교육 홈페이지

자사가 발행하는 참고서, 교과서에 대한 소개는 물론
도서 구매도 할 수 있습니다. 회원에게 지급되는 별을 모아
다양한 상품 응모에도 도전해 보세요!

 다양한 교육 꿀팁에 깜짝 이벤트는 덤!
천재교육 인스타그램

천재교육의 새롭고 중요한 소식을 가장 먼저 접하고 싶다면?
천재교육 인스타그램 팔로우가 필수!
깜짝 이벤트도 수시로 진행되니 놓치지 마세요!

 수업이 편리해지는
천재교육 ACA 사이트

오직 선생님만을 위한, 천재교육 모든 교재에 대한 정보가 담긴
아카 사이트에서는 다양한 수업자료 및 부가 자료는 물론
시험 출제에 필요한 문제도 다운로드하실 수 있습니다.

https://aca.chunjae.co.kr

 천재교육을 사랑하는 샘들의 모임
천사샘

학원 강사, 공부방 선생님이시라면 누구나 가입할 수 있는 천사샘!
교재 개발 및 평가를 통해 교재 검토진으로 참여할 수 있는 기회는 물론
다양한 교사용 교재 증정 이벤트가 선생님을 기다립니다.

 아이와 함께 성장하는 학부모들의 모임공간
튠맘 학습연구소

튠맘 학습연구소는 초·중등 학부모를 대상으로 다양한 이벤트와 함께
교재 리뷰 및 학습 정보를 제공하는 네이버 카페입니다.
초등학생, 중학생 자녀를 둔 학부모님이라면 튠맘 학습연구소로 오세요!